WOLFGANG PIEPENSTOCK

Politische Vereinigungen unter dem Grundgesetz

Schriften zum Öffentlichen Recht

Band 139

Politische Vereinigungen unter dem Grundgesetz

Von

Dr. Wolfgang Piepenstock

DUNCKER & HUMBLOT / BERLIN

Alle Rechte vorbehalten
© 1971 Duncker & Humblot, Berlin 41
Gedruckt 1971 bei Alb. Sayffaerth, Berlin 61
Printed in Germany
ISBN 3 428 02370 6

Vorwort

In dieser Arbeit sollen die vom Grundgesetz gewährleisteten Befugnisse zur kollektiven Einflußnahme gesellschaftlicher Kräfte auf die öffentliche Meinung und auf die Staatsorgane erörtert werden. Das Thema erfordert es, dem Demokratieverständnis der Verfassung nachzugehen und insbesondere seine innergesellschaftlichen Komponenten aufzuzeigen.

Die in Art. 9 Abs. 1 GG generell verankerte Organisations- und Aktionsfreiheit ist bislang überwiegend aus soziologischer und politikwissenschaftlicher Sicht betrachtet worden. Eine verfassungsrechtliche Analyse hat danach zu fragen, welche Strukturgebote und Betätigungsauflagen für politische Vereinigungen sich aus dem Grundgesetz ergeben. Die Art. 9 Abs. 2, 21 Abs. 2 und 18 GG werfen dabei das in einer Demokratie heikle Problem auf, wann staatliche Instanzen gegen politische Vereinigungen repressiv vorgehen dürfen. Das zur Ausführung von Art. 9 Abs. 2 GG erlassene Vereinsgesetz vom 3. August 1964 kann hierzu nur insoweit zutreffende Einsichten vermitteln, als es einer kritischen Überprüfung seiner Verfassungskonformität standhält.

Die Arbeit hat der rechts- und staatswissenschaftlichen Fakultät der Universität Bonn als Dissertation vorgelegen. Herrn Professor Dr. *H. Ridder* verdanke ich vielfältige Anregungen.

Wolfgang Piepenstock

Inhaltsverzeichnis

Einführung

I. Die allgemeine Vereinigungsfreiheit 11

II. Koalitionen 13

III. Parteien 15

IV. Das kollektive Element in der demokratischen Politik 18

Erster Teil

Die Organisationsfreiheit

I. Verfassungsgeschichtliche Ursprünge 23

II. Politische Vereinigungen und die Lehre vom Staat 28
   1. Die „organische" Staatslehre 28
   2. „Vergesellschaftung" des Staates? 30
   3. Staat und Gesellschaft in der demokratischen Nation 32

III. Die Staatsfreiheit der Organisation 34
   1. Die Freiheitlichkeit der demokratischen Gesellschaft 34
   2. Die Staatsfreiheit politischer Vereinigungen nach dem Grundgesetz 35

IV. Das Gebot des demokratischen Aufbaus 38
   1. Soziologische Analyse der Infrastruktur 38
   2. Sind oligarchische Vermachtungen unvermeidbar? 41
   3. Die gesellschaftliche Dimension des im Grundgesetz enthaltenen Demokratiegebotes 46
      a) Die soziale Komponente der „freiheitlichen demokratischen Grundordnung" 46
      b) Die exemplarische Bedeutung des für Parteien geltenden Demokratiegebotes 48

Zweiter Teil

Die Programmfreiheit

I. Rechtliche Begrenztheit der Ziele? ... 52
   1. Das Planen für kollektives Handeln ... 52
   2. Bindung an eine „Staatsräson"? ... 55

II. Propaganda für verfassungsfeindliche Endziele ... 59
   1. Das Schutzobjekt „freiheitliche demokratische Grundordnung" ... 59
   2. Ist es rechtswidrig, ein verfassungsfeindliches Programm zu verbreiten? ... 66
   3. Folgerungen ... 70

Dritter Teil

Die Aktionsfreiheit

I. Einflußnahme auf die öffentliche Meinung ... 72

II. Einflußnahme auf die Staatstätigkeit ... 74
   1. Störung des „Repräsentationssystems"? ... 74
   2. Die Vergabe von Parlamentsmandaten an Verbandsvertreter ... 81
   3. Intervention im Exekutivbereich? ... 87
   4. Übernahme staatlicher Funktionen? ... 89

III. Die Sicherung der verfassungskonformen Staatspraxis ... 92
   1. Die Erzwingung staatlicher Transparenz ... 92
   2. Die Machtausgleichskomponente ... 95

Vierter Teil

Das Verbot völkerverständigungsfeindlicher Tätigkeit

I. Die Tradition des Völkerverständigungsgedankens ... 100
   1. Der Auftrag des Verfassunggebers ... 100
   2. Geistesgeschichtliche Ursprünge ... 102
      a) Historisch-rationale Wurzeln ... 102
      b) Das christliche Friedensgebot ... 105

II. Die Unerläßlichkeit des innergesellschaftlichen Friedensschutzes ... 107

III. Konsequenzen des Völkerverständigungsgebotes 109
   1. Die Tatbestände 109
   2. Die aktuelle Rechtswidrigkeit 111

Fünfter Teil

Das Verbot von Vereinigungen

I. „Die Strafgesetze" als Aktionsschranke 113
   1. Historische Deutung der Vorbehaltsklausel 113
   2. Strafgesetze als allgemeine Gesetze 114
   3. Die verbotsauslösenden Strafgesetze 117
II. Legalität oder Opportunität? 118
III. Die Kompetenzfrage 122
   1. Ungeschriebene Zuständigkeit der Bundesexekutive? 122
   2. Ist die Exekutive überhaupt zuständig? 124
IV. Die Bannkraft von Verdikten 128
   1. Die unmittelbaren Rechtsfolgen 128
      a) Impliziert Art. 21 Abs. 2 GG ein Parteiverbot? 128
      b) Ist eine Vermögenskonfiskation zulässig? 130
      c) Automatischer Mandatsverlust? 131
      d) Sofortige Vollziehbarkeit von Vereinsverboten? 131
      e) Die Erzwingung von Verboten 132
   2. Ersatzorganisationen 133
   3. Aufhebung und Selbstverzehr von Verwirkungsverdikten 136

Literaturverzeichnis 140

Personen- und Sachwortregister 157

Abkürzungsverzeichnis

a. A.	=	anderer Ansicht
a.a.O.	=	am angegebenen Ort
Anm.	=	Anmerkung
AöR	=	Archiv des öffentlichen Rechts
Bd.	=	Band
BGBl.	=	Bundesgesetzblatt
BGHStE	=	Amtliche Sammlung der Entscheidungen des Bundesgerichtshofes in Strafsachen
BT-	=	Bundestags
BVerfGE	=	Amtliche Sammlung der Entscheidungen des Bundesverfassungsgerichts
BVerfGG	=	Gesetz über das Bundesverfassungsgericht vom 12. März 1951
BVerwGE	=	Amtliche Sammlung der Entscheidungen des Bundesverwaltungsgerichts
Diss.	=	Dissertation
DÖV	=	Die Öffentliche Verwaltung
DVBl.	=	Deutsches Verwaltungsblatt
GG	=	Grundgesetz für die Bundesrepublik Deutschland
JuS	=	Juristische Schulung
JZ	=	Juristenzeitung
MDR	=	Monatsschrift für Deutsches Recht
NJW	=	Neue Juristische Wochenschrift
PVS	=	Politische Vierteljahresschrift
Rdnr.	=	Randnummer
RGBl.	=	Reichsgesetzblatt
RGStE	=	Amtliche Sammlung der Entscheidungen des Reichsgerichts in Strafsachen
Sp.	=	Spalte
StGB	=	Strafgesetzbuch
VereinsG	=	Gesetz zur Regelung des öffentlichen Vereinsrechts vom 5. August 1964
VVDStL	=	Veröffentlichungen der Vereinigung der Deutschen Staatsrechtslehrer
VwGO	=	Verwaltungsgerichtsordnung vom 21. Januar 1960
WRV	=	Verfassung des Deutschen Reichs vom 11. August 1919
ZPO	=	Zivilprozeßordnung

Einführung

I. Die allgemeine Vereinigungsfreiheit

Die Befugnis der Bürger, sich zusammenzuschließen und gemeinsam zu handeln, wird durch Art. 9 Abs. 1 GG gewährleistet. Die Grundrechtsgarantie umfaßt sowohl die Gründungsfreiheit als auch die fortlaufende Kooperation selbst[1]. In der Verfassung der Bundesrepublik ist damit das Recht der Staatsbürger verankert, ihre Isoliertheit zu überwinden und sich gemeinschaftlich zu betätigen. Das für jede Vereinsarbeit charakteristische „Moment der Dauer" ermöglicht dabei eine Kontinuität des Wirkens.

Bestimmte Rechtsformen sind für die verbürgte Kooperationsfreiheit nicht vorgeschrieben[2]. Die Verfassungsgarantie gilt selbst für lockere Formen des kollektiven Handelns und bezieht sich auf den gesamten Organisationsablauf. Umstritten ist freilich, ob auch die Vereinigungen selbst als Rechtsträger anzusehen sind[3]. Eine derartige Betrachtungsweise ist nicht ungewöhnlich, denn in Art. 19 Abs. 3 GG wird es für zulässig erklärt, den als juristische Personen organisierten Zusammenschlüssen bestimmte Grundrechte zuzuordnen. Die Lösung des Problems vereinfacht sich weiter, wenn berücksichtigt wird, daß jede Vereinstätigkeit aus der Inanspruchnahme von Grundrechten durch Individuen hervorgeht. Die Rechtsgarantie des Art. 9 Abs. 1 GG beschränkt sich hierbei nicht auf den Schutz der Vereinsmitglieder als isolierte Einzelpersonen; sie kommt vielmehr den Beteiligten gerade in der von ihnen gebildeten Gesamtheit zugute. Die Vereinigungsfreiheit zeichnet sich also durch eine Kombination von individual- und

---

[1] So bereits *Anschütz*, a.a.O., Anm. 1 zu Art. 124; ähnlich nunmehr *Klein*, vMK, Anm. III 6 zu Art. 9, S. 644, *Seifert*, Probleme des öffentlichen Vereinsrechts, S. 353 und *v. Münch*, BK, Rdnr. 19 zu Art. 9.

[2] Insbesondere werden Vereine und Gesellschaften unabhängig von den im BGB und im Gesellschaftsrecht bereitgestellten Instituten geschützt. Selbst zwischen den beiden in Art. 9 Abs. 1 GG verwendeten Begriffen besteht kein verfassungsrechtlich bedeutsamer Unterschied. Durch die etwas antiquierte Wortfassung wird lediglich klargestellt, daß Zusammenschlüsse, deren Fortbestand vom Konsens aller Teilnehmer („Gesellschafter") abhängt, von der Grundrechtsnorm nicht ausgeschlossen sind.
Die Termini „Verein" und „Verband" werden in dieser Untersuchung synonym gebraucht.

[3] Dies verneinen *Füßlein*, Vereins- und Versammlungsfreiheit, S. 429 und *Leisner*, Stichwort „Vereinigungsfreiheit", Sp. 2338; bejahend äußern sich *Klein*, vMK, Anm. III 1 zu Art. 9, S. 318, *v. Münch*, BK, Rdnr. 16 zu Art. 9 und *Maunz*, Deutsches Staatsrecht, 16. Aufl., S. 116.

kollektivrechtlichen Elementen aus. Um den Mitgliederkreis in seiner Gesamtheit als Grundrechtsträger auszuweisen, ist es durchaus sinnvoll, abbreviativ „den Verein" als Rechtsadressaten zu betrachten.

Die Kooperationsbefugnis und die in Art. 8 GG geschützte Versammlungsfreiheit sind eng miteinander verzahnt. Um ihre jeweils gemeinsamen Ziele artikulieren und verwirklichen zu können, sind die Bürger zumeist darauf angewiesen, Zusammenkünfte abzuhalten. Zu diesem Zweck veranstaltete Kundgebungen, Kongresse und Aussprachen sind unentbehrliche Bestandteile des kollektiven Handelns. Zugleich steht die Vereinigungsfreiheit in einem engen Zusammenhang mit dem in Art. 5 Abs. 1 GG in verschiedenen Ausprägungen gewährleisteten Recht auf freie geistige Kommunikation[4]. Der Austausch von Meinungen wäre ohne eine Kooperation der Aktivbürgerschaft nicht möglich. Zwar gibt schon eine zufällige Begegnung von zwei Personen Gelegenheit, von dem Recht auf Meinungsfreiheit Gebrauch zu machen; um zur Bildung der öffentlichen Meinung beizutragen, bedarf es jedoch der planvollen Bündelung von individuellen Meinungsbeiträgen.

Die Vereinigungsfreiheit ist zunächst gegen den Staat gerichtet. Sie gehört damit zum Kranz jener Freiheitsrechte, die von einer sich emanzipierenden Gesellschaft gegenüber dem Obrigkeitsstaat erkämpft wurden. Als ein negatorisches Recht sichert Art. 9 Abs. 1 GG gesellschaftliches Handeln gegen staatliche Übergriffe ab. Der Abwehrcharakter der Grundrechtsgarantie kommt vor allem politischen Vereinigungen zugute, denn gegen sie richtet sich in starkem Maße das Mißtrauen der staatlichen Machthaber.

Während die politischen Aktionen eines auf sich selbst gestellten Bürgers zumeist keine Veränderungen der bestehenden Verhältnisse auslösen können, birgt das kollektive Handeln weit eher eine reale Chance, politische Entwicklungen zu beeinflussen. Die Vereinigungsfreiheit ermöglicht es somit den Bürgern, von ihren politischen Mitwirkungsrechten ohne staatliche Beeinträchtigung Gebrauch zu machen. Art. 9 Abs. 1 GG verbürgt daher „Einwirkungsmöglichkeiten auf die politische Sphäre"[5]. Weil der einzelne Staatsbürger sich durchweg erst in Gemeinschaft mit Gleichgesinnten in der Öffentlichkeit Gehör verschaffen kann, sind politische Vereinigungen unentbehrliche Bestandteile einer demokratischen Verfassungsordnung. Für das auf dem Grundgesetz beruhende Gesamtpolitikum sind sie daher „schlechthin konstitutiv"[6]. Die zur Selbstbestimmung über ihr politisches Schick-

---
[4] Für *Apelt*, a.a.O., S. 319, ist die Vereinigungsfreiheit eine „konsequente Fortbildung des Rechts der freien Meinungsäußerung". Die Konnexität der beiden Rechte heben ferner *Ridder*, Meinungsfreiheit, S. 248 und *Mallmann*, Stichwort „Vereins- und Versammlungsfreiheit", Sp. 108, hervor.
[5] *Nawiasky*, a.a.O., S. 28.
[6] *Mallmann*, Stichwort „Vereins- und Versammlungsfreiheit", Sp. 108.

sal berufene Aktivbürgerschaft artikuliert in Vereinigungen ihren politischen Willen und versucht, ihn durch gemeinsame Aktionen durchzusetzen.

Für einen demokratisch konstituierten Staat ist die Existenz eines von der Gesellschaft zu den Staatsorganen fließenden Willensbildungsstromes lebensnotwendig. Trotz der damit unausweichlichen Verflechtung des innergesellschaftlichen mit dem staatlichen Bereich sind die hierauf bezogenen Normen des Grundgesetzes wenig differenziert. Immerhin wird die den Bundesstaat — und nach der Homogenisierungsklausel des Art. 28 Abs. 1 GG den gesamten Staatsbereich — prägende Verfassungsordnung an so zentraler Stelle wie Art. 20 Abs. 1 GG als „demokratisch" und „sozial" festgelegt. Hierdurch wird die Vereinigungsfreiheit als ein wichtiger Teil dieser Verfassungsordnung normativ geprägt. Art. 9 Abs. 1 GG erscheint nicht mehr allein als ein Abwehrrecht; vielmehr wird das kollektive politische Handeln zu einem Aufbauelement des sich aus dem Willen der Aktivbürgerschaft rekrutierenden Staates. Hieraus ergibt sich folgende Ambivalenz dieses Bürgerrechts: Die Organisationsfreiheit besteht einmal gegenüber den staatlichen Mächten im liberalen Sinne; sie ist zum anderen ein Teil der demokratischen Ordnung, die politischen Vereinigungen — wie Art. 21 Abs. 1 Satz 3 GG auf den ersten Blick erkennen läßt — gewisse Strukturgebote auferlegt.

Weil die Willensbildung in demokratischen Staaten maßgeblich auf den Impulsen gesellschaftlicher Gruppen beruht, impliziert die Frage nach den Grenzen der Vereinigungsfreiheit das Problem des Umfanges der demokratischen Befugnisse. Daß in einem vom Volk als dem Souverän getragenen Staat von den Bürgern prinzipiell jede Idee propagiert und jedwedes (die Menschenwürde respektierende) Ziel angestrebt werden darf, ist an sich selbstverständlich. Jede Beschränkung dieser Befugnis schließt einen Teilverlust der demokratischen Substanz ein. Aus den Art. 18, 9 Abs. 2 und 21 Abs. 2 GG ergibt sich, daß der Verfassungsgeber derartige Einbußen unter bestimmten Voraussetzungen in Kauf nehmen wollte. In dieser Normentrias sind Einschränkungen der Vereinigungsfreiheit mit potentiell weitreichenden Konsequenzen angelegt. Den Umfang der damit im Grundgesetz verankerten Betätigungssperren für politische Vereinigungen gilt es in dieser Untersuchung festzulegen.

II. Koalitionen

Die zwecks Einflußnahme auf Arbeits- und Wirtschaftsbedingungen gegründeten Verbände sind durch Art. 9 Abs. 3 GG besonders geschützt. Diese „nur und gerade für die speziellen Berufsvereinigungen des Arbeitslebens"[7] bestimmte Verfassungsnorm ist eng mit der geschichtlichen Entwicklung der Produktions- und Lohnarbeitsverhältnisse verflochten. Die Gewerkschaften und ihre Gegenspieler verfolgten dabei zumeist unterschiedliche, ja konträre Ziele. Es war immer wieder das Schicksal der unselbständig Beschäftigten, sich ihre Teilhabe am sozialen Fortschritt erst erkämpfen zu müssen. Aus den Versuchen, ein gemeinsames Auftreten der Arbeitnehmer nach Möglichkeit zu verhindern[8], erwuchs der „Kampf um die Koalitionsfreiheit"[9]. In der Weimarer Verfassung wurden die Koalitionsfreiheit (durch Art. 159 WRV) und die Tarifvertragshoheit (durch Art. 165 Abs. 1 WRV) zum erstenmal konstitutionell gesichert[10].

Die nunmehr in Art. 9 Abs. 3 GG normierten Betätigungsrechte der Koalitionen sprengen insofern den Rahmen der allgemeinen Vereinigungsfreiheit, als der Verfassungsgeber im Bereich der Wirtschaftsordnung eine „genuin staatliche" Funktion[11] auf gesellschaftliche Verbände übertragen hat. Die verbreitete Ansicht, Art. 9 Abs. 3 GG beziehe sich auf einen Sonderfall der allgemeinen Vereinigungsfreiheit[12], kennzeichnet angesichts dieser einzigartigen Autorisierung die Koalitionsfreiheit nur unzureichend. Gewerkschaften und Arbeitgeberverbände sind vielmehr als eigenständige Erscheinungsformen kollektiven Wirkens anzusehen. Daher enthält Art. 9 Abs. 3 GG „ein besonderes Grundrecht, das neben der allgemeinen Vereinigungsfreiheit steht und selbständig ausgestaltet ist"[13].

---

[7] *Hueck*, a.a.O., Sp. 1071.

[8] So waren die Mitglieder des Deutschen Bundes aufgrund eines Beschlusses vom 13. Juni 1854 verpflichtet, Arbeitervereine aufzulösen. Zwischen 1878 und 1890 wurden die Gewerkschaften mit Hilfe einer extensiven Auslegung und Handhabung des „Gesetzes gegen die gemeingefährlichen Bestrebungen der Sozialdemokratie" (RGBl. 1878, S. 351 ff.) verfolgt. Der Versuch, streikende Arbeiter mit einer Zuchthausstrafe zu bedrohen, scheiterte im Jahre 1899; die schließlich in der „Gewerbeordnung für das Deutsche Reich" i. d. F. vom 26. Juli 1900 (RGBl. S. 831 ff.) angedrohte Regreßpflicht bei Streiks stellte einen Rückzug auf letzte Bastionen dar. Zur Geschichte der Koalitionsfreiheit vgl. *Furtwängler*, a.a.O., S. 36 ff., *Abendroth*, Sozialgeschichte, insbesondere S. 51 ff. und *Grebing*, a.a.O., vor allem S. 39 ff. und 102 ff.

[9] *v. Nell-Breuning*, Stichwort „Koalitionsfreiheit", Sp. 1107.

[10] Bereits am 15. November 1918 trafen Gewerkschaften und Arbeitgeber ein Arbeitsgemeinschaftsabkommen für Tarifabschlüsse. Durch eine Verordnung des Rates der Volksbeauftragten vom 23. Dezember 1918 (RGBl. S. 1456) wurden Tarifvereinbarungen zu Normen des objektiven Rechts erklärt.

[11] *Ridder*, Gewerkschaften, S. 32.

[12] So *Füßlein*, Vereins- und Versammlungsfreiheit, S. 432; *Klein*, vMK, Anm. V 1 zu Art. 9, S. 327; *Wernicke*, BK (Erstbearbeitung), Anm. II 3 zu Art. 9 und *v.Nell-Breuning*, a.a.O., Sp.1106.

[13] *Dietz*, a.a.O., S. 419. Zu dem gleichen Ergebnis gelangen *Scheuner*, Der Inhalt der Koalitionsfreiheit, S. 37, *Ridder*, Gewerkschaften, S. 31, *Mallmann*, Stichwort „Vereins- und Versammlungsfreiheit", Sp. 108 und *v. Münch*, BK, Rdnr. 117 zu Art. 9.

Wenn Koalitionen die ihnen zugewiesenen Aufgaben wahrnehmen, so prägen sie damit die Wirtschaftsverfassung in der Bundesrepublik. Ob diese Tätigkeit als politisch anzusehen ist, hängt von der Betrachtungsweise ab. Immerhin berühren die Arbeits- und Wirtschaftsbedingungen in ihrer Gesamtheit die physische Existenz der großen Mehrheit des Volkes. Außerdem sind Koalitionen befugt, Vorschläge für den Umbau der Unternehmensstrukturen in der Bundesrepublik vorzulegen und für ihre Verwirklichung einzutreten[14]. Die aus Art. 9 Abs. 3 GG resultierenden eigenständigen Kompetenzen werden hier nicht näher behandelt. In die Untersuchung über allgemeine verfassungsrechtliche Struktur- und Betätigungsgebote für Vereinigungen sind die Koalitionen jedoch einbezogen.

III. Parteien

Die in Art. 21 Abs. 1 GG jeder Partei zugesicherte Befugnis, sich an der politischen Willensbildung des Volkes zu beteiligen, muß zunächst ungeachtet der systematischen Stellung dieser Vorschrift ebenfalls als ein Freiheitsrecht gegenüber dem Staat angesehen werden. Deshalb ist „jede Form staatlicher Einflußnahme auf die Bildung von Parteien (...) verboten"[15]. Wie sich aus dem Verfassungstext ergibt, ist es nicht die Aufgabe der Parteien, dem Volk eine bestehende staatliche Herrschaft vorzustellen. Die Aktivbürgerschaft wird durch Parteien auch nicht etwa „mediatisiert"[16]. Art. 21 GG sieht keine Entmachtung des

---

[14] Es wäre also denkbar, die qualifizierte Mitbestimmung der Arbeitnehmer im Wege einer Übereinkunft zwischen den „Sozialpartnern" einzuführen. Soweit deren antagonistische Ziele einen Konsens vereiteln, ist der staatliche Gesetzgeber aufgerufen, die Initiative zu ergreifen.
Dabei sind allerdings einige verfassungsrechtliche Probleme zu bewältigen. So fragt es sich, ob aus der Eigentumsgarantie des Art. 14 Abs. 1 GG oder aus dem „allgemeinen Persönlichkeitsrecht" des Art. 2 Abs. 1 GG die Festlegung der Bundesrepublik auf eine bestimmte Wirtschaftsverfassung gefolgert werden kann. Das Bundesverfassungsgericht hat (BVerfGE 4/7 ff.) immerhin eine wirtschaftspolitische „Neutralität" des Grundgesetzes konstatiert.
Daß Art. 14 Abs. 1 GG der Einführung von gemeinwirtschaftlichen Modellen grundsätzlich nicht entgegensteht, dürfte sich bereits aus Art. 15 GG ergeben, wo der Verfassunggeber eine Vergemeinschaftung der Produktionsmittel ausdrücklich für zulässig erklärt hat. Ferner ist von Belang, inwieweit das Sozialstaatsgebot (Art. 20 Abs. 1 GG) den Gesetzgeber ermächtigt, eine auf die Gleichwertigkeit und Entfaltung aller Bürger hin angelegte Wirtschaftsordnung einzuführen.
[15] *Hamann*, a.a.O., S. 218; im Ergebnis ebenso *Maunz*, MD, Rdnr. 34 zu Art. 21 und *Henke*, BK, Rdnr. 26 zu Art. 21. *Hesse*, Die verfassungsrechtliche Stellung der politischen Parteien, S. 28, stellt zutreffend fest, es bestehe „ein prinzipielles Verbot jeder unmittelbaren oder mittelbaren Ingerenz auf die Bildung, den Bestand und die (...) Tätigkeit der politischen Parteien".
[16] So aber *Werner Weber*, Spannungen und Kräfte im westdeutschen Verfassungssystem, S. 20.

Souveräns vor[17]. Parteien bilden vielmehr Glieder in der vom Volk zu den Staatsorganen laufenden „Legitimationskette"[18] und sollen für die Rückbindung der Staatsgewalt an das Volk sorgen. Weil Parteien lediglich dazu berufen sind, bei der Bildung des Volkswillens *mitzuwirken*, üben sie beim Artikulieren von politischen Standpunkten kein Monopol aus. Ihre Tendenz, sich mit dem Staat zu identifizieren[19] und sich zu „autonomen Herrschaftsverbänden zu verdinglichen"[20], bleibt auf dem Boden des Grundgesetzes illegitim. Eine von ihnen angestrebte „Wirkung im Parlament"[21] muß den Versuch implizieren, den Willen der Bürger zu verwirklichen. Die mit Hilfe allgemeiner Wahlen in das Parlament entsandten Mandatsträger repräsentieren nämlich — bei hinreichender Differenziertheit der Parteiprogramme — die in der Gesellschaft vorhandenen Meinungsströme.

Nach einer verbreiteten Ansicht sollen sich Parteien von anderen Vereinigungen durch ihre „Teilnahme an Wahlen" unterscheiden[22]. Das Bundesverfassungsgericht hat sogar die Auffassung vertreten, gegen die „Anzweifelung", eine Partei darzustellen, seien nur Vereinigungen gefeit, „die im Parlament (...) schon durch Abgeordnete vertreten" seien[23]. Art. 21 GG ist jedoch keineswegs auf bereits etablierte Parteien zugeschnitten. Für den Parteicharakter einer Vereinigung ist es deshalb nicht ausschlaggebend, ob sie tatsächlich ein Mandat erringt. Zwar ist es im allgemeinen das Ziel einer Partei, „Stellen im Herrschaftsapparat zu besetzen"[24], bei einer Minderheitspartei kann diese Absicht aber stark in den Hintergrund treten[25]. *Seifert* meint, bei anhaltender Erfolglosigkeit der Teilnahme an Wahlen gehe die Parteieigenschaft unter[26]. *Henke* hat sich nach anfänglichem Zögern[27] nunmehr dieser An-

---

[17] Hiergegen *Maunz*, MD, Rdnr. 5 (Fußnote 4) zu Art. 21.
[18] *Scheuner*, Parlament und Regierung im modernen Staat, S. 124.
[19] Kritisch hierzu *Kirchheimer*, Parteistruktur und Massendemokratie in Europa, S. 324 ff.
[20] *Čopić*, Grundgesetz, S. 47.
[21] *Thomas Nipperdey*, a.a.O., S. 14.
[22] Vgl. *v. d. Heydte*, Freiheit der Parteien, S. 429; *Maunz*, MD, Rdnr. 13 zu Art. 21.
Eine vom Bundesminister des Innern eingesetzte Parteienrechtskommission stellt fest (Bericht, S. 127/28): „Die Beteiligung an Wahlen ist wesentliches Element des Parteibegriffes."
[23] BVerfGE 4/375 (383).
[24] *Flechtheim*, Stichwort „Parteien", S. 228.
[25] Sie wirkt, wie *Lavau*, a.a.O., S. 10, anmerkt, vor allem „indirectement sur les autres partis par sa seule présence".
[26] Die Rechtsstellung der politischen Parteien, S. 3. *Seifert* beruft sich u. a. auf eine Entscheidung des Reichsstaatsgerichtshofes aus dem Jahre 1928 (RGZE 121, Anhang S. 8 ff.), in welcher der USPD die Antragsberechtigung mit dem Scheinargument abgesprochen worden war (a.a.O., S. 11), sie habe „nicht die geringste Aussicht" auf ein Mandat.
[27] Das Recht der politischen Parteien, S. 25, wo die Frage aufgeworfen, aber nicht entschieden wird.

III. Parteien

sicht angeschlossen[28]. Die für eine Partei charakteristische Mitwirkung bei der Willensbildung des Volkes wird jedoch nicht erst durch einen Wahlerfolg ausgewiesen. Es ist sogar sehr bedenklich, aus dem Verzicht einer Partei auf Teilnahme an zwei aufeinander folgenden Wahlen den Verlust der Parteieigenschaft abzuleiten[29]. Der hiermit ausgeübte Zwang zur Wahlbeteiligung nötigt neugegründete und noch im Aufbau begriffene Parteien in unzulässiger Weise dazu, sich Wahlniederlagen öffentlich bescheinigen zu lassen. Eine Partei kann ein schutzwürdiges Interesse daran haben, sich auf eine langfristige Auseinandersetzung mit ihren Gegnern einzurichten und den Zeitpunkt des „Angriffes" durch Wahlbeteiligung selbst zu bestimmen. Daher muß die potentielle Bereitschaft einer Vereinigung zur Teilnahme an Wahlen genügen, um ihren Parteicharakter zu bejahen.

Sodann wird die Ansicht vertreten, nur solche Vereinigungen seien als Parteien anzusehen, die sich auf Bundes- oder Landesebene betätigten[30]. *Wernicke* behauptet, im Kommunalbereich finde keine politische Willensbildung statt[31]. Mit Recht gibt jedoch *Maunz* zu bedenken, daß die Entscheidungen der Selbstverwaltungsträger ebenfalls politischen Charakter haben[32]. Gleichwohl schließt er sich der herrschenden Meinung an und argumentiert, das „Parteienprivileg" des Art. 21 Abs. 2 GG dürfe nicht zu einer Kontrolle der Kommunalpolitik durch das Bundesverfassungsgericht führen[33]. Rein teleologische Erwägungen stehen auch im Vordergrund des Vorschlages, die Parteieigenschaft den „Großträgern des politischen Willens" vorzubehalten[34]. Das Bundesverfassungsgericht hat die Kommunalwahlverbände ebenfalls aus dem Schutzbereich des Art. 21 GG verdrängt[35]. Das Gericht billigt den Rathausparteien das Recht auf Chancengleichheit erst unter Rückgriff auf die Institution der kommunalen Selbstverwaltung in Art. 28 Abs. 2 GG zu. Diese Versuche, den kommunalen Wählervereinigungen die

---

[28] BK, Rdnr. 7 zu Art. 21: Nunmehr soll „dauernde Erfolglosigkeit (...) die Parteieigenschaft untergehen" lassen.
[29] So bestimmt § 2 Abs. 2 des Parteiengesetzes vom 24. Juli 1967 (BGBl. I S. 773), eine Vereinigung verliere ihre Rechtsstellung als Partei, wenn sie sechs Jahre an Bundestags- oder Landtagswahlen nicht teilgenommen habe.
Das Bundesverfassungsgericht hat diese Vorschrift für verfassungskonform gehalten und eine Organklage des Bundes der Deutschen als unzulässig abgewiesen (Urteil vom 17. Oktober 1968, in: DÖV 1969, S. 60 ff.).
[30] Vgl. *Klein*, vMK, Anm. III 2 zu Art. 21, S. 620; *v. d. Heydte*, Freiheit der Parteien, S. 134; *Maunz*, MD, Rdnr. 11 zu Art. 21 und *Henke*, Das Recht der politischen Parteien, S. 18.
[31] BK, (Erstbearbeitung) Anm. II 1 zu Art. 21.
[32] MD, Rdnr. 20 (Fußnote 1) zu Art. 21.
[33] MD, Rdnr. 20 zu Art. 21.
[34] So *Grundmann* schon im Anfang seiner Monographie über die Rathausparteien (a.a.O., S. 5).
[35] BVerfGE 6/367 (372).

Parteieigenschaft abzusprechen, überzeugen nicht. Rathausparteien wirken ebenfalls bei der Willensbildung im Sinne von Art. 21 GG mit. Sie tragen unmittelbar dazu bei, Anliegen der Gesellschaft in allgemeinverbindliche staatliche Direktiven umzuwandeln.

Fraglich ist ferner, ob es zum Merkmal einer Partei gehört, eine „Gesamtkonzeption" anbieten zu müssen[36]. Ein Blick in die Geschichte zeigt, daß Parteien vielfach zu dem Zweck gegründet wurden, höchst partikuläre Ziele zu verfolgen[37]. Parteien sind stets „formé autour d'intérêts"[38]. Das Grundgesetz eröffnet aus gutem Grund keine Möglichkeit, Parteien von der Wahrnehmung minoritärer Interessen abzuhalten. Eine dahingehende Verfassungsnorm würde die zum Wesen der Demokratie gehörende Pluralität gesellschaftlicher Belange in bedrohlicher Weise einschnüren. Die von einer Partei erstrebte „Gesamtverantwortung"[39] kann sich daher nur auf die Absicht beziehen, bei Entscheidungen mitzuwirken, die für die Gesamtheit des Staatsvolkes (vorläufig) verbindlich sind.

Können Parteien angesichts dieser Definition ihrer Aufgaben als verfassungsrechtlich privilegiert angesehen werden? Soweit sie Funktionen ausüben, die im Prinzip von den in Art. 9 Abs. 1 GG genannten Vereinigungen ebenfalls wahrgenommen werden, fragt es sich, ob die in Art. 21 Abs. 1 und Abs. 2 GG enthaltenen Befugnisse, Rechtspflichten und Verwirkungstatbestände nicht für politische Vereinigungen schlechthin gelten.

IV. Das kollektive Element in der demokratischen Politik

In Art. 9 Abs. 1 GG werden Vereinigungen ohne Rücksicht auf die Art ihres Programmes geschützt. Die Freiheitsgarantie gilt sowohl für private als für politische Verbände. Der Verzicht des Verfassungsgebers auf eine insoweit differenzierende Regelung zeigt, daß die Bedeutung innergesellschaftlicher Zusammenschlüsse gerade für den politischen Meinungs- und Willensbildungsprozeß nicht hinreichend ge-

---

[36] Dies fordert ausdrücklich *Bergsträsser*, a.a.O., S. 1. *Henke*, BK, Rdnr. 7 zu Art. 21 meint, Vereinigungen mit partikulären Interessen komme die „Sonderstellung des Art. 21 GG" nicht zu, denn „aus der Verfolgung von Sonderinteressen" könne nun einmal „kein Staatswille entstehen".

[37] So sind die konservativen Parteien durchweg erst als Reaktion auf die Herausforderungen reformentschlossener Vereinigungen gegründet worden. Bezeichnenderweise wurde das u. a. gegen „Kronenraub" und gegen ein „Preisgeben des Handwerks und Grundbesitzes" gerichtete Programm des Preußischen Volksvereins aus dem Jahre 1861 (wiedergegeben bei *Mommsen*, a.a.O., S. 45) durch *Otto v. Bismarck* mit dem Hinweis bedacht (bei *Mommsen*, a.a.O., S. 46), es erschöpfe sich in der „bloßen Defensive".

[38] *Lavau*, a.a.O., S. 8.

[39] *Schulz*, a.a.O., S. 127.

IV. Das kollektive Element in der demokratischen Politik

würdigt wurde. Der Verfassunggeber blieb eben dem liberalen Modell einer sich weitgehend selbst regulierenden und daher nicht weiter ordnungsbedürftigen Gesellschaft verpflichtet. Eine Ursache für diese Fehleinschätzung ist in jener Staatslehre zu finden, die sich in starkem Maße der Dichotomie Staat — Individuum widmete und dem kollektiven gesellschaftlichen Handeln wenig Aufmerksamkeit schenkte.

Dieser liberale Dualismus führte frühzeitig zu einer auf den Staat konzentrierten Betrachtungsweise[40], wobei die Suche nach vorbildlichen Verfassungsformen unter Verkennung der neuzeitlichen, erst nach dem Ende des Dreißigjährigen Krieges einsetzenden Staatenbildung zuweilen „bis in uralte Zeiten"[41] ausgedehnt wurde. Die Beschränkung des Blickes auf die Staatstätigkeit wurde dem Wirken der politischen Gesellschaft nicht gerecht. Die Politik ist nicht „eine spezifisch dem Sein des Staates um seiner selbst willen gewidmete Haltung und Tätigkeit"[42], denn in den westlichen Demokratien ist keineswegs der gesamte politische Bereich zugleich staatlich relevant. Gewiß ist der Bezug zum Staat ein besonders wichtiger und häufiger Aspekt politischer Angelegenheiten; in freiheitlichen Staaten erschöpft sich das politische Handeln der Gesellschaft jedoch nicht darin, die Tätigkeit der Staatsorgane zu beeinflussen. Vielmehr existiert ein nur innergesellschaftlicher Bereich der Politik. Jede demokratische Verfassung steht und fällt freilich mit der Möglichkeit, gesellschaftliche Vorschläge an den Staat herantragen zu können. Sind die in den Staat einmündenden Willensbildungskanäle verschlossen, so bricht die demokratische Verfassung zusammen. Ein derartiger Niedergang wird vermieden, wenn die Bürger durch ständige Kooperation eine von ihrem Willen getragene Regierungspolitik durchsetzen.

Das kollektive Element politischen Handelns klingt an, wenn die Verflochtenheit der Politik mit den Machtstrukturen in Staat und Gesellschaft hervorgehoben wird. Für *Max Weber* ist das „Streben nach Machtanteil oder nach Beeinflussung der Machtverteilung"[43] das be-

---

[40] Bereits für *Johann Gottlieb Fichte*, a.a.O., S. 288, ist die Politik „diejenige Wissenschaft, welche es mit einem besonderen durch zufällige Merkmale (empirisch) bestimmten Staate zu tun hat". *Bluntschli*, Politik als Wissenschaft, S. 1, hebt hervor, es handele sich um „die bewußte Staatspraxis". Nach *Stier-Somlo*, a.a.O., S. 71, soll die Politik sich noch immer allein auf die „Beeinflussung der Funktionen des Staates" beziehen. Zu einem ähnlichen Ergebnis kommt *Tönnies*, Vereins- und Versammlungsfreiheit wider die Koalitionsfreiheit, S. 6. *Georg Jellinek*, Allgemeine Staatslehre, S. 180, stellt fest: „ ‚Politisch' heißt ‚staatlich'."
[41] *Heller*, Staatslehre, S. 125, unter Hinweis auf den beschränkten Wert derart ungeschichtlicher Bemühungen.
[42] *Krüger*, Allgemeine Staatslehre, S. 684. *Krüger*, a.a.O., S. 388, bezeichnet es dann konsequent als die vornehmste Pflicht der Verbände, „an der Aufgabe der Hervorbringung des in Ämtern und Gesetzen repräsentierenden Staates" mitzuwirken.
[43] Wirtschaft und Gesellschaft, S. 1043.

stimmende Merkmal der Politik. Die Betrachtungsweise Webers verleitet jedoch dazu, das entscheidende Kriterium in dem Bemühen um die Herrschaft über Menschen zu sehen. Dieser Gefahr erliegt, wer es als die Grundlage der Politik bezeichnet, „daß der Mensch nach Zwang und Befehl verlangt, die ihn leiten"[44]. Würde das Hauptziel politischer Bemühungen darin bestehen, „eine aufgezwungene Ordnung" zu verteidigen[45], dann müßten in der Tat „Befehl und Gehorsam"[46] in ihrem Mittelpunkt stehen. Gewiß kann es einzelnen Bürgern auch auf dem Boden der demokratischen Verfassung gelingen, gesellschaftliche Konflikte entscheidend zu beeinflussen. Wer wegweisende Vorschläge unterbreiten will, ist jedoch gehalten, sich einer rational überprüfbaren Argumentation zu bedienen und seine Mitbürger von der Brauchbarkeit einer Konzeption zu überzeugen.

Ein auf die allgemeine Friedlosigkeit rivalisierender Gruppen hin angelegtes und sogar die Bereitschaft zur physischen Vernichtung einschließendes Dogma des Politischen hat *Carl Schmitt* entwickelt. Seine Ansicht, politische Konflikte seien durch eine potentielle „Negation der eigenen Art Existenz" gekennzeichnet[47] und schlössen daher die „Eventualität eines Kampfes" ein[48], läßt eine gefährliche Kriminalisierung der Politik erkennen. Die „Unterscheidung von Freund und Feind"[49] ist unter der Herrschaft einer Verfassung, die politische Kontrahenten verpflichtet, ihre Meinungsverschiedenheiten unter Verzicht auf Bürgerkriege zu lösen, unvollziehbar. Das Freund-Feind-Denken verführt zu einer irrational motivierten Integration innerhalb der „Freund"-Gruppen. Zugleich gefährdet die propagierte „Feindschaft" gegenüber Andersdenkenden den Fortbestand einer trotz ihrer Konflikte kooperierenden und kompromißbereiten Gesamtgesellschaft. Ein demokratisches Verfassungssystem basiert nämlich auf der prinzipiellen Zustimmung aller Bürger zu einem Staat, der als friedenbewahrendes System „vernünftiger Koordination" und als „Garant grundsätzlicher Übereinstimmung zwischen den Gruppen"[50] fungiert.

Politisches Handeln ist im weitesten Sinne auf Ereignisse, Fragen und Vorhaben der Allgemeinheit bezogen. Es ist öffentlichen Angelegenheiten gewidmet, Sachverhalten „concerning the people as a whole"[51], also Problemen, die den Lebensbereich „des Volkes als Gemeinwesen"[52]

---

[44] *Michael Freund*, a.a.O., S. 357.
[45] *Burdeau*, Einführung in die politische Wissenschaft, S. 83.
[46] *Besson*, a.a.O., Sp. 1549.
[47] Der Begriff des Politischen, S. 27.
[48] a.a.O., S. 33.
[49] a.a.O., S. 26.
[50] *Kirchheimer*, Zur Frage der Souveränität, S. 93.
[51] The Concise Oxford Dictionary, 4. Aufl., Erläuterungen des Wortes „public".
[52] *Smend*, Zum Problem des Öffentlichen und der Öffentlichkeit, S. 12.

IV. Das kollektive Element in der demokratischen Politik

betreffen. Ein Urteil darüber, ob ein Ereignis politisch bedeutsam ist, kann im Hinblick auf das durch kulturelle, ökonomische und geographische Fakten geprägte „eigenartige Gewordensein des heutigen Staates"[53] allein anhand empirischer Untersuchungen abgegeben werden[54]. Angesichts der „widerspruchsvolle(n) Institutionalisierung der Öffentlichkeit"[55] in den meisten westlichen Staaten ist die Unterscheidung zwischen öffentlichem und privatem Recht für den Umfang der politischen Sphäre nicht maßgebend. So bedient sich beispielsweise die staatliche Verwaltung in der Bundesrepublik privatrechtlicher Formen (u. a. eingetragener Vereine und Aktiengesellschaften), um öffentliche Aufgaben zu erfüllen[56]. Eine Grenzziehung wird zudem durch das Bestreben gesellschaftlicher Gruppen erschwert, Verschiebungen zwischen dem öffentlichen und dem privaten Bereich herbeizuführen — oder aber zu verhindern. Deshalb verbirgt sich hinter der These, eine Aufgabe sei von privater oder von öffentlicher Bedeutung, nicht selten bereits eine politische Absicht. Eine gewisse Klärung kann die Aktivbürgerschaft herbeiführen, indem sie eine Angelegenheit in ihr politisches Bewußtsein aufnimmt oder hiervon absieht.

Jeweils gemeinsame Interessen bilden die Grundlage für ein kollektives Handeln. Solange diese Interessen weder erkannt noch artikuliert sind, existieren die mit ihnen verbundenen politischen Probleme und Konflikte noch nicht. Der Versuch, aufgrund nur fiktiver Interessenkongruenzen auf Gruppenstrukturen zu schließen[57], trägt wenig dazu bei, politische Phänomene aufzuhellen, denn erst handelnde Gruppen sind politisch relevant. Tatsächlich wird die Politisierung eines Lebensbereiches und damit seine Vergesellschaftung in erster Linie durch bewußte Einheitsbildungen unter den interessierten Bürgern veranlaßt[58]. Kommt ein Meinungsaustausch unter den Interessenten

---

[53] *Heller*, Staatslehre, S. 125.
[54] Einen ersten Einblick in die Komplexität des poltischen Bereichs mögen folgende Beispiele geben: Ein Kegelklub betätigt sich normalerweise in der Privatsphäre. Regt er jedoch die Aufhebung der nächtlichen Sperrstunde an, so wird er politisch tätig. Ein Fußballspiel ist in der Regel Privatsache. Besucht hingegen ein Regierungsmitglied das Sportfeld, so hat diese Visite schon wegen der potentiellen Vernachlässigung amtlicher Pflichten einen politischen Charakter. Ferner können z. B. Nationalspiele politische Aspekte haben.
[55] *Habermas*, Strukturwandel der Öffentlichkeit, S. 91.
[56] Zum facettenreichen Gefüge öffentlich-rechtlicher und privatrechtlicher Formen in der modernen Daseinsvorsorge vgl. Ulrich K. *Preuß*, a.a.O., S. 89 f.
[57] Vgl. hierzu *Dahrendorf*, Soziale Klassen und Klassenkonflikt, S. 172, der die „Rekrutierungsfelder" von Interessenorganisationen zu „Quasi-Gruppen" aufwertet. Zu ähnlichen Ergebnissen kommt *Buchholz*, a.a.O., S. 214. Kritisch zu diesen Betrachtungen *Hirsch-Weber*, a.a.O., S. 137 ff.
[58] Für *Simmel*, a.a.O., S. 5, ist Vergesellschaftung mit Recht jene Form, in der Individuen aufgrund ihrer Interessen „zu einer Einheit zusammenwachsen".

zustande, so treten die gemeinsamen öffentlichen Belange hervor. Durch planvolle Kommunikation vermittelte Erkenntnisse lassen ein politisches Bewußtsein entstehen. Innerhalb des individuelle Ansichten koordinierenden Kreises bilden sich politische Meinungen[59].

Zugleich ist es für den politischen Charakter eines Ereignisses oder Vorhabens bedeutsam, daß es in der Öffentlichkeit nicht nur von isolierten Individuen, sondern mit vereinten Kräften zur Sprache gebracht wird. Ein Problem mag aus der Sicht von Einzelpersonen noch so bedeutsam sein, für die Gesamtgesellschaft und die Staatsregierung kann es gleichwohl wegen fehlender Resonanz im Publikum praktisch nicht existieren. Greift jedoch eine hinreichend organisierte Gruppe von Bürgern die Angelegenheit auf, so bleibt das Problem nicht länger unbeachtet, sondern wird politisch aktuell. Vereinigungen tragen also in entscheidendem Maße zur Konstituierung der politischen Gesellschaft bei.

---

[59] Diesen gruppenspezifischen Aspekt der öffentlichen Meinung würdigt eingehend *Hofstätter*, Die Psychologie der öffentlichen Meinung, S. 55 ff.
Die politisierende Wirkung kollektiven Handelns wird von *Naschold*, a.a.O., S. 8 ff. hervorgehoben.

Erster Teil

Die Organisationsfreiheit

I. Verfassungsgeschichtliche Ursprünge

Das Aufkommen politischer Vereinigungen ist eng verbunden mit der Herausbildung der neuzeitlichen Nationen. Mit dem Erstarken „staatlicher" Mächte wuchs die Entschlossenheit des Publikums, seine politische Existenz kritisch zu reflektieren. Der Übergang von individueller Kritik zu Formen kollektiven Räsonnements vollzog sich bisweilen fast beiläufig. So wurden die nach dem Jahre 1650 in England eröffneten Kaffeehäuser rasch zu Kristallisationszentren der öffentlichen Meinung[1]. Staatlicherseits wurde beklagt, daß diese Art der öffentlichen Meinungsbildung dazu beitrage, „to create and nourish an universal jealousy and dissatisfaction in the minds of all his majesties good subjects"[2]. Als im Jahre 1786 organisierte Petitionen an das englische Parlament verfaßt wurden, war der entscheidende Schritt zu einem kollektiven politischen Handeln getan[3]. Vereinigungen waren von nun an ein „nouvel instrument d'expression collective des voeux populaires"[4]. Ein im Jahre 1799 in England erlassenes generelles Verbot politischer Vereinigungen wurde bald durch den Ungehorsam starker gesellschaftlicher Verbände hinfällig[5].

Die nach dem Zusammentritt der Generalstände im revolutionären Frankreich aufkommenden politischen Vereinigungen versuchten vor allem, auf die weitere Verfassungsentwicklung Einfluß zu nehmen[6].

---

[1] Der Beginn einer organisierten Diskussion wird in der Praxis des Londoner Gasthauses Guardian deutlich, Anfragen und Vorschläge des Publikums in einem löwenkopf-ähnlichen Kasten zu sammeln und wöchentlich als „roarings of the lion" zu veröffentlichen; vgl. *Westerfrölke*, a.a.O., S. 66 und *Emden*, a.a.O., S. 33.

[2] Königliche Proklamation aus dem Jahre 1672, bei *Emden*, a.a.O., S. 33.

[3] Anlaß des Protestes war die Zurückweisung des Abgeordneten *Wilkes* durch das Parlament; vgl. *Emden*, a.a.O., S. 89 und *Ostrogorsky*, a.a.O., S. 108.

[4] *Ostrogorsky*, a.a.O., S. 108.

[5] Das Verbot traf vor allem die auf eine Wahlrechtsreform dringende Corresponding Society sowie örtliche Trade Councils. Nach 1825 gelang es zunächst den Chartisten, sich über das Verbot hinwegzusetzen; vgl. *S. u. B. Webb*, a.a.O., S. 11, *Emden*, a.a.O., S. 11, und *Abendroth*, Sozialgeschichte, S. 19 f.

[6] Wie *Duverger*, a.a.O., S. 3 und *Burdeau*, Les Libertés Publiques, S. 152 ff., darlegen, gehörten die meisten Abgeordneten der Generalstände einem Club

Die Déclaration von 1789 enthält neben der allgemeinen Freiheitsgarantie keine besondere Verbürgung der Vereinigungsfreiheit. Das in der Verfassung von 1791 verankerte Vereinsrecht[7] wurde kurz darauf wieder suspendiert[8]. Die verbreitete Ansicht, dieses Verbot sei maßgeblich durch eine verbandsfeindliche Lehre *Rousseaus* beeinflußt worden[9], hält einer kritischen Nachprüfung kaum stand[10]. Der Code Pénal erneuerte das Verbot für politische Vereine[11]. Die Repressionsepoche konnte erst nach erfolglosen revolutionären Aufbrüchen und schweren Blutopfern überwunden werden[12].

In Deutschland begann im letzten Viertel des 18. Jh. ein gemeinsames politisches Handeln der Untertanen in aufklärerischen Zeitungsredaktionen, Lesezirkeln und Diskutierklubs. Es wurde versucht, das Gedankengut der Französischen Revolution zu verbreiten. Die neuen Vereinigungen blieben aber auf verhältnismäßig bescheidene örtliche Impulse beschränkt[13]. Soweit über eine Alternative zum absolutistischen Regime beratschlagt wurde, waren wegen drohender Repressalien geheime Zusammenkünfte nötig. Gegen sie richtete sich bald die obrig-

---

an. In den Salons dieser Vereinigungen kamen konstitutionelle Pläne ebenso zur Sprache wie private Skandale.

[7] „La Constitution garantit les aliénations qui ont été ou qui seront faites suivant les formes établies par la Loi" (bei *Duverger*, a.a.O., S. 4).

[8] Die Loi Chapelier vom 29. September 1791 (wiedergegeben bei *Roberts*, a.a.O., S. 376) ordnete an, daß „nulle société, club, association de citoyens ne peuvent avoir, sous aucune forme, une existence politique".

[9] So *Kaiser*, Die Repräsentation organisierter Interessen, S. 32, *Krüger*, Allgemeine Staatslehre, S. 404, *Friedrich Müller*, a.a.O., S. 84 und *Copić*, Grundgesetz, S. 60.

[10] *Rousseaus* Anliegen war es, eine der politischen Gleichheit der citoyens abträgliche Mediatisierung der Aktivbürgerschaft zu verhindern. Dieses Ziel sollte durch eine Ausweitung des Vereinswesens erreichbar sein, denn „s'il y a des sociétés partielles, il en faut multiplier le nombre et en prévenir l'inégalité" (CS, 2. Buch, 3. Kapitel, a.a.O., S. 74).
Die Loi Chapelier muß als Ausdruck eines sich auf der nicht-egalitären Basis der Verfassung von 1791 verfestigenden Herrschaftsanspruches der Konventsmehrheit gesehen werden. Ihr Berichterstatter behauptete (wiedergegeben bei *Roberts*, a.a.O., S. 367), den Abgeordneten seien „délégué tous les pouvoirs publics". Er fand (vgl. *Roberts*, a.a.O., S. 372 ff.) im republikanischen Lager heftigen Widerspruch.

[11] Art. 291 (zitiert nach der Ausgabe von *Dalloz*, Paris, 1948) illegalisierte jede vom Staat nicht ausdrücklich genehmigte „association de plus de vingt personnes", deren Ziel darin bestand, sich mit „objects religieux, litteraires, politiques ou autres" zu beschäftigen.

[12] Wie *Jouhaux*, a.a.O., S. 16 und *Vidalenc*, a.a.O., S. 27, berichten, wurden nach Aufhebung des nach dem Sturz der Kommune verhängten Ausnahmezustandes im Jahre 1876 wieder zahlreiche politische Vereine gebildet. Das im Code Pénal enthaltene Vereinsverbot wurde (hierzu *Burdeau*, Les Libertés Publiques, S. 156) erst im Jahre 1901 aufgehoben.

[13] Die von aufklärerischer Unruhe geprägten Illuminatenbünde, Jacobinerklubs und Lesegesellschaften um die Wende zum 19. Jh. beleuchten *Valjavec*, a.a.O., S. 231 ff.; *Habermas*, Strukturwandel der Öffentlichkeit, S. 85 f. und *Grab*, a.a.O., vor allem S. 15 ff.

I. Verfassungsgeschichtliche Ursprünge

keitliche Gewalt[14]. In Preußen wurde es den Untertanen ausdrücklich untersagt, Vereinigungen in der Absicht zu gründen, „die Verfassungsfrage" zu stellen[15]. Das schließlich nach preußischem Vorbild vom Deutschen Bund erlassene generelle Verbot politischer Vereinigungen[16] kennzeichnet die ausgeprägte Abneigung der monarchischen Obrigkeiten gegen die aus ihrer Vereinzelung hervortretenden und öffentliche Angelegenheiten diskutierenden Bürger. *Toqueville* beschreibt den Argwohn der absolutistischen Regenten gegenüber politischen Vereinigungen mit dem Hinweis, die Herrscher betrachteten „diese Art von Vereinen in gleicher Weise wie die Könige des Mittelalters die großen Kronvasallen (...). Sie hegten eine gewisse Abscheu gegen sie und bekämpften sie bei jedem Anlaß"[17].

Nach den Märzunruhen des Jahres 1848 wurde in Preußen ein „freies Vereinigungs- und Versammlungsrecht" in Aussicht gestellt[18]. Tatsächlich garantierte die von liberalen Neuerungen durchsetzte „oktroyierte" preußische Verfassung vom 5. Dezember 1848 die Vereinigungsfreiheit ohne Vorbehalte[19]. Allerdings war das mühsam Erreichte nicht von langer Dauer, denn in der auf reaktionären Druck hin „revidierten" Verfassung war die wiedereingeführte Eingriffsermächtigung nicht zu übersehen[20].

---

[14] Nachdem bereits im Allgemeinen Preußischen Landrecht (Teil II, Titel XX, § 185) die Gründung geheimer Vereine unter Strafe gestellt worden war, wurde in dem „Edikt wegen Verhütung und Bestrafung geheimer Gesellschaften, welche der allgemeinen Sicherheit nachteilig werden könnten" (abgedruckt in der Preuß. Gesetz-Sammlung 1816, S. 7) beklagt, es seien „Verführer" vorhanden, die sich bemühten, „jenes glückselige Verhältnis zwischen der Obrigkeit und den Untertanen zu zerstören und „die öffentliche Glückseligkeit ihren eigennützigen verbrecherischen Endzwecken aufzuopfern".
Ein bayerisches Generalmandat vom 22. Juni 1784 (bei *v. Jan*, a.a.O., S. 2) ordnete an, daß „alle ohne öffentliche Autorität und landesherrliche Bestätigung errichteten Kommunitäten, Gesellschaften und Verbrüderungen als eine an sich verdächtige und gefährliche Sache ganz unzulässig und in allen Rechten verboten" seien.
[15] So illegalisierte das bereits genannte (Anm. 14) Edikt aus dem Jahre 1816 vor allem Vereine, deren Zweck darin bestand, „über gewünschte oder zu bewirkende Veränderungen in der Verfassung" zu beraten.
[16] In dem Beschluß der Bundesversammlung vom 5. Juli 1832 „über Maßnahmen zur Aufrechterhaltung der gesetzlichen Ordnung und Ruhe in Deutschland" (als preußisches Gesetz verkündet in der Gesetz-Sammlung vom gleichen Jahre, S. 210) wurden „alle Vereine, welche politische Zwecke haben oder unter anderem Namen zu politischen Zwecken benutzt werden", verboten.
[17] a.a.O., S. 135.
[18] Proklamation des preußischen Königs vom 22. März 1848 (wiedergegeben bei *E.-R. Huber*, Dokumente zur deutschen Verfassungsgeschichte, Bd. 1, S. 366/67).
[19] In Art. 28 der Verfassung (Preuß. Gesetz-Sammlung 1848, S. 378).
[20] So ließ Art. 30 Abs. 2 der Verfassung vom 31. Januar 1850 (Preuß. Gesetz-Sammlung, S. 21) gesetzliche Einschränkungen der Vereinsfreiheit „insbesondere zur Aufrechterhaltung der öffentlichen Sicherheit" zu. Von

Die Paulskirchenversammlung versuchte, die Vereinigungsfreiheit ohne jeden Vorbehalt zu sichern[21]. Sie ging damit über die als fortschrittlich geltende belgische Verfassung von 1831 hinaus[22].

Die ohne jede Mitwirkung des Staatsvolkes eingesetzte Reichsverfassung vom 1. Januar 1871 — das „Einigungswerk" — enthielt überhaupt keine Grundrechtsverbürgungen. Wie sehr die Regierung des Kaiserreiches bestrebt war, kollektives oppositionelles Wirken zu unterbinden, zeigt ihr Einschreiten gegen dissentierende Gruppen[23]. Nachdem der Reichstag eine Verlängerung des Sozialistengesetzes nicht bewilligt hatte, wurden weitere Zugeständnisse an die Vereinigungsfreiheit gemacht[24]. Trotz dieser späten Liberalisierung blieb jedoch der Widerspruch zwischen einer „an sich" erlaubten Vereinstätigkeit und dem staatlicherseits nicht aufgegebenen Versuch, politische Kernfragen aus der öffentlichen Diskussion zu verbannen, bestehen. Die Zwecklegende von der patriotischen Unzuverlässigkeit der opponierenden Gruppen verhüllte nur schlecht, daß es, wie *Rudolf v. Gneist* zutreffend feststellte, in Wahrheit darum ging, „die Fortentwicklung solcher Parteitendenzen zu hemmen"[25].

Ein „freiheitlicher Zug"[26] prägte schließlich das im Jahre 1908 erlassene Vereinsgesetz[27]; gleichwohl wurden den politischen Verbänden weiterhin Beschränkungen auferlegt. Weil jede Zusammenkunft im voraus den Behörden angezeigt werden mußte, entstand der kaum unbeabsichtigte Eindruck, die gemeinschaftliche Beschäftigung der Bürger mit politischen Angelegenheiten stelle eine latente Gefahr für die

---

dieser Befugnis wurde bereits in der „Verordnung über die Verhütung eines die gesetzliche Freiheit und Ordnung gefährdenden Mißbrauches des Versammlungs- und Vereinigungsrechts" vom 11. März 1850 (Preuß. Gesetz-Sammlung, S. 377 ff.) Gebrauch gemacht, indem eine Anzeigepflicht für Versammlungen und ein Verbot überregionaler Zusammenschlüsse angeordnet wurden.

[21] Die in ihrem sechsten Abschnitt immerhin 59 Grundrechtsparagraphen aufweisende Reichsverfassung vom 28. März 1848 (RGBl. S. 101 ff.) sah in § 162 das Recht vor, „Vereine zu bilden".

[22] Zwar garantiert Art. 20 dieser Verfassung den Belgiern „le droit de s'associer"; einschränkend legt jedoch Art. 21 fest: „les autorités constituées ont seules le droit d'adresser les pétitions en nom collectif."

[23] Durch das „Gesetz gegen die gemeingefährlichen Bestrebungen der Sozialdemokratie" (RGBl. 1878, S. 351 ff.) wurde jede außerparlamentarische Aktivität einer das monarchische System in Frage stellenden Partei untersagt. Mit dem „Gesetz, betreffend den Orden der Gesellschaft Jesu" vom 4. Juli 1872 (RGBl. S. 2353) wurde eine dem geistig-kulturellen Vormachtanspruch der Monarchie entgegenwirkende Vereinigung illegalisiert.

[24] So wurde es Vereinigungen durch das „Affiliationsgesetz" vom 11. Dezember 1899 (RGBl. S. 699) freigestellt, überörtliche Zusammenschlüsse zu bilden.

[25] a.a.O., S. 242.

[26] *Stier-Somlo*, a.a.O., S. 10.

[27] RGBl. S. 151 ff.

öffentliche Sicherheit dar. So blieb auch dieses Vereinsgesetz ein Instrument der Obrigkeit zur Einschränkung des kollektiven Räsonnements auf systemkonforme Beiträge.

Durch den von einem revolutionären Hauch durchwehten „Aufruf des Rates der Volksbeauftragten an das deutsche Volk" vom 12. November 1918[28] wurde die vorrepublikanische Epoche der Vereinsrepression beendet. In dieser Proklamation, deren Gesetzeskraft die höchstrichterliche Rechtsprechung ausdrücklich anerkannte[29], wurden sämtliche Beschränkungen der Vereinsfreiheit für hinfällig erklärt. Art. 124 WRV sicherte diesen Fortschritt konstitutionell ab. Schon die Aussicht, die Interventionspraktiken der Kaiserzeit könnten womöglich wiederaufleben, wurde mit Recht als „unerträglich und eines Rechtsstaates nicht würdig"[30] empfunden.

Am Abend der Weimarer Republik wurde die Vereinigungsfreiheit erneut aufgehoben[31]. Kurz darauf untersagten die nationalsozialistischen Machthaber jede Gründung oppositioneller Vereinigungen[32]; sie vollendeten damit die Lahmlegung der staatsfreien politischen Gesellschaft. Nachdem die „Gleichschaltung der Verbände"[33] mit der NS-Herrschaft zusammengebrochen war, wurden die vereinsfeindlichen Maßnahmen des „Dritten Reiches" durch den Alliierten Kontrollrat ausdrücklich für hinfällig erklärt[34]. Die in der Nachkriegsphase wiederzugelassenen Vereinigungen gaben das innergesellschaftliche Meinungsspektrum — bis auf seine faschistische Komponente — unverkürzt wieder. Es gehörte zum ungeschriebenen Konsens der Überlebenden, eine von staatlichen Hindernissen freie Neuorientierung der politischen Geschichte zu erreichen. Die Entschlossenheit des Verfassunggebers, die Nichteinmischung staatlicher Instanzen in gesellschaftliche Organisationsvorgänge für die Zukunft zu sichern, ist in Art. 9 Abs. 1 GG eingeflossen.

---

[28] RGBl. S. 1303.

[29] Durch das Urteil des Reichsgerichtshofes in Strafsachen vom 15. Dezember 1921 (RGStE 56/117 ff.).

[30] Amtliche Begründung des Entwurfes für ein neues, jedoch nicht verabschiedetes Vereinsgesetz, Reichstagsdrucksache Nr. 2279 aus dem Jahre 1924 (S. 4) und Reichstagsdrucksache Nr. 1084 aus dem Jahre 1928 (S. 3/4).

[31] Die „Verordnung des Reichspräsidenten zum Schutz von Volk und Staat" vom 28. Februar 1933 (RGBl. S. 83) setzte neben anderen Grundrechten auch Art. 124 WRV „bis auf weiteres" außer Kraft.

[32] Durch das „Gesetz gegen die Neubildung von Parteien" vom 14. Juli 1933 (RGBl. S. 479 ff.).

[33] *Bracher-Sauer-Schulz*, a.a.O., S. 186.

[34] Durch das „Gesetz Nr. 1 des Alliierten Kontrollrates" vom 20. September 1945 (Amtsblatt des Kontrollrates in Deutschland vom 29. Oktober 1945, S. 3 ff.).

II. Politische Vereinigungen und die Lehre vom Staat

1. Die „organische" Staatslehre

Der verfassungsrechtliche Stellenwert politischer Verbände ist maßgeblich durch die Zuordnung von Staat und Gesellschaft bestimmt. Wird der Staat als ein in sich geschlossenes, harmonisches Ordnungssystem aufgefaßt, dann bleiben die politischen Initiativen der sich fortlaufend selbst organisierenden Gesellschaft im Grunde weitgehend entbehrlich. Die aus antiken Philosophien überlieferte Lehre von einer naturhaft vorgegebenen, harmonischen Gestalt des Staates[35] wurde von der deutschen Staatsphilosophie des 19. Jh. aufgegriffen. *Kant* sah den absolutistischen Staat seiner Zeit als eine organische Einheit an[36]. Als Apologet eines am Aufkommen innergesellschaftlicher Kritik nicht interessierten Obrigkeitsstaates entwickelte *Hegel* die Organismuslehre zu einem Machtstaatsdogma. Unter der Herrschaft des absolutistischen Regimes[37] ist die „unedle Mäkelei alles eigenen Tuns der Staatsbürger"[38] entbehrlich. Um das monarchische System zu erhalten, wird vor dem „unorganischen Meinen und Wollen" des Publikums[39] gewarnt. Die Abgeordneten des Volkes sollen sich lediglich versammeln, um „die Talente, Tugenden und Geschicklichkeiten der Staatsbehörden und Beamten kennen und achten" zu lernen[40]. In dem als Garant einer allgemein verbindlichen sittlichen Idee überhöhten Staat ist für eine Vielfalt gesellschaftlicher Ideen kein Raum.

Wird die staatliche Sphäre der Gesellschaft als „selbständige Persönlichkeit" gegenübergestellt[41], so liegt es nahe, beide Bereiche „in

---

[35] Vgl. z. B. die Lehre vom naturhaften Kreislauf der Staatsformen in der Politeia *Platons* und den aristotelischen Vorschlag, einer Entartung der (guten) Herrschaftsformen durch ein „gemischtes" Verfassungssystem entgegenzutreten.

[36] Der Staat, so definierte *Kant* (Kritik der Urteiskraft, § 59, a.a.O., S. 212) sei als „organisiertes Produkt der Natur (...) nicht bloß Maschine". Seine Teile seien vielmehr nur „durch ihre Beziehung auf das Ganze möglich". Der monarchische Staat müsse „durch einen beseelten Körper vorgestellt" werden.

[37] Die „Idealität" der staatlichen „Momente" ist nach *Hegels* Ansicht (Rechtsphilosophie, § 276) „mit dem Leben im organischen Körper" vergleichbar. Innerhalb des staatlichen Organismus" gibt es „nur ein Leben in allen Punkten und es ist kein Widerstand dagegen. Getrennt davon ist jeder Punkt tot". Den idealen Mittelpunkt der Staatsgewalt sieht *Hegel* (Die Verfassung Deutschlands, S. 39) „in der Person des nach einem Naturgesetz und (durch) die Geburt bestimmten Monarchen". Dieses Zentrum soll „in seiner Unwandelbarkeit geheiligt" sein.

[38] *Hegel*, Die Verfassung Deutschlands, S. 40.

[39] Rechtsphilokophie, § 302.

[40] Rechtsphilosophie, § 315. Kritisch zur *Hegelschen* Organismustheorie vor allem *Heller*, Hegel und der nationale Machtstaatsgedanke in Deutschland, S. 92 ff. und *Habermas*, Strukturwandel der Öffentlichkeit, S. 131 ff.

[41] *Lorenz v. Stein*, a.a.O., S. 36.

II. Politische Vereinigungen und die Lehre vom Staat

direktem Widerspruch" zueinander[42] zu sehen. Der Versuch einer Synthese „im Prinzipe der Persönlichkeit"[43] bleibt abstrakt und läßt die Zuordnung von Staat und Gesellschaft nicht deutlich werden. Zugleich belastet das Dogma von einer der Gesellschaft gegenüber unabhängigen Existenz des Staates jeden Einfluß gesellschaftlicher Kräfte auf die Staatsorgane mit dem Odium der Destruktivität. Wenn der Staat als eine „Verbindung von Geist und Leib"[44] und als „Totalität des menschlichen Gemeinwesens"[45] glorifiziert wird, dann erscheinen gesellschaftliche Vereinigungen als bloße Fremdkörper in einem scheinbar perfekten System.

Wird dem Staat die Rolle einer natürlichen „Gemeinschaft", den innergesellschaftlichen Zweckverbänden hingegen nur die geringerwertige Position von „Gesellschaften" zugewiesen[46], dann bleiben die politischen Vereinigungen mit dem Makel des Unnötigen, Abträglichen behaftet. Im Ergebnis trübte die Lehre vom staatlichen Organismus den Blick für die gesellschaftlichen Grundlagen des Gesamtpolitikums. Ihr Rückgriff auf eine angeblich vorgeordnete staatliche Ganzheit war zugleich ein Mittel restaurativer Philosophie gegen aufklärerische Gedanken.

Die romantisch eingefärbte Doktrin vom harmonischen Staatsorganismus hat den Niedergang der Monarchie überdauert. Auch in der Weimarer Zeit wurde die Ansicht vertreten, eine Parteibildung zerstöre „die innere Einheit des Staates"[47] und die von ihm gebildete „Wesensgemeinschaft"[48]. Dem Staat wurde weiterhin die Fähigkeit zugeschrieben, „eine höhere Art des Seins zur konkreten Erscheinung" zu bringen und dem Volk eine „gegenüber dem natürlichen Dasein (...) gesteigerte, intensivere Art" der Existenz zu vermitteln[49]. Damit eine Störung dieser Metamorphose staatlicherseits verhindert werden konnte, sollten Vereinigungen ihre Schutzwürdigkeit einbüßen, sobald „der Punkt des Politischen" erreicht war[50]. Nunmehr hat *Krüger* die

---

[42] *Lorenz v. Stein*, a.a.O., S. 45.
[43] *Lorenz v. Stein*, a.a.O., S. 40.
[44] *Bluntschli*, Stichwort „Staat", a.a.O., S. 616.
[45] *Bluntschli*, a.a.O., S. 619. Zu einem ähnlichen Ergebnis kommt *F. J. Stahl*, a.a.O., S. 14, für den der Staat ein „Naturreich" ist, in dem „ein höherer beherrschender Geist" waltet. Der Staat soll (a.a.O., S. 24) „ein ursprüngliches Ganzes" bilden, „das seine Bestimmungsgründe (...) in sich selbst trägt".
[46] Hierzu eingehend *Tönnies*, Gemeinschaft und Gesellschaft, S. 223 ff., dessen Ansichten von einem Teil der Soziologie — so von *Vierkandt* und von *Max Weber* — unkritisch übernommen wurden.
[47] *Litt*, a.a.O., S. 185.
[48] *Litt*, a.a.O., S. 176. *Leibholz*, Das Wesen der Repräsentation und der Gestaltwandel der Demokratie im 20. Jh., S. 46, greift diesen Gedanken auf: Für ihn ist „jede Volksgemeinschaft (...) als konkrete Wertgemeinschaft eine real wirkende, ideale Einheit und (...) zugleich eine politisch ideale Einheit".
[49] *Carl Schmitt*, Verfassungslehre, S. 210.
[50] *Carl Schmitt*, a.a.O., S. 165.

Lehre vom harmonischen und der Gesellschaft vorgeordneten Staat aufgegriffen[51]. In Wahrheit existiert die hier vorausgesetzte Homogenität des Staatsvolkes jedoch nicht. Sie kann wegen der „notwendig antagonistischen Struktur der Gesellschaft"[52] in demokratischen Nationen nicht erzwungen werden und ist für die staatliche Wirkungseinheit auch keineswegs erforderlich. Wer den Staat als eine der Gesellschaft vorgegebene und harmonische Einheit deutet, kann der innergesellschaftlichen Pluriformität kaum gerecht werden.

Eine auf die Polarität Staat — Individuum fixierte Betrachtungsweise wird zugleich den politischen Strukturen in einer modernen Nation nicht gerecht. Zwar ist eine individuelle Freiheitlichkeit für den privaten Bereich sinnvoll; innerhalb der politischen Gesellschaft vermag das Handeln des Bürgers aber durchweg nur im Rahmen kollektiver Meinungsströme und Handlungsabläufe effektiv zu werden. Dem Staat tritt hier nicht mehr das in seiner Vereinzelung ohnmächtig-passive Individuum, sondern eine durch die Kooperation der Bürger handlungsfähige Gesellschaft gegenüber.

Die „organische" Staatslehre hat die Erkenntnisse über den Ablauf biologisch-organischer Vorgänge nicht einmal konsequent verwertet. Es ist erwiesen, daß viele biologische Prozesse durch periphere Impulse ausgelöst und gesteuert werden[53]. Diese Außensteuerung stellt — sofern man überhaupt an einer „organischen" Betrachtungsweise festhalten will — eine bemerkenswerte Metapher für die demokratische Impulsfunktion der Gesellschaft innerhalb des Gesamtpolitikums dar.

2. „Vergesellschaftung" des Staates?

Es gibt keinen Staatsverband, der sich aus seinen gesellschaftlichen Bindungen zu lösen vermöchte. Es ist sogar möglich, daß ein Staat infolge vielfältiger Personal- und Realunionen von minoritären Gruppen der Gesellschaft weitgehend beherrscht wird. Daher stellt sich die Frage, inwieweit der Staatsapparat lediglich als ein Instrument bestimmter gesellschaftlicher Kräfte fungiert. Er wäre dann womöglich durch andere Formen gesellschaftlicher Kooperation zu ersetzen.

---

[51] So soll es den Bürgern nur innerhalb des Staates gelingen, „recht eigentlich erst existent zu werden" (Allgemeine Staatslehre, S. 193) und sich „gegenseitig zu irdischer Existenz zu verhelfen" (S. 194). In dem Prozeß der staatlichen „Selbst-Vergütung" (S. 240) soll es den Untertanen möglich sein, „sich selbst ihr besseres Ich entgegenzusetzen und sich in der Auseinandersetzung mit diesem Ich über ihre natürliche Wirklichkeit zu erheben" (S. 241).

[52] *Heller*, Staatslehre, S. 241.

[53] So belegt *Wieser*, a.a.O., S. 151 ff., die Abhängigkeit hormonaler und nervöser Kommunikationssysteme von Außeninformationen. Über die Wechselwirkungen zwischen äußeren Impulsen, geistigen Vorgängen und dem vegetativen Nervensystem vgl. ferner *Scheid*, a.a.O., S. 731/32.

II. Politische Vereinigungen und die Lehre vom Staat

Die gesellschaftlichen Bezüge des Staates werden von *Karl Marx* eingehend analysiert, wobei den ökonomischen Faktoren eine überragende Bedeutung beigemessen wird. So sollen es die Produktionsverhältnisse sein, die „den sozialen, politischen und geistigen Lebensprozeß" bestimmen[54]. Erst aus den „Widersprüchen des materiellen Lebens", aus dem „Konflikt zwischen gesellschaftlichen Produktivkräften und Produktionsverhältnissen" entzünden sich für Marx die politischen Konflikte[55]. Wenn sich die politische Entwicklung auch in rechtlichen, religiösen, künstlerischen oder philosophischen Formen vollzieht, so soll sie doch durch die materiellen Existenzbedingungen ausgelöst und geprägt sein. Die damit in den Vordergrund der politischen Theorie gerückte „soziale Frage" hatte bereits in den revolutionären Ideen der im Jahre 1789 in Frankreich beginnenden Epoche ihren Niederschlag gefunden. Es wurde vorgeschlagen, durch gemeinschaftliche Verteilungsaktionen der zugleich ökonomisch und politisch Benachteiligten den als Unterdrückungsinstrument empfundenen Staat der Restauration zu überwinden[56]. Wer diese ökonomische Akzentuierung der politischen Theorie rügen will, wird einschränkend hinzufügen müssen, daß die gelieferten Analysen die Wirklichkeit der mit Hilfe anti-egalitärer Zensusverfahren abgesicherten Regime der Restaurationszeit weitgehend richtig charakterisieren. Die Voraussage, nach einer revolutionären Umgestaltung der Produktionsverhältnisse werde der Staat als Herrschaftsverband hinfällig werden[57], erscheint jedoch allenfalls dann konsequent, wenn die politische Gewalt lediglich „als die organisierte Gewalt einer Klasse zu Unterdrückung einer anderen"[58] gesehen wird.

Die These, der Staat könne nach einer Vergesellschaftung der Produktionsmittel in eine prinzipiell herrschaftsfreie Gleichordnung sozialer Verbände übergeführt werden, ist weiter propagiert worden,

---

[54] Kritik der politischen Ökonomie, S. 839.
[55] Kritik der politischen Ökonomie, S. 839.
[56] So fordert *Babeuf*, a.a.O., S. 216, eine „administration commune" zur Verteilung der Wirtschaftsgüter, um auf diese Weise die Voraussetzungen für eine egalitäre Demokratie zu schaffen.
Saint-Simon, a.a.O., S. 115, schlägt demgegenüber vor, „à charger les industriels les plus importants de diriger la fortune publique"; das Volk soll sich freiwillig unterordnen.
Louis Blanc, Organisation du Travail, S. 86, entwirft den Plan einer genossenschaftlichen Produktion in „ateliers sociaux". Der Staat soll sich auf eine Verabschiedung fundamentaler Gesetze beschränken; „aux récompenses nationales" (a.a.O., S. 233) „décernerait (...) la société elle-même".
[57] Ist „alle Produktion in den Händen der associierten Individuen konzentriert, so verliert die öffentliche Gewalt den politischen Charakter. An ihre Stelle tritt eine Association, worin die freie Entwicklung eines jeden die Bedingung für die freie Entwicklung aller ist" (*Marx-Engels*, Manifest, S. 34/35).
[58] *Marx-Engels*, Manifest, S. 34.

ohne daß sie ihren utopischen Charakter bisher verloren hätte[59]. Zwar ergeben sich aus den volkswirtschaftlichen Strukturen wichtige Teilaspekte für die politische Gestalt einer Nation, die ökonomischen Gegebenheiten bestimmen aber nicht die Existenz des Staates. Selbst bei enger Verflochtenheit des staatlichen Machtkerns mit bestimmten gesellschaftlichen Gruppen ist der Staat nicht lediglich ein Instrument dieser Gruppen. Es ist ferner so gut wie ausgeschlossen, daß die mit komplizierten Verteilungsaufgaben betrauten Staatsverbände der Gegenwart in absehbarer Zeit ihre Ziele erreicht haben und damit überflüssig werden könnten.

Weil der Staat mit einem für die gesellschaftlichen Gruppen verbindlichen und daher „übergeordneten" Herrschaftssystem ausgestattet ist, kann er nicht als „association like others"[60] angesehen werden. Eine umfassende „Vergesellschaftung" von Staatsfunktionen ist wegen der damit gegenwärtig verbundenen Freiheitsgefährdungen nicht wünschenswert: Das Einsaugen staatlicher Befugnisse durch gesellschaftliche Verbände würde zu einer gesteigerten Abhängigkeit der Individuen von minoritären gesellschaftlichen Gruppen führen. Gerade in öffentlichen Angelegenheiten ist aber das Gesamtpolitikum in der Regel zur Vermeidung unerträglicher Drucklagen auf eine von der Gesamtheit der Bürger rechtlich geordnete und überwachte Staatstätigkeit angewiesen.

3. Staat und Gesellschaft in der demokratischen Nation

Weil jeder Staat untrennbar mit den geographischen, wirtschaftlichen und kulturellen Gegebenheiten, und deshalb mit einer „konkret-historischen Wirklichkeit"[61] verbunden ist, bleibt er eine gesellschaftliche Erscheinung im weiteren Sinne. Als ein Mittel der „sich ordnenden und ihre Ordnung verantwortenden Gesellschaft"[62] dient er dazu, den permanenten Bedarf der Gesellschaft an materiellen und immateriellen Gütern durch allgemein verbindliche Umverteilungs-

---

[59] *Bakunin*, a.a.O., S. 315, postuliert „die Organisation der Gesellschaft und des gesellschaftlichen Eigentums von unten herauf auf dem Wege der freien Assoziation" und damit „die Abschaffung des Staates". *Lenin*, a.a.O., S. 232, verkündet, die Menschen würden „sich daran gewöhnen, die elementaren Regeln des gesellschaftlichen Zusammenlebens ohne Gewalt und ohne Unterordnung einzuhalten". Dies soll allerdings erst gelingen, wenn die Menschen „freiwillig nach ihren Fähigkeiten arbeiten und nach ihren Bedürfnissen nehmen".
[60] So *Laski*, a.a.O., S. 36. Im Staat, so konstatiert *Laski*, a.a.O., S. 32, existiert „a multiplicity of wills which have no common purposes which drive them to identity". Deshalb soll der Staatsverband lediglich als (a.a.O., S. 34) „a source of ultimate reference which makes a decision upon grounds that it deems adequate" aufzufassen sein.
[61] *Heller*, Staatslehre, S. 111.
[62] *Bäumlin*, a.a.O., Sp. 279.

maßnahmen sicherzustellen. Das — zuweilen über Gebühr herausgestellte[63] — Machtmittelmonopol des Staates wird dabei gerade durch die Umsetzung gesellschaftlicher Anliegen in staatliche Befehle erträglich. Als ein aliud gegenüber der Vielfalt gesellschaftlicher Interessen ist nur der hoheitlich handelnde Staat in der Lage, soziale Probleme in einer für die Gesamtheit der Bürger vorläufig verbindlichen Weise zu ordnen. Die nicht immer, aber doch überwiegend in Rechtsnormen gegossenen staatlichen Direktiven lösen einen Teil der innergesellschaftlichen Konflikte. Deren Kanalisierung zu den Staatsorganen hin kann auf die Dauer nur gelingen, wenn die staatlichen Entscheidungen in Einklang mit dem Willen zumindest einer Mehrheit des Volkes stehen.

Soweit das Volk durch die ständige Rückbindung seiner Mandatsträger an gesellschaftliche Willensströme den Inhalt staatlicher Entscheidungen prägt, kann mit Recht von einer Identität der Regierenden und Regierten gesprochen werden. Die Herrschaft des Volkes bedeutet dann mehr als ein „System verantwortlicher Regierung"[64] oder eine „ideale Zurückführung" der staatlichen Macht auf das Volk[65]. Weil das demokratische Prinzip in den durch ihre — geschriebene oder ungeschriebene — Verfassung auf diese Staatsform festgelegten Nationen keine bloße Fiktion sein darf, muß die Willensentscheidung des Volkes realiter „die Grundlage jeder Staatsbildung sein"[66].

Der auf bestmögliche Verwirklichung drängende Grundsatz des „government of the people, by the people, for the people" (*Lincoln*) kann in den großen Nationen der Gegenwart natürlich nicht in der Form fortwährender („Marktplatz"-)Abstimmungen verwirklicht werden. Kritiker der Demokratie weisen gern auf die Undurchführbarkeit derartiger Verfahren hin[67]. Sie können aber die ständige Anwesenheit des Volkes als politische Gesellschaft nicht leugnen. Gerade wenn die Verfassung dem Volk nur begrenzte Möglichkeiten bietet, um als

---

[63] So bei *Max Weber*, Wirtschaft und Gesellschaft, S. 30 ff.
[64] In dieser Weise einschränkend *Bäumlin*, a.a.O., S. 279.
[65] So *Hans Peters*, Stichwort „Demokratie", Sp. 561.
[66] BVerfGE 1/14 (41).
[67] So findet es *Carl Schmitt*, Verfassungslehre, S. 279, „merkwürdig", wenn die Ansichten eines Volkes maßgebend sein sollen, das sich „gelegentlich in unwiderstehlichen Akklamationen (...) äußert". *Dahrendorf*, Für eine Erneuerung der Demokratie in der Bundesrepublik, S. 33, greift die Idylle der von *Gottfried Keller* geschilderten Landgemeinde Seldwyla auf: Zur Gemeindeversammlung erscheinen neben den „Oberen" nur einige zwielichtige Gestalten, während die übrigen Einwohner ihrer Berufsarbeit nachgehen. *Dahrendorf* hält eine Beteiligung von einem bis zehn Prozent der Bevölkerung an der politischen Öffentlichkeit für ausreichend. Das Postulat einer (a.a.O., S. 38) „grenzenlos aktiven Öffentlichkeit" ist für ihn nur ein „fundamental-demokratische(r) Irrtum".

Staatsorgan zu wirken, wird seine Tätigkeit in der gesellschaftlichen Öffentlichkeit besonders wichtig.

Die politische Selbstbestimmung des Volkes wird nämlich „nicht nur in der Stimmabgabe bei den Wahlen, sondern auch in der Einflußnahme auf den ständigen Prozeß der politischen Willensbildung"[68] aktualisiert. Die Aktivbürgerschaft macht bereits als politische Gesellschaft von ihrer Befugnis Gebrauch, den Inhalt politischer Entscheidungen zu bestimmen. Die Demokratie ist daher nicht nur eine Staatsform; sie prägt vielmehr das Staat und Gesellschaft umfassende Gesamtpolitikum. Innerhalb der pluriformen Gesellschaft artikuliert das Volk ständig auf die Staatswillensbildung gerichtete Meinungen. Ohne eine gesellschaftliche Basis ist eine demokratische Nation nicht denkbar. Staat und Gesellschaft bilden „ein Ganzes"; sie sind „miteinander vermengt und verbunden" und „gehören notwendig zusammen"[69]. Die gegenseitige „Annäherung, Beeinflussung und Durchdringung" von Staat und Gesellschaft[70] ist in einer Demokratie von einem Willensbildungskreislauf geprägt, dessen Impulse ständig von der Gesellschaft ausgehen. Aus der Vielfalt der gesellschaftlichen Anliegen können dabei mit Hilfe des parlamentarischen Mehrheitsprinzips vorläufig verbindliche Beschlüsse gefaßt werden, die sodann als Herrschaft auf die Gesellschaft zurückwirken. Weder staatliche Eingriffe noch innergesellschaftliche Vermachtungen dürfen diesen Legitimationsstrom unterbrechen, wenn sein demokratischer Charakter erhalten bleiben soll.

III. Die Staatsfreiheit der Organisation

1. Die Freiheitlichkeit der demokratischen Gesellschaft

Zum gesicherten Kernbestand westlicher Demokratien gehört eine Begrenztheit des staatlichen Rechts- und Machtmittelmonopols. Der Gesetzgeber ist nicht omnipotent; ja selbst der pouvoir constituant ist limitiert[71]. Eine zumindest denkmögliche Mehrheitsdiktatur[72] wird in den neuzeitlichen Verfassungen vor allem durch nicht oder nur er-

---

[68] BVerfGE 8/51 (68).
[69] *Dietrich Schindler*, a.a.O., S. 61/62.
[70] *Ridder*, Gewerkschaften, S. 14.
[71] Vgl. hierzu *Sauerwein*, a.a.O., S. 146 ff.; ferner *Badura*, Stichwort „Verfassung", Sp. 2348/49 und BVerfGE 1/1 (14).
[72] Die europäische Verfassungsgeschichte zeigt, daß die freiheitsfeindlichen Regime seit der jakobinischen Terrorherrschaft gerade nicht mit Willen der Volksmehrheit zur Macht gekommen sind. Dies gilt auch für die nationalsozialistische Machtergreifung: Erst mit Hilfe kurzsichtiger Reichtagsabgeordneter der bürgerlichen Parteien konnte die NSDAP trotz eines Wählerstimmenanteils von nur 44 % im März 1933 das „Ermächtigungsgesetz" durchsetzen. Vgl. hierzu *Bracher — Sauer — Schulz*, a.a.O., S. 152 ff.

schwert abänderbare Grundrechtverbürgungen unterbunden. Auf diese Weise wird einer totalitären Usurpation der Gesellschaft durch den Staat vorgebeugt. Es ist das Kennzeichen undemokratischer Regime, die politischen Vereinigungen in den Staatsverband zu integrieren[73]. Vor allem minoritäre Gruppen sind auf die der „freiheitlichen" Demokratie immanente Beschränkung der Mehrheitsbefugnisse angewiesen[74].

Den Minderheiten steht die Befugnis zu, durch Kritik an den Regierenden und durch Werbung für ihre eigenen Ideen zu versuchen, die Machthaber zum Einlenken zu bewegen oder selbst zur Mehrheit zu werden. Der politisch fungierenden Gesellschaft ist das Recht verbürgt, zu diesem Zweck beliebige Alternativen zur Regierungspolitik zu entwickeln. Durch staatliche Interventionen in den gesellschaftlichen Meinungsbildungsprozeß würde das Recht auf ungehinderte Ausübung einer Opposition beeinträchtigt werden. Es ist aber nicht die Aufgabe der staatlichen Instanzen, die in der Gesellschaft vorhandenen politischen Ideen zu fördern oder zu hemmen. Innerhalb der Staatssphäre sind keine politischen Konzeptionen vorgegeben. Das Bundesverfassungsgericht stellt daher zutreffend fest, „daß es den Staatsorganen (...) verwehrt ist, sich in bezug auf den Prozeß der Meinungs- und Willensbildung des Volkes zu betätigen"[75]. Allein die Nichtintervention des Staates in die gesellschaftliche Sphäre stellt sicher, daß sich die politische Willensbildung „vom Volk zu den Staatsorganen, nicht umgekehrt von den Staatsorganen zum Volk hin" vollzieht[76]. Erst die Staatsfreiheit der politisch fungierenden Gesellschaft erlaubt es, einen demokratischen Legitimationsstrom in Gang zu setzen.

2. Die Staatsfreiheit politischer Vereinigungen nach dem Grundgesetz

Die im Grundgesetz verankerte Vereinigungsfreiheit enthält als Abwehrrecht ein gegen den Staat gerichtetes Betätigungsverbot. Durch Art. 9 Abs. 1 und Abs. 3 GG sowie durch Art. 21 Abs. 1 Satz 2 GG

---

[73] Durch das „Gesetz zur Sicherung der Einheit von Partei und Staat" vom 1. Dezember 1933 (RGBl. I, S. 1016) wurde die NSDAP zu einer Körperschaft des öffentlichen Rechts erklärt. Art. 126 der Verfassung der UdSSR macht die kommunistische Partei zum leitenden Kern aller gesellschaftlichen und staatlichen Organisationen. Das spanische Decreto de Unificatión vom 19. April 1937 (wiedergegeben in: Leyes Politicas de España, Madrid 1956, S. 319 ff.) normiert die Falange als Organisation, die „intermedia entre la Sociedad y el Estado" und „tiene la mission principal de communicar al Estado el aliento del pueblo". Das Verfassungs-Referendum vom 14. Dezember 1966 bestätigt diese Position. Zum Einbau der Falange in den spanischen Staatsapparat vgl. *Wefers*, a.a.O., S. 23 ff., und *Nelessen*, a.a.O., S. 101 ff.

[74] Vgl. hierzu *Georg Jellinek*, Das Recht der Minoritäten, S. 24 ff.; ferner *Hans Peters*, Stichwort „Demokratie", Sp. 568 und *Zippelius*, Stichwort „Grundrechte", Sp. 722.

[75] BVerfGE 20/56 (99) — Urteil über die prinzipielle Unzulässigkeit einer staatlichen Parteifinanzierung.

[76] BVerfGE 20/56 (99).

wird es den staatlichen Organen prinzipiell untersagt, auf gesellschaftliche Organisationsvorgänge Einfluß zu nehmen. Das Interventionsverbot verwehrt es den jeweils Regierenden, gesellschaftliche Zusammenschlüsse einer Staatskontrolle zu unterwerfen und einen „Überwachungsstaat"[77] zu etablieren. Besonders problematisch im Hinblick auf die den Bürgern zugesicherte Befugnis, ohne staatliche Einmischung kooperieren zu können, war die in § 128 StGB enthaltene Strafandrohung gegen „Geheimbündelei"[78]. Schon das Reichsgericht interpretierte die in ihrer Textfassung auf das preußische Strafgesetzbuch von 1851 zurückgehende Vorschrift als eine auf die Repression politischer Zusammenschlüsse zugeschnittene Verbotsnorm[79]. In der Bundesrepublik wurde § 128 StGB zur Bekämpfung systemfeindlicher Vereinigungen eingesetzt[80]. Um die Strafandrohung gegen eine vor dem Staatsapparat verheimlichte Tätigkeit zu rechtfertigen, ist auf die vage Behauptung zurückgegriffen worden, die in § 128 StGB genannten Zusammenschlüsse beeinträchtigen schlechthin „die öffentliche Ordnung"[81]. *Willms* vermutete, hinter jeder mit einer „Tarnmaske" operierenden Vereinigung verberge sich wahrscheinlich ein ohnehin verbotener Verein[82]. Zwar führen geheime Bünde „häufig nichts Gutes im Schilde"[83]; es lassen sich jedoch auch achtenswerte Gründe für die Geheimhaltung einer Vereinigung gegenüber der Staatsregierung anführen: Ein um die Gründung einer neuen Partei bemühter Kreis wird zunächst in

---

[77] *Richard Schmid*, Auf dem Wege zum Überwachungsstaat, S. 3.
[78] Hiernach sollten die Mitglieder einer Vereinigung, „deren Dasein, Verfassung oder Zweck vor der Staatsregierung geheimgehalten werden soll, mit einer Gefängnisstrafe bis zu sechs Monaten belegt werden können; den „Stiftern und Vorstehern" wurde sogar bis zu einem Jahr Gefängnis angedroht.
[79] So wurden die Mitglieder der frankreichfreundlichen in Elsaß-Lothringen tätigen „Ligue des Patriotes" (RGStE 16/165 ff.), ferner eine für die Pflege der polnischen Kultur bedachte Gesellschaft (RGStE 35/179 ff.) und eine Berliner Gruppe der russischen sozialistischen Arbeiterpartei (RGStE 41/264 ff.) nach § 128 StGB bestraft.
[80] Eine Funktionärin der „Freien Deutschen Jugend" wurde wegen Verstoßes gegen § 90 a StGB (in der Fassung nach dem Ersten Strafrechtsänderungsgesetz vom 30. August 1951 — BGBl. I S. 729 ff.) in Tateinheit mit Geheimbündelei zu einer Gefängnisstrafe von einem Jahr verurteilt (BGHStE 6/209 ff.). Sodann wurden die Initiatoren der Aktion „Volksbefragung gegen die Remilitarisierung" (BGHStE 7/64 ff.), ein Funktionär der „Gesellschaft für deutsch-sowjetische Freundschaft" (BGHStE 9/20 ff.) und die Mitglieder anderer — durchweg als kommunistisch beeinflußt angesehener — Verbände (vgl. BGHStE 10/16 ff.; 17/38 ff.; 18/296 ff. und 19/280 ff.) unter Anwendung von § 128 StGB, erste Alternative, bestraft.
[81] *Schwarz-Dreher*, a.a.O., Anm. 1 zu § 128, wobei zur Begründung lediglich auf die Stellung der Vorschrift im siebten Abschnitt des Strafgesetzbuches („Verbrechen wider die öffentliche Ordnung") verwiesen wurde; ähnlich *Wolfhart Werner*, a.a.O., Anm. II zu § 128, nach dessen Ansicht aber „eine Staatsgefährlichkeit" kein Essentiale des Straftatbestandes sein sollte.
[82] Die Organisationsdelikte, S. 566.
[83] *Ćopić*, Grundgesetz, S. 184.

III. Die Staatsfreiheit der Organisation

aller Stille nach möglichen Verbündeten Ausschau halten. Eine gegen die Regierungspolitik opponierende Vereinigung wird nicht geneigt sein, ihr Organisationsgefüge den staatlichen Stellen zu offenbaren. Deshalb war nicht zu verkennen, daß durch die Inkriminierung einer der Staatsregierung gegenüber verheimlichten Vereinigung eine vordemokratische Kontrolle über Kristallisationszentren der politischen Gesellschaft aufrechterhalten werden sollte. Da Art. 9 Abs. 1 GG die Bürger davor schützt, ihr kollektives politisches Handeln gegenüber dem Staat offenbaren zu müssen, war § 128 StGB verfassungswidrig. Daher ist dieses Relikt des Obrigkeitsstaates aus gutem Grund nunmehr im Achten Strafrechtsänderungsgesetz[84] ersatzlos gestrichen worden.

Ungeachtet des Staatsfreiheitsgebotes werden freilich in der Bundesrepublik Vereinigungen mit scharf oppositioneller Programmatik weiterhin von der Staatsregierung kontrolliert. So berichtet *Nollau*, der in seiner Eigenschaft als Bediensteter des Bundesamtes für Verfassungsschutz einschlägiges Material verwerten konnte, von einer nachhaltigen Überwachung unliebsam erscheinender Gruppen durch seine Behörde[85]. Die Arbeitsmethoden dieses Überwachungsamtes wurden offenbar, als zu Spitzeldiensten angeworbene Personen sich weigerten, die ihnen erteilten Aufträge zu erfüllen[86]. Selbst kirchliche Zusammenschlüsse wurden mitunter von Staatsbeauftragten unterwandert[87]. Mit dem Gebot der Staatsfreiheit innergesellschaftlicher Organisationen kollidierte ferner der mit einer umfangreichen Durchsuchung verbundene „Spiegelschlag"[88]. Es lag von vornherein in der gewollten Zwangsläufigkeit dieses Unternehmens, eine der Regierung unerwünschte Geheimheit von Informationen aufzuheben und damit „suspekte regierungsfremde Macht zu vernichten"[89].

---

[84] BGBl. I 1968, S. 748.
[85] a.a.O., S. 10 ff., Aufschlüsse über den weit gezogenen Kreis der Überwachten gibt ferner ein Bericht des Bundesministers des Innern, veröffentlicht in: „Aus Politik und Zeitgeschichte, Beilage zur Wochenzeitung „Das Parlament" vom 24. Juli 1968.
[86] So wurde ein Student (vgl. hierzu „Frankfurter Rundschau" v. 30. November 1967, S. 3: „Atze Wolff stieg aus") von staatlichen Inquisiteuren aufgefordert, den Inhalt von Universitätsakten ausfindig zu machen. Der Bundesminister des Innern, *Benda*, bedauerte im Bundestag, daß es noch „vereinzelt Zurückhaltung bei der Überwachung" gegeben habe (Das Parlament, Nr. 19 vom 8. Mai 1968, S. 2).
[87] Fortlaufend kontrolliert wurde z. B. die „Christliche Friedenskonferenz", wie aus Verlautbarungen des Amtes für Verfassungsschutz zu entnehmen ist (vgl. „Frankfurter Rundschau" vom 4. Mai 1968, S. 1: „Auch Theologen werden überwacht").
[88] Das Bundesverfassungsgericht (BVerfGE 20/162 ff.) hat die im Oktober des Jahres 1962 durchgeführte Regierungsaktion für zulässig gehalten. Das Gericht geht allerdings von der Prämisse aus, die Durchsuchungen hätten ausschließlich zu dem Zweck gedient, Beweismittel für ein Strafverfahren aufzuspüren.
[89] *Ridder*, Staatsgeheimnis und Pressefreiheit, S. 33.

Unter der Herrschaft des Staatsfreiheitsgebotes ist es sodann fraglich, ob es der jeweiligen Staatsregierung freisteht, selbst im Gewande gesellschaftlicher Vereinigungen aufzutreten. Diese Praxis hat sich in der Bundesrepublik vor allem zur versteckten Wahlkampffinanzierung herausgebildet[90]. Zugleich bediente sich die Regierung zur fortlaufenden Einflußnahme auf die öffentliche Meinung von Steuermitteln getragener „Vereinigungen"[91]. Wenn die öffentliche Hand sich in dieser Weise „Interessenverbände" schafft, so soll nach Ansicht von *Wittkämper* „dem Sozialbefund Rechnung getragen" werden[92]. Ein „Interessenverband der öffentlichen Hand" soll seine Rechtsstellung aus den „verschiedenen Normen und Garantien des Grundgesetzes für den Bestand der öffentlichen Körperschaften" herleiten können[93]. Mit dieser Argumentation wird das Prinzip der Staatsfreiheit gesellschaftlicher Räume jedoch verkannt. Es ist nicht die Aufgabe der Staatsbehörden, selbst politische Ideen zu produzieren und sie dem Publikum nahezubringen. Gründen oder übernehmen Staatsorgane gesellschaftliche Vereinigungen mit dem Ziel, sich im Bereich der nichtstaatlichen Öffentlichkeit politisch zu betätigen, dann geht die Meinungsbildung insoweit nicht mehr vom Volk, sondern vom Staat aus. Eine derartige, dem demokratischen Legitimationsstrom entgegenwirkende Praxis ist mit dem im Grundgesetz verankerten Staatsfreiheitsgebot nicht vereinbar.

IV. Das Gebot des demokratischen Aufbaus

1. Soziologische Analyse der Infrastruktur

In jeder Vereinigung kann untersucht werden, wer über ihre Existenz und über ihre Tätigkeit entscheidet. Eine Antwort auf die Frage,

---

[90] Vgl. hierzu *Dübber*, a.a.O., S. 32 ff. („Die Regierung steht nicht abseits").
[91] So wurde die nach Sperrung der Regierungszuwendungen unverzüglich aufgelöste „Arbeitsgemeinschaft demokratischer Kreise" fast ausschließlich zur propagandistischen Aufwertung der Regierungspolitik tätig. Ferner wurden im Auftrage der Bundesregierung u. a. aktiv: Die im Jahre 1957 in der Ev. Akademie Iserlohn gegründete „Arbeitsgemeinschaft für die Wiedervereinigung"; der „Politische Arbeitskreis Oberschulen" (Bonn); die mit der Werbung für die „freie Marktwirtschaft" beschäftigte Vereinigung „Die Waage" (Köln); weitere Beispiele für die staatliche Finanzierung gesellschaftlicher Gruppierungen nennt *Dübber*, a.a.O., S. 34 ff. Die staatliche Intervention in den gesellschaftlichen Raum wird vor allem aus Mitteln des Presse- und Informationsamtes der Bundesregierung finanziert. Die „Sachausgaben" dieser Behörde waren im Bundeshaushaltsplan für das Jahr 1969 (vgl. BT-Drucksache V/3300, Titel 0403) mit 91 Millionen DM veranschlagt. Über neue Methoden, die politischen Parteien aus öffentlichen Kassen zu finanzieren, berichtet *Breitling*, Offene Partei- und Wahlfinanzierung, S. 223 ff.
[92] a.a.O., S. 97. Keine Bedenken gegen staatliche und halbstaatliche "Vereinigungen" hat ferner *Breitling*, Die Verbände in der Bundesrepublik, S. 64 ff.
[93] *Wittkämper*, a.a.O., S. 97/98.

IV. Das Gebot des demokratischen Aufbaus

wer einen Verband „trägt", gibt Aufschluß über den Inhaber der Organisationsmacht. Im Gegensatz zu den über ihre Existenz nicht selbst befindenden Staatsbehörden entscheiden innergesellschaftliche Vereinigungen autonom über ihre Tätigkeit.

Das Wort „Organisation" bezeichnet sowohl das Verbandsgefüge als auch den dynamischen Vorgang des „Organisierens", also die Vereinstätigkeit. Versuche der älteren Organisationslehre, die Infrastruktur gesellschaftlicher Verbände unter Anlehnung an die zur Deutung der Staatstätigkeit entwickelte Organismuslehre[94] zu kennzeichnen[95], tragen zur Aufhellung des Organisationsablaufes wenig bei. Sie bergen vielmehr die Gefahr einer „Mißdeutung der antropomorphen Metapher als reales Wesen"[96]. Ein politischer Zweckverband ist das Ergebnis bewußter Einheitsbildung. Erst aus der gewollten Zusammenfügung individueller Teilbeiträge geht die „Einheit der kollektiven Tat"[97] hervor. Jede Vereinstätigkeit setzt die Fähigkeit der Beteiligten voraus, individuelle Ideen und Interessen „zugunsten eines (...) planvollen Handelns zu disziplinieren"[98]. Der Organisationsvorgang ist demnach ein rationaler Prozeß, der darauf abzielt, individuelle Tätigkeiten zu koordinieren und auf bestimmte Verbandsziele auszurichten. Auf dieser Zusammenarbeit beruht der Einfluß von Vereinigungen[99].

Eine Verbandsorganisation beruht zumeist auf arbeitsteiliger Zusammenarbeit[100]. Unter formalem Aspekt betrachtet, zielt sie auf die „Koppelung von (...) Außeninformation mit bestimmten Entscheidungsprogrammen"[101] ab. Der Organisationsvorgang erschöpft sich jedoch nicht in einer bloßen Summierung individueller Beiträge; er ist insgesamt keineswegs eine „rein formale Angelegenheit"[102]. Vereini-

---

[94] Siehe hierzu oben, S. 28 ff.
[95] Für *Otto v. Gierke*, a.a.O., S. 48, ist die Funktionsweise von Verbänden ein „Ausdruck der leiblich-geistigen Lebenseinheit". *Tönnies*, Gemeinschaft und Gesellschaft, S. 228, sieht die Vereinstätigkeit als „Art von Organismus" an. *Erdmann*, a.a.O., S. 48, konstatiert eine „unwillkürliche Organisation als Folge natürlicher Entwicklung". Nunmehr erlebt diese Betrachtungsweise bei *Franz H. Müller* eine Renaissance; für diesen Autor ist (a.a.O., S. 35) die Organisation „das Lebensprinzip des natürlichen, gewachsenen und gewordenen Organismus'".
[96] *Kelsen*, a.a.O., S. 182.
[97] *Heller*, Staatslehre, S. 88.
[98] *Mayntz*, a.a.O., S. 22. Die sozialen Anreize zu einem derartigen Verhalten untersucht *Olson*, a.a.O., S. 59 ff.
[99] „These interactions, or relationships", so hebt *Truman* hervor, „because they have a certain character and frequency, give the groups its molding and guiding powers" (a.a.O., S. 24).
[100] Diese Erkenntnis wird in den neueren Organisationsanalysen durchweg hervorgehoben; vgl. *Barnard*, a.a.O., S. 14 ff.; *Eulenburg*, a.a.O., S. 63 ff.; *König*, a.a.O., S. 215 und *Mayntz*, a.a.O., S. 85.
[101] *Luhmann*, a.a.O., S. 231.
[102] So aber die stark auf betriebswirtschaftliche Belange zugeschnittene Organisationslehre von *Schnutenhaus*, a.a.O., S. 16.

gungen dienen vielmehr dazu, Theorie und Praxis miteinander zu verbinden. In ihnen wird es unternommen, Einsichten und Vorschläge so zu vermitteln, daß sie „in das Bewußtsein und die Gesinnung handlungsbereiter Bürger" eingehen[103]. Zugleich gelingt es einer diskutierenden Gruppe im allgemeinen leichter als isolierten Individuen, Fehldeutungen zu entdecken und zu korrigieren[104]. Ein rational argumentierender Verband kommt mit größerer Wahrscheinlichkeit zu richtigen Ergebnissen. Deshalb ist es auch wegen der besseren Chance, Irrtümer zu vermeiden, ratsam, politische Probleme in kooperierenden Gruppen zu lösen.

Wird die Vereinzelung der Bürger durch einen politischen Zusammenschluß überwunden, so fördern die Beteiligten das Entstehen einer für den Meinungsbildungsprozeß wichtigen geistigen Atmosphäre. Die Mitglieder einer Vereinigung erfahren ihre „Gleichheit der Lebenslage"[105] und entwickeln ein Solidaritätsbewußtsein.

Die innerverbandliche Diskussion ergibt Klarheit über gemeinsame Interessen. Die interne Beratung trägt zugleich dazu bei, private Anliegen herauszufiltern und sich über die öffentlich relevanten Belange zu einigen. Das Einschmelzen der individuellen Ideen und das gleichzeitige Profilieren des politisch Belangvollen vollziehen sich zumeist nicht konfliktlos. Der Konsens aller Verbandsmitglieder, einmal gefaßte Beschlüsse bis zu ihrer Abänderung gemeinsam durchzuführen, ermöglicht es aber zumeist, auftretende Meinungsdifferenzen zu überbrücken. In einer demokratischen Gesellschaft steht es der überstimmten Minderheit außerdem frei, eine neue Vereinigung zu bilden. Allerdings kann von dieser Befugnis innerhalb der mit einem beträchtlichen Organisationsaufwand arbeitenden Großverbände praktisch kaum Gebrauch gemacht werden.

Das Sammeln, Bündeln und Abstimmen individueller Ansichten fördert die Durchschlagskraft der schließlich zum geistigen Gemeingut werdenden Ideen. Gemeinsames Handeln bewirkt eine „Steigerung der Leistungsfähigkeit"[106]. Je mehr es einer Vereinigung gelingt, ihre Tatkraft deutlich zu machen, desto weniger kann es sich die jeweilige Staatsregierung erlauben, ihre Anliegen zu übergehen. Ihre Mitglieder sind nämlich „nicht mehr vereinzelte Menschen, sondern eine weithin

---

[103] *Habermas*, Theorie und Praxis, S. 92.
[104] Vgl. hierzu die eingehenden empirischen Untersuchungen von *Hofstätter*, Gruppendynamik, S. 31 ff. Die dabei zu bewältigenden Such- Lern- und Problemlösungsprozesse analysiert *Naschold*, a.a.O., S. 74 ff. *Herbert Schneider*, a.a.O., S. 85, meint allerdings feststellen zu können, das „einfache Mitglied" fühle sich „überfordert, sich über die einzelnen, häufig sehr komplizierten Fragen eine eigene Meinung zu bilden".
[105] *v. Reitzenstein*, a.a.O., S. 105.
[106] *Eulenburg*, a.a.O., S. 68.

sichtbare Macht, deren Taten als Beispiele dienen, die spricht und auf die man hört"[107].

2. Sind oligarchische Vermachtungen unvermeidbar?

Eine Abkehr der politischen Vereinigungen von demokratischen Strukturen hat *Robert Michels* prophezeit. Nach seiner Ansicht ergibt sich die „Form menschlichen Zusammenlebens in größeren Verbänden" aus dem „Gesetz der Oligarchie"[108]. Weil „das Führertum (...) eine notwendige Erscheinung jeder Form des gesellschaftlichen Lebens" sein soll, sind für Michels oktroyierte Machtstrukturen nicht zu vermeiden. Sie werden zur „Mutter der Herrschaft der Gewählten über die Wähler, der Beauftragten über die Auftraggeber, der Delegierten über die Delegierenden"[109]. Aus der Sicht von Michels verselbständigt sich jedes Organisationsgefüge gegenüber seinen Mitgliedern. Michels sieht diesen Befund als pathologisch an, denn „vielleicht (...) liegt, wenn auch nicht die Heilung, so doch eine gewisse Milderung der oligarchischen Krankheit in dem Prinzip der Demokratie"[110]. Abgesehen von dem richtigen Hinweis auf die Chancen einer „sozialen Pädagogik"[111] gibt er jedoch keine Hinweise dafür, wie eine Vermachtung gesellschaftlicher Verbände vermieden werden kann.

Max Weber greift die These von der faktischen Oligarchisierung politischer Vereinigungen auf. Parteien erfüllten für ihn den Zweck, „ihren Leitern innerhalb des Verbandes Macht, und ihren aktiven Teilnehmern (...) Chancen (...) zuzuwenden"[112]. Der „Betrieb der Politik" soll in den Händen von „Parteileitern und Parteistäben" liegen, denen die einfachen Mitglieder „meist nur als Akklamanten" zur Seite treten[113]. Von der bei *Michels* unübersehbaren Warnung vor antidemokratischen Vermachtungen bleibt indessen nichts übrig: Weber deutet vielmehr das Entstehen autonomer Organisationskerne in einen Sieg des demokratischen Prinzips um. Die Existenz von Partei-„Maschinen" sichert für ihn den „Einzug der plebiszitären Demokratie"[114]. Webers zentrales Anliegen besteht in der Beschreibung und Rechtfertigung permanenter Machtkonzentrate. Die Staatsbürger sollen in „Massenverbänden der bürokratischen Beherrschung unentrinnbar verfallen"[115] sein. Die politische Szene wird für ihn nicht von dem Bemühen des

---
[107] *Toqueville,* a.a.O., S. 126.
[108] a.a.O., S. 366.
[109] a.a.O., S. 370/71.
[110] a.a.O., S. 375.
[111] a.a.O., S. 376.
[112] Wirtschaft und Gesellschaft, S. 211.
[113] a.a.O., S. 212.
[114] a.a.O., S. 1070.
[115] a.a.O., S. 166.

Volkes, konkrete gesellschaftliche Probleme zu lösen, sondern vom Wirken einflußreicher Entscheidungskartelle bestimmt. Webers Annahme, eine fortgeschrittene Bürokratisierung der Parteizentralen begünstige zugleich den Sieg demokratischer Strukturen, erweist sich bei näherem Zusehen als irrig. Einer zu napoleonischen Akklamationsplebisziten erniedrigten Nation bleibt im Grunde nur die Möglichkeit, bereits geschehene Geschichte zu akzeptieren. Ein auf derartige Regentschaftspraktiken verfallendes Regime verweigert der Aktivbürgerschaft das Recht, ihre Angelegenheiten für die Zukunft zu gestalten. Die antidemokratische Basis einer sich nur scheinbar plebiszitär legitimierenden Herrschaft wird besonders dann offenbar, wenn das Spektrum politischer Ideen auf eine einzige Plebiszit-Alternative zusammenschrumpft.

Politische Verbände sind ferner unter dem Gesichtspunkt einer permanenten Integration gedeutet worden. *Rudolf Smend* hat die Existenz sozialer Gruppierungen als das Ergebnis ständiger Integrationsvorgänge gewertet. Unter Anknüpfung an das „plébiscite de tous les jours" *Renans* sieht er die fortwährende Eingliederung in gesellschaftliche Verbände als das Grundphänomen der Einheitsbildung an[116]. Smend richtet freilich seine Integrationslehre nicht auf demokratische Strukturen aus. Zur Integration soll vielmehr eine Haltung genügen, „die die Politik denen überläßt, die dafür Zeit haben"[117]. In einem das Volk perfekt integrierenden Staat macht sich nur noch der geheim wählende Staatsbürger als nicht integriertes Individuum verdächtig; er ist ein Relikt des „staatsfremden liberalen Denkens"[118]. Später hat Smend eingeräumt, in der von ihm entworfenen Integrationslehre seien „die Eigenart des Verfassungsrechts" sowie „das Moment der Organisation und der Willensbildung" zu Unrecht vernachlässigt worden[119].

Für *Schumpeter* verwirklicht sich die demokratische Idee in einer „Ordnung (...), bei welcher einzelne die Entscheidungsbefugnis mittels eines Konkurrenzkampfes um die Stimmen des Volkes erwerben"[120]. Indem er das demokratische Prinzip in eine bloße „Regierung *für* das Volk"[121] umdeutet, gibt er das Postulat einer bestmöglichen Selbstbestimmung weitgehend auf. Schumpeter sieht dann auch keine Verbin-

---

[116] Verfassung und Verfassungsrecht, S. 119 ff., insbesondere S. 136, wo ausgeführt wird, der Staat existiere „nur in diesem Prozeß beständiger Erneuerung, dauernden Neuerlebtwerdens". Vgl. ferner Stichwort „Integrationslehre", a.a.O., S. 299 ff.
[117] Verfassung und Verfassungsrecht, S. 156.
[118] a.a.O., S. 153.
[119] Stichwort „Integrationslehre", S. 301.
[120] a.a.O., S. 428.
[121] a.a.O., S. 406.

IV. Das Gebot des demokratischen Aufbaus

dung zwischen gesellschaftlichen Anliegen und ihrer permanenten Verwirklichung durch den Staat. Vielmehr sollen die Willensäußerungen gesellschaftlicher Gruppen „oft während Jahrzehnten latent" bleiben und erst „von irgendeinem politischen Führer, der sie in politische Faktoren verwandelt, zum Leben erweckt werden"[122]. Schumpeter verkennt damit die Eigenart geschichtlich-sozialer Probleme. Politische Konflikte ergeben sich im allgemeinen aus langandauernden sozialen Fehlentwicklungen. Die Entschlossenheit der Betroffenen, auf Abhilfe zu dringen, ist zumeist das Ergebnis kollektiver Bewußtwerdung. Mag es auch Einzelpersonen gelingen, wegweisende Modelle zur Lösung eines Problems zu entwickeln, so bedarf es durchweg einer langfristigen Werbung und damit einer Vergemeinschaftung ihrer Ideen, bevor sich eine vorläufige Lösung des Konfliktes anbahnt. Die im Grunde oligarchisch akzentuierte Lehre Schumpeters ist von *Konrad Hesse*[123] und sodann — mit einem vagen Eingeständnis ihrer Unzulänglichkeit — von *Dahrendorf*[124] übernommen worden. Mit dem Hinweis, in „richtig" verstandener Weise „für" die Nation ausgeübt zu werden, läßt sich eben auch eine autoritäre Herrschaft ummänteln.

Gustav E. Kafka sieht Autoritätszentren als unabdingbare Grundlage für politische Vereinigungen an. Kooperation beruht für ihn auf der „Kunst, die Kräfte anderer Menschen durch Beeinflussung ihres Willens zusammenzufassen"[125]. Als Kristallisationskern der Zusammenarbeit soll das „Prestige einzelner Führer"[126] wirken. Kafkas These, Parteien beruhten auf einer Gefolgschaft, die bereit sei, „sich freiwillig in die Kampfgemeinschaft einzuordnen und unterzuordnen"[127], läßt eine irrationale Hinwendung zu hierarchischen Strukturen erkennen.

Lohmar hat den Versuch unternommen, die Oligarchisierung von Parteien als Prämisse für eine erfolgreiche Arbeit zu rechtfertigen. Den Vorständen soll letztlich nur die Wahl bleiben zwischen „dem parteiinternen Druck der Funktionäre" oder „Sacheinsichten und ihrem Willen, Wähler zu gewinnen"[128]. Die Unterstellung, eine von den Mitgliedern ausgehende Willensbildung liefere die Parteispitze einem unver-

---

[122] a.a.O., S. 429.
[123] Die verfassungsrechtliche Stellung der politischen Parteien, S. 19/20: „Nicht Herrschaft des Volkes, sondern Herrschaft ‚für das Volk'" soll eine Demokratie kennzeichnen.
[124] Gesellschaft und Freiheit, S. 261; die gutgeheißene Formel soll weiterhin „zu Einwänden Anlaß" geben.
[125] a.a.O., S. 56.
[126] a.a.O., S. 59; analog dem Klischee von Kriminalfilmen soll es sich in der Politik um ein Prestige handeln (ebenda), „das mit jeder glücklichen bestandenen Gefahr, mit jeder erfolgreich gemeisterten riskanten Situation wächst".
[127] a.a.O., S. 59.
[128] a.a.O., S. 54.

nünftigen Druck aus, wird nicht weiter begründet. Lohmar setzt sich mit der Frage, inwieweit es zum unverzichtbaren Kern einer demokratischen Partei gehört, ihr Programm von ihren Mitgliedern festlegen zu lassen, nicht weiter auseinander. Im Ergebnis gelangt Lohmar damit über eine Verteidigung bestehender Zustände nicht hinaus. Wenn Parteiorgane ohne ein vorheriges Mitgliedervotum entscheiden, so tragen sie zur Entdemokratisierung der Gesellschaft bei. Die von Lohmar gutgeheißene Vermachtung der Parteien führt zu einem Programmdefizit, das eine Wahl zwischen verschiedenen politischen Konzeptionen nicht mehr zuläßt.

Eine politische Vereinigung, deren Existenz vom Willen ihrer Mitglieder abhängt, darf nicht darauf verzichten, fortwährend die Interessen dieser Mitglieder zu artikulieren. Wie *Mayntz* zutreffend feststellt, muß den Trägern der Vereinigung ein Mitspracherecht eingeräumt werden, das eine „Hierarchie von oben nach unten laufender Befehlswege ausschließt"[129]. Allerdings räumt Mayntz ein, der Zwang, „schnell und wirksam reagieren" zu müssen, könne Parteien „zu einem Kompromiß zwischen verschiedenen strukturellen Prinzipien" zwingen[130]. Diese Einschränkung basiert auf der Annahme, politische Entscheidungen müßten häufig unvorhersehbar und rasch getroffen werden, so daß eine von den Parteimitgliedern ausgehende Willenskette nicht mehr gebildet werden kann. Die ganz überwiegende Mehrheit der politischen Konflikte entsteht jedoch im Verlauf größerer Zeitabschnitte. Gerade im Hinblick auf eine Lösung bedeutender Probleme bleibt fast immer für eine innergesellschaftliche Willensbildung hinreichend Gelegenheit.

In einer frühen Untersuchung über die Organisation von Parteien hat *Ostrogorsky* bemerkenswerte Vorschläge zur Vermeidung oligarchischer Machtkerne unterbreitet. Ein politischer Verband, so fordert er, darf lediglich ein „groupement de citoyens, formé spécialement en vue d'une revendication politique déterminée" sein[131]. Um die Ansammlung von „pouvoir" zu vermeiden, schlägt Ostrogorsky vor, anstelle von „partis permanents" solchen Vereinigungen den Vorzug zu geben, „qui se formeraient et se reformeraient librement selon les problems changeants de la vie"[132]. Die damit erreichte Vielfalt von Vereinigungen soll es den Staatsbürgern erlauben, die Entscheidungen über politische Ziele in den Händen zu behalten. Die in einer Gesellschaft vorhandenen Meinungsströme sollen jeweils in den Einzelfragen zutage treten.

---

[129] a.a.O., S. 99.
[130] a.a.O., S. 99.
[131] a.a.O., Bd. 2, S. 618.
[132] a.a.O., Bd. 2, S. 618.

IV. Das Gebot des demokratischen Aufbaus

denn „des citoyens qui se seraient séparés sur une question feraient route ensemble sur une autre question"[133]. Die Konzeption Ostrogorskys gestattet es einer selbst organisierenden Gesellschaft, politische Vereinigungen als Träger ihres Willens einzusetzen. Die Mitglieder der sich von Fall zu Fall bildenden Zusammenschlüsse bleiben Inhaber der Organisationsmacht. Damit wird ein auch in der Gegenwart gangbarer Weg zur Vermeidung oligarchischer Strukturen gewiesen. Selbst in relativ stabilen Vereinigungen läßt sich durch zeitlich begrenzte und auf bestimmte Probleme zugeschnittene Mitgliedervoten ein Abbau von Machtkonzentration erreichen.

In der Öffentlichkeit glaubwürdig werden Vereinigungen in ihren Bemühungen, kollektive Ansichten und Interessen zu vertreten, schließlich erst dann, wenn ihre Mitglieder fortwährend Ideen und Beschlüsse „von unten nach oben" delegieren. Oligarchisch verfestigte Verbände pflegen diese Tatsache vielfach dem Anschein nach zu respektieren, denn sie trachten oft danach, das Fehlen einer internen Legitimation mit dem Hinweis zu verschleiern, „auf Bitten zahlreicher Mitglieder hin" tätig zu werden. Das für ein kollektives Anliegen charakteristische Gewicht kann die Stellungnahme eines Verbandes jedoch erst erlangen, wenn eine verbandsinterne Willensbildung nachgewiesen werden kann. Soweit Vorstandsgremien von den Beschlüssen der Mitgliederversammlungen abweichen, können sie in einer problemwachen Öffentlichkeit nur ohnmächtig auftreten. Werden die Aktionen eines Vereins hingegen von seinen Mitgliedern beschlossen, so verbleibt den Exekutivgremien nur die Aufgabe, die gefaßten Beschlüsse auszuführen. Diese Tätigkeit kann ohne den Rückgriff auf einen irrational überhöhten Führerkult bewältigt werden. Der Einwand, eine von den Beschlüssen ihrer Mitglieder ausgefüllte Vereinigung werde „Führerpersönlichkeiten" kein hinreichend lukratives Betätigungsfeld bieten, kann nicht überzeugen. Zwar stellt *Max Weber* in seiner Herrschaftstypologie den charismatischen Führer als einen legitimen Machtinhaber vor[134]; in einer der rationalen Argumentation nicht verschlossenen Vereinigung müssen sich aber auch befähigte Mitglieder ein inhaltlich bestimmtes Mandat verschaffen. Politische Begabung erweist sich gerade darin, daß es ihrem Inhaber gelingt, zumindest eine Mehrheit von der Brauchbarkeit einer Idee zu überzeugen.

Setzen die Mitglieder selbst die Ziele ihrer Vereinigung fest, dann fällt es leichter, für eine Ausführung der Beschlüsse jeweils geeignete Personen zu beauftragen. Die leichte Auswechselbarkeit von Funktionären erweist sich als vorteilhaft, weil „in a democratic system which has a turnover in its officers, members and citizens can blame

---
[133] a.a.O., S. 618.
[134] Wirtschaft und Gesellschaft, S. 159 ff.

any particular evil on the incumbants and remain completely loyal to the organisation"[135].

Wird der Vorstand einer Vereinigung regelmäßig abgelöst, so wächst eine größere Anzahl von besonders erfahrenen Mitgliedern heran, deren Ratschläge dazu beitragen, bürokratische Unbeholfenheiten zurückzudrängen. Ein großer Kreis kundiger Mitglieder wirkt ferner einer durch Unkenntnis ausgelösten Vermachtung entgegen. Die Verunsicherung durch Abwahlen fördert zugleich eine demokratische Rückkoppelung der Führungsgremien.

3. Die gesellschaftliche Dimension des im Grundgesetz enthaltenen Demokratiegebotes

a) Die soziale Komponente der „freiheitlichen demokratischen Grundordnung"

Die Verfasser des Grundgesetzes haben die Kompetenzen der Staatsorgane eingehend geordnet. Einen weit geringeren Umfang nehmen demgegenüber die auf das Zusammenwirken von Staat und Gesellschaft bezogenen Verfassungsnormen ein. Das Grundgesetz bleibt insoweit hinter der Weimarer Verfassung, deren Abschnitte über „das Gemeinschaftsleben"[136] und „das Wirtschaftsleben"[137] detaillierte Vorschriften für die innergesellschaftliche Ordnung enthielten, beträchtlich zurück. Das Defizit des Grundgesetzes ist um so denkwürdiger, als der Parlamentarische Rat einem erneuten Niedergang der Demokratie durch die stärkere Absicherung des Verfassungsgefüges vorbeugen wollte. Gerade die in nur unzureichendem Maße verwirklichte innergesellschaftliche Demokratisierung[138] hat maßgeblich zum Scheitern der Weimarer Republik beigetragen[139]. Die Zuordnung von Staat und Gesellschaft ist im Grundgesetz jedoch nicht etwa völlig offengeblieben. Durch Art. 20 Abs. 1 GG ist der Bundesstaat darauf festgelegt, „demokratisch und sozial" zu sein[140]. Bereits die bisher im Vordergrund ste-

---

[135] *Lipset*, a.a.O., S. 22.
[136] Art. 119 bis 134 WRV.
[132] Art. 151 bis 165 WRV.
[138] Nicht realisiert wurde vor allem die im fünften Abschnitt der WRV vorgesehene Demokratisierung der Wirtschaft.
[139] Während der Kapp-Putsch im März des Jahres 1920 noch durch die Mobilisierung der gesellschaftlichen Kräfte niedergeschlagen werden konnte, fiel nach dem „Preußenschlag" im Jahre 1932, wie *Bracher*, Die Auflösung der Weimarer Republik, S. 517 ff., nachweist, ein Staatsverband nahezu widerstandslos in die Hände der Usurpatoren.
[140] Die Rechtssatz-Qualität dieser Vorschrift darf als inzwischen allgemein anerkannt gelten; vgl. *Klein*, vMK, Anm. VII 3 zu Art. 20, S. 608; *Abendroth*, Zum Begriff des demokratischen und sozialen Rechtsstaates im Grundgesetz der Bundesrepublik Deutschland, S. 82; *Ridder*, Gewerkschaften, S. 6 ff. und BVerfGE 1/97 (105). Die u. a. von *Forsthoff*, Begriff und Wesen des sozialen Rechtsstaates, S. 34 und von *Herrfahrdt*, Anm. II 3 zu Art. 79, vertretene

IV. Das Gebot des demokratischen Aufbaus

hende Interpretation der Sozialstaatsklausel als sedes materiae für staatliche Umverteilungsverpflichtungen — ohne die eine Gleichheit der Lebenschancen von vornherein illusorisch bleiben muß — läßt den Sinn dieser Verfassungsnorm erkennen. Er besteht darin, die Bundesrepublik vor einem Rückfall in eine nur formale Demokratie zu bewahren. Der Terminus „soziale" Demokratie stellt klar, daß gesellschaftliche Bereiche ebenfalls dem in Art. 20 Abs. 1 GG enthaltenen Verfassungsgebot unterliegen. Die Sozialklausel bezieht sich daher nicht allein auf den staatlichen Bereich, sondern auch auf die politische Gesellschaft.

Die innergesellschaftliche, „dritte Dimension"[141] des Sozialstaatsgebotes ergibt sich zugleich aus dem freiheitlichen Charakter der im Grundgesetz normierten Demokratie. Die in den Art. 18 und 21 Abs. 2 GG ausdrücklich als „freiheitliche" demokratische Ordnung gekennzeichnete Verfassung ist das Ergebnis einer bewußten Abkehr von der nationalsozialistischen Diktatur. Das Grundgesetz muß in dieser „Ablösungsfunktion"[142] als eine auch die politisch fungierende Gesellschaft herstellende Grundordnung gesehen werden. Die Freiheitlichkeit dieser Verfassungsordnung wird nur gewahrt, wenn Vermachtungen im politisch relevanten Bereich der Gesellschaft unterbleiben. Bilden sich in den politischen Vereinigungen Strukturen heraus, die eine egalitäre Mitwirkung aller Mitglieder verhindern, so wird die innergesellschaftliche Chancengleichheit der politisch tätigen Bürger zerstört. Weil aber der freiheitliche Gehalt der sozialen Demokratie sich unter anderem in der egalitären Teilhabebefugnis der Bürger am innergesellschaftlichen Meinungsbildungsprozeß konkretisiert, dürfen die hierfür unentbehrlichen Organe und Instrumente nicht undemokratisch strukturiert sein. Das innere Gefüge der die Meinungsbeiträge der Aktivbürger artikulierenden Verbände muß daher dem Demokratiegebot gerecht werden.

Daß die egalitäre Demokratie auf eine Beachtung ihres Legitimationsprinzips in der politischen Sphäre der Gesellschaft nicht verzichten kann, ergibt sich zugleich aus der Verflochtenheit von Staat und Gesellschaft. Die Umwandlung gesellschaftlicher Anliegen in staatliche Willensbildung vermag nur dann demokratischen Erfordernissen gerecht zu werden, wenn die gesellschaftlichen Zentren der Meinungsbildung selbst demokratisch strukturiert sind. Weil nach Art. 20 Abs. 2 Satz 2 GG „alle" Staatsgewalt vom Volk auszugehen hat, müssen die an der Transformation gesellschaftlicher Ideen und Vorschläge in

---
Ansicht, Art. 20 GG sei insoweit substanzlos, war schon wegen des normativen Charakters prinzipiell jeder Verfassungsbestimmung nicht zu halten.
[141] *Ridder*, Gewerkschaften, S. 11.
[142] *Čopić*, Grundgesetz, S. 1.

1. Teil: Die Organisationsfreiheit

staatliche Willensgehalte beteiligten Vereinigungen sicherstellen, daß allein die von ihren Mitgliedern festgelegten Ziele verfolgt werden. Eine Gewähr hierfür kann nur eine demokratische Infrastruktur bieten.

b) Die exemplarische Bedeutung des für Parteien geltenden Demokratiegebotes

Ein weiterer Ansatzpunkt für die Lösung des Strukturproblems ergibt sich aus der den Parteien in Art. 21 Abs. 1 Satz 3 GG auferlegten Verpflichtung, ihren Aufbau nach „demokratischen Grundsätzen" zu gestalten. Die Ansicht, dieser Vorschrift sei keine Normqualität beizumessen[143], ist schon angesichts der eindeutig normativen Wortfassung („muß ... entsprechen") nicht zu halten. Die Annahme Konrad Hesses, der Parteienartikel lege „nur bedingt" das „wirklichkeitsfremde" Prinzip eines demokratischen Aufbaues fest[144], läuft auf eine verfassungsrechtlich unzulässige Konzession an vorgefundene Praktiken hinaus. Das Bundesverfassungsgericht hat die Rechtssatzqualität der Strukturklausel im SRP-Urteil mit dem Hinweis anerkannt, es sei einer Partei untersagt, sich „in grundsätzlicher Abweichung von demokratischen Prinzipien" zu organisieren[145]. Der Normcharakter von Art. 21 Abs. 1 Satz 3 GG wird in der Lehre mit Recht überwiegend anerkannt[146]. Das Grundgesetz untersagt damit eine Vermachtung von Parteizentralen.

Die Adressaten der Strukturklausel haben die ihnen auferlegten Verpflichtungen nicht immer ernst genommen. So ist die Vergabe von Parteiämtern an Regierungsmitglieder und hauptamtliche Parteibedienstete nicht unterbunden worden[147]. Das bereits vom Verfassunggeber zur Durchsetzung seiner Auflagen geforderte und erst im Jahre 1967 verabschiedete Parteiengesetz[148] enthält im Hinblick auf die Infrastruktur nur zurückhaltende Rechtsbefehle[149]. Die Kandidatennominierung soll weiterhin nach Maßgabe der Wahlgesetze und der Partei-

---
[143] So Forsthoff, Die politischen Parteien im Verfassungsrecht, S. 16.
[144] Die verfassungsrechtliche Stellung der politischen Parteien, S. 30.
[145] BVerfGE 2/1 (14).
[146] Vgl. Klein, vMK, Anm. VI zu Art. 21, S. 625; Maunz, MD, Rdnr. 55 zu Art. 21; Hamann, a.a.O., S. 182; unklar Henke, BK, Rdnr. 33 zu Art. 21, wonach eine „Anpassung an die Gegebenheiten" erlaubt sein soll.
[147] Vgl. hierzu die Untersuchung von Ute Müller, a.a.O., insbesondere S. 36 ff. Für die „Exil-CDU" besteht nicht einmal eine rechtlich klar fixierte Mitgliederbasis. In einzelnen Bezirksverbänden der SPD ist die Wahl der Parteitagsdelegierten nicht festgelegt.
[148] Gesetz über die politischen Parteien vom 24. Juli 1967 (BGBl. I S. 773 ff.).
[149] So müssen die Parteisatzungen nach § 6 des Gesetzes über den Aufbau der Parteiorgane lediglich „Bestimmungen enthalten". Aus den §§ 9 und 11 Abs. 2 des Gesetzes ergibt sich, daß ein Fünftel der Sitze in den Vorständen ohne ein Votum der Parteimitglieder vergeben werden kann.

IV. Das Gebot des demokratischen Aufbaus

satzungen erfolgen. Weil das Bundeswahlgesetz jedoch über das Zustandekommen der Landeslisten von Parteien lediglich die Unterzeichnung des Listenvorschlages durch den Parteivorstand anordnet[150], ist eine Vergabe der Mandate durch Mitglieder- oder zumindest Delegiertenversammlungen nicht gewährleistet. Im Ergebnis verhilft das Parteiengesetz damit dem Verfassungsgebot der demokratischen Infrastruktur nicht im vollen Umfang zum Durchbruch.

Würde das auch ohne Ausführungsbestimmungen als unmittelbar geltendes Recht anzusehende Strukturgebot des Art. 21 Abs. 1 Satz 3 GG eine auf Parteien begrenzte Ausnahmevorschrift darstellen, so wären Vereinigungen ohne Parteicharakter womöglich dem hier normierten Gebot nicht unterworfen. Auf eine exklusiv auf Parteien beschränkte Interpretation läuft die verbreitete Ansicht hinaus, Art. 21 GG sei sedes materiae eines „Parteienprivilegs". Einen maßgeblichen Beitrag zu dieser Auffassung hat *Leibholz* geleistet. Er behauptet, die Parteien seien durch das Grundgesetz „zu Elementen des staatlichen Bereichs" geprägt und „in das Staatsgefüge eingebaut" worden[151]. Leibholz sieht in den Parteien unersetzbare Aktionszentren der Aktivbürgerschaft. In der vom Grundgesetz bestimmten Verfassungsordnung soll das Volk erst in den Parteien „als handelnde Einheit real existent" werden[152]. Die Ansicht, allein Parteien seien in der Lage, das Staatsvolk handlungsfähig zu machen, läuft indessen auf eine ungerechtfertigte Geringschätzung der nicht parteigebundenen Öffentlichkeit hinaus. Tatsächlich artikulieren gerade die nicht als Parteien wirkenden Vereinigungen die politischen Anliegen der Aktivbürgerschaft. Soweit sich Parteien damit begnügen, die Forderungen gesellschaftlicher Gruppen an die Staatsorgane weiterzuleiten, sind sie an der Projektion der politischen Ziele überhaupt nicht beteiligt.

Die von *Leibholz* entwickelten Gedanken über den Status der Parteien haben auf die Rechtsprechung des Bundesverfassungsgerichts in starkem Maße eingewirkt. So vertritt das zum Hüter der Verfassung berufene Gericht in einem obiter dictum die Ansicht, „allein" den Parteien sei es möglich, Wähler zu aktionsfähigen Gruppen zusammenzuschließen[153]. In einer späteren Entscheidung stellt das Gericht fest, die Parteien seien „aus dem Bereich des Politisch-Soziologischen (...) herausgehoben"[154]. Die Annahme, den Parteien sei „eine Stelle in der Ordnung des Staatsaufbaus" zugewiesen[155], wirkte sich durch die

---

[150] Vgl. § 28 des Bundeswahlgesetzes vom 7. Mai 1956 (BGBl. I S. 1011 ff.).
[151] Strukturprobleme der modernen Demokratie, S. 72.
[152] a.a.O., S. 76.
[153] BVerfGE 1/208 (223/24).
[154] BVerfGE 11/239 (241).
[155] BVerfGE 5/85 (134).

Folgerung, diese „Inkorporation" könne nur für verfassungskonform tätige Parteien „politisch sinnvoll" sein[156], im Ergebnis freiheitsverkürzend aus. Die These vom Staatscharakter der Parteien fand indessen nur bedingt Zustimmung[157]. Ein Teil der Lehre sah die Parteien auch nach dem Inkrafttreten des Grundgesetzes als gesellschaftliche Gebilde an[158].

Die vom Verfassungsgeber in Art. 21 Abs. 1 Satz 1 GG bestätigte Aufgabe der Parteien, bei der Willensbildung des Volkes „mit"-zuwirken, läßt erkennen, daß an eine Privilegierung der Parteien nicht gedacht war. Gewiß betätigten sich die Parteien bei der Überleitung gesellschaftlicher Vorschläge in die Staatssphäre in besonderer Nähe zum Staat, sie werden hierdurch aber nicht zu Staatsorganen. Ferner wirken die Parteien zwar bei der Konstituierung von Staatsorganen — vor allem der Legislative — mit, die vorbereitende Tätigkeit der Parteien in diesem Bereich zeichnet sich jedoch ebenfalls durch ihren nicht-staatlichen Charakter aus. In seinem Urteil über die generelle Unzulässigkeit einer staatlichen Parteienfinanzierung betrachtet das Bundesverfassungsgericht die Parteien daher zutreffend als „frei gebildete, im gesellschaftlich-politischen Bereich wurzelnde Gruppen"[159].

Der gesellschaftliche Status der Parteien legt es nahe, das in Art. 21 GG normierte Strukturgebot schlechthin auf politische Vereinigungen zu beziehen. Weil die Verfasser des Grundgesetzes „keine Oligarchie privilegierter Stände"[160] geschaffen haben, können Wahlverbände keinen Sonderstatus in Anspruch nehmen. Parteien sind daher „‚Vereinigungen' im Sinne des Art. 9" GG[161]; sie bleiben „begrifflich Vereinigungen im Sinne dieses Artikels"[162]. Das Bundesverfassungsgericht hat den Parteien mit Recht die Schutzwirkung von Art. 9 Abs. 1 GG zuerkannt[163]. Wenn aber die Gründungs- und Betätigungsfreiheit von Parteien eine Erscheinungsform der allgemeinen Vereinigungsfreiheit ist, dann erscheint es als konsequent, das in Art. 21 Abs. 1 Satz 3 GG

---

[156] BVerfGE 5/85 (134).
[157] So bei *Werner Weber*, Der Staat und die Verbände, S. 22, der Parteien als „Elemente des staatlichen Herrschaftsapparates" bezeichnet, und bei *Giese*, Parteien als Staatsorgane, S. 378. *Henke*, Die politischen Parteien, S. 1, stellt seiner Untersuchung die These voran, Parteien ständen „zwischen Staat und Gesellschaft". Gegen diese vorschnelle und geschmeidige Fixierung mit Recht *Ridder*, JZ 1966, 78.
[158] Vgl. *Klein*, vMK, Anm. II 5 zu Art. 21, S. 616; *Scheuner*, Grundfragen des modernen Staates, S. 144, und *Maunz*, MD, Rdnr. 38 zu Art. 21.
[159] BVerfGE 20/56 (101).
[160] Čopić, Grundgesetz, S. 54.
[161] *Klein*, vMK, Anm. II 6 d zu Art. 21, S. 618.
[162] *Maunz*, MD, Rdnr. 38 zu Art. 21. Zu dem gleichen Ergebnis kommt *v. d. Heydte*, Die Freiheit der Parteien, S. 490. *Henke*, BK, Rdnr. 25 zu Art. 21, nimmt allerdings an, durch Art. 21 GG werde die Vereinigungsfreiheit des Art. 9 GG zu einer besonderen „Parteifreiheit" umgeprägt.
[163] BVerfGE 2/13.

IV. Das Gebot des demokratischen Aufbaus

genannte Strukturgebot als Ausdruck einer für politische Vereinigungen generell bestehenden Verfassungspflicht anzusehen. Als auch „auf andere Einrichtungen des politischen Prozesses"[164] anwendbare und daher mit einem „übertragungsfähigen Modellcharakter"[165] ausgestattete Norm gilt die Strukturklausel somit ebenfalls für die nach Art. 9 GG geschützten Verbände.

Kommt eine Vereinigung dem Verfassungsgebot, eine demokratische Infrastruktur zu unterhalten, nicht nach, so erhebt sich die Frage nach den in einem solchen Fall zulässigen Sanktionen. Im SRP-Urteil stellt das Bundesverfassungsgericht zutreffend fest, daß eine oligarchisch strukturierte Partei gegen die freiheitliche demokratische Grundordnung verstößt und deshalb dem in Art. 21 Abs. 2 GG vorgesehenen Verdikt anheimfallen kann[166]. Weil das Gebot des demokratischen Aufbaues zugleich ein Bestandteil der „verfassungsmäßigen Ordnung" im Sinne von Art. 9 Abs. 2 GG ist, können oligarchisch strukturierte Vereinigungen, die nicht den Charakter von Parteien haben, nach dieser Verfassungsnorm verboten werden. Das Grundgesetz erlaubt es also, jede eines demokratischen Innenaufbaus ermangelnde Vereinigung aus dem politischen Wettbewerb zu verdrängen.

Eine derart einschneidende Sanktion wird indessen nur als ultima ratio in Betracht kommen. Sie ist allein bei einer schwerwiegenden Störung des demokratischen Staats- und Gesellschaftsgefüges angemessen. Unabhängig von einer Verbotssanktion ist es jedoch von vornherein unzulässig, die von oligarchisch vermachteten Vereinigungen verlautbarten Meinungsbeiträge als kollektive Willensbekundungen zu werten. Nicht demokratisch legitimierten Ansichten von Verbandssprechern muß vielmehr sowohl von den staatlichen Instanzen als auch in der gesellschaftlichen Öffentlichkeit die für kollektive Meinungsäußerungen charakteristische Beachtung versagt bleiben.

---

[164] *Ridder*, Meinungsfreiheit, S. 257; a. A. ohne nähere Begründung *Maunz*, MD, Rdnr. 37 zu Art. 21.
[165] *Čopić*, Grundgesetz, S. 59.
[166] BVerfGE 2/13 (40 und 72).

Zweiter Teil

Die Programmfreiheit

I. Rechtliche Begrenztheit der Ziele?

1. Das Planen für kollektives Handeln

Gemeinsame Interessen bilden den Beweggrund für den Zusammenschluß von Bürgern zu einer politischen Vereinigung. Der Entschluß, bestimmte Ziele in Zusammenarbeit mit Gleichgesinnten zu verfolgen, ist nicht das Ergebnis eines allgemeinen „Geselligkeitsdranges"[1]; er beruht vielmehr auf bewußtem und gewolltem Verhalten[2]. Reformentschlossene Vereinigungen bilden sich durchweg mit der Bereitschaft, als unerwünscht angesehene Verhältnisse zu verändern. Ihre Mitglieder entwickeln Vorschläge über einen vom status quo verschiedenen Zustand der Gesellschaft sowie über Mittel und Methoden zu seiner Verwirklichung. Weil die hierzu benötigten Pläne in eine sich ständig verändernde geschichtliche Gesamtlage eingefügt werden müssen, ist das Programm einer politischen Vereinigung fortlaufend ergänzungs- und korrekturbedürftig.

Für die auf eine Verteidigung des status quo eingerichteten Vereinigungen ist eine derartige Flexibilität zumindest insoweit vonnöten, als die Auswahl der Defensivmittel und die Methoden ihres Einsatzes ebenfalls der gesamtgesellschaftlichen Situation angepaßt werden müssen. Deshalb pflegen reaktionäre Vereinigungen in einer demokratischen Nation partiell systemkonform zu reagieren, indem sie die Organisationsformen ihrer Gegner übernehmen.

Die verbandsinterne Kundgabe von Ansichten über die Veränderungs- oder Verteidigungswürdigkeit politischer Verhältnisse dient zunächst dazu, die individuellen Standpunkte der einzelnen Mitglieder zu koordinieren. Je mehr die Erörterung auf konkrete Projekte bezogen ist, desto weniger läuft eine Vereinigung Gefahr, lediglich ein un-

---

[1] So unter Hinweis auf antike Vorbilder (vor allem auf das zoon politikon *Aristoteles'*) *Vierkandt*, a.a.O., S. 166 f.

[2] Zur zweckrationalen Orientierung gewillkürter Verbände vgl. *Max Weber*, Wirtschaft und Gesellschaft, S. 12, *Heller*, Staatslehre, vor allem S. 235 und R. M. *Emge*, a.a.O., S. 525.

I. Rechtliche Begrenztheit der Ziele?

artikuliertes „Kollektivbewußtsein"[3] zu produzieren. Um die Ansichten und Ideen ihrer Mitglieder zu einem einheitlichen und vorläufig verbindlichen Programm einschmelzen zu können, ist eine Vereinigung zumeist darauf angewiesen, Mitgliederversammlungen abzuhalten. Die Zusammenkünfte der Verbandsangehörigen spiegeln in Momentaufnahmen die Vereinstätigkeit wider.

Aus der kontinuierlichen Programmbildung ergeben sich Beiträge für den fortwährenden Aufbau der politischen Öffentlichkeit. Bei der Konstituierung ihrer politischen Sphäre ist die Gesellschaft, wie Habermas nachweist, vielfältigen Manipulationen minoritärer Mächte ausgesetzt[4]. So hat sich mitunter die Übung herausgebildet, Großveranstaltungen zu vorausgeplanten, von „Vorbereitungskommitees" festgesetzten Ergebnissen hinzuführen[5]. Derartige Fehlentwicklungen der politischen Öffentlichkeit sind durch eine kontinuierliche Programmdiskussion in politischen Vereinigungen korrigierbar. Wenn es in einer Vielzahl von Verbänden gelingt, die öffentlich bedeutsamen Anliegen zu artikulieren, so kann die oktroyierte Scheinöffentlichkeit durch eine aus den Meinungsbeiträgen der Bürger erwachsende Publizität ersetzt werden.

Die kollektive Reflexion über Lösungsmöglichkeiten für anstehende Probleme verhindert das Entstehen eines Defizites an politischen Konzeptionen. Werden fortwährend Alternativen zum jeweiligen Regierungskurs entwickelt, so kann eine „Richtigkeitsvermutung" zugunsten des Status quo nicht aufkommen. Sind verschiedene Vorschläge für die Lösung eines Problems unterbreitet, so vergrößert sich die Möglichkeit, eine rationale Kontrolle auszuüben und inhaltsleere Scheinprogramme zu eliminieren. Weil das Spektrum politischer Ideen in der Bundesrepublik infolge zunehmender Programmlosigkeit der Großparteien stark geschrumpft ist, werden die von den politischen

---

[3] Hierzu unter Betonung irrationaler Momente *Vierkandt*, a.a.O., S. 355.

[4] Strukturwandel der Öffentlichkeit, passim, vor allem S. 242 bis 256. So gelingt es einer kleinen Anzahl nicht demokratisch strukturierter Presseunternehmen, durch die großangelegte Publikation politisch belangloser Nachrichten aus dem Privatbereich, eine nur scheinbar öffentlich relevante Publikumsstimmung zu entfachen.

Zur Pressekonzentration in der Bundesrepublik vgl. jetzt den („Günther"-) Bericht einer von der Bundesregierung eingesetzten Kommission (BT-Drucksache V/2403), der allerdings erst bei einem — derzeit unerreichten — Marktanteil eines Unternehmens von 40 % eine Verletzung der Pressefreiheit annimmt. Leider widmet sich der Bericht dem Problem einer demokratischen Infrastruktur der Redaktionen — also der „inneren Pressefreiheit" — überhaupt nicht.

[5] In diesem Zusammenhang sind Kirchentage zu erwähnen, auf denen die „Laien" durch „Anspielfilme" in geformte Bahnen dirigiert werden. Ferner pflegen Parteitage vielfach nach einem von den Vorstandsgremien weitgehend festgelegten Konzept abgewickelt zu werden.

Verbänden entwickelten Vorschläge und Pläne für die Effektivität der gesellschaftlichen Teilhabe am politischen Geschehen unerläßlich. Andernfalls könnte die „zum Programm erhobene Programmlosigkeit"[6] der Parteien zu einer die innergesellschaftliche Basis der Demokratie ernsthaft bedrohenden Entpolitisierung führen.

Der in den Parteien festzustellende „Mangel an realer Utopie"[7] begünstigt die Tendenz, das Programm eines Verbandes leichtfertig als Ausdruck eines falschen Bewußtseins zu diskreditieren und als „Ideologie" zu brandmarken. Die Möglichkeit, realisierbare Programme für gesellschaftliche Veränderungen zu entwerfen, wird gelegentlich unter Hinweis auf technische Zwangsläufigkeiten in Frage gestellt. So behauptet *Schelsky*, „Sachzwänge" lösten die Politik weitgehend ab[8]. *Dahrendorf* meint, eine der „angewandten Aufklärung" gegenüber aufgeschlossene Gesellschaft habe „keinen Platz mehr (...) für umfassende Entwürfe einer radikal anderen Welt"[9]. In Wahrheit verbreitet sich jedoch infolge des instrumentalen Charakters technischer Neuerungen das Spektrum der realisierbaren Konzeptionen[10]. Aus den Gewohnheiten einer stark auf wirtschaftlichen Konsum eingestellten Gesellschaft ergeben sich ebenfalls keine Zwangsläufigkeiten für die politische Entwicklung. Es bleibt daher die Aufgabe der Aktivbürgerschaft, die in einer konkreten geschichtlichen Situation bestehenden Alternativen deutlich zu machen und um sie zu ringen.

Eine Programmlosigkeit der im Parlament vertretenen Parteien hat zur Folge, daß die in Art. 20 Abs. 2 Satz 1 GG festgelegte verfassungsrechtliche Aufgabe des Gesetzgebers, ein Organ des Volkes zu sein, weitgehend obsolet zu werden droht. Wenn sich die Parteien im wesentlichen darauf beschränken, bei den allgemeinen Wahlen eine Stimmabgabe auf der Grundlage nichtssagender Parolen zu erreichen, dann tritt eine demokratischen Prinzipien zuwiderlaufende Verselbständigung des Staatsapparates gegenüber gesellschaftlichen Willensströmen ein[11]. Ist der von den Parteien zu vermittelnde Übergang von Ideen aus der gesellschaftlichen in die staatliche Sphäre blockiert, so obliegt es in erster Linie den in Art. 9 Abs. 1 und Abs. 3 GG genannten

---
[6] *Ellwein*, a.a.O., S. 30.
[7] *Abendroth*, Innerparteiliche und innerverbandliche Demokratie, S. 329.
[8] a.a.O., S. 453.
[9] Die angewandte Aufklärung, S. 225.
[10] Daß mit Hilfe technischer Imperative mitunter überfällige Herrschaftsformen verteidigt werden, beleuchtet *Habermas*, Technik und Wissenschaft als „Ideologie" S. 53.
[11] Diese Tendenz würde durch die Einführung eines reinen Mehrheitswahlrechts in einer die demokratische Substanz weiter aushöhlenden Weise verstärkt. Es wäre zu befürchten, daß die Vielfalt der politischen Konzeptionen auf eine weitgehend einnivellierte (und daher Schein-)Alternative reduziert würde.

politischen Verbänden, durch eine fortlaufende Veröffentlichung von politischen Programmen für eine bestmögliche Legitimation des staatlichen Handelns durch das Volk zu sorgen. Ein kontinuierliches Werben der Verbände für ihre politischen Ideen ist geeignet, die jeweilige Staatsregierung zu Stellungnahmen bezüglich der in der Öffentlichkeit bekanntgemachten Vorschläge zu zwingen. Deshalb trägt das Formulieren politischer Programme in den nicht als Parteien tätigen Vereinigungen dazu bei, den nach Art. 20 Abs. 1 GG für die gesamte Staatstätigkeit normierten Legitimationsstrom aufrechtzuerhalten.

2. Bindung an eine „Staatsräson"?

Das Grundrecht, politische Ideen gemeinsam zu entwickeln und zu propagieren, würde einem allgemeinen Vorbehalt unterliegen, wenn die politisch fungierenden Grundrechte nur im Rahmen „immanenter" Schranken gewährleistet wären. Die Programmfreiheit einschränkenden Gebote könnten sich allerdings allein aus solchen Normen ergeben, die für sämtliche Staatsbürger verbindlich sind. Soweit eine Staatsräson bemüht wird, um angeblich ehernen Notwendigkeiten einer Staatsvernunft den Vorrang gegenüber der von den Staatsbürgern ausgesprochenen politischen Kritik zu verschaffen, ist ein Rückgriff auf machiavellistische Ratschläge problematisch. Der republikanisch gesinnte Verfasser des „Principe" hat sich nämlich entgegen anderslautenden Vermutungen[12] keineswegs mit den von ihm genau analysierten — und dadurch entlarvten — Herrschaftsmethoden identifiziert[13]. Ferner ergibt sich aus dem Streben der Individuen nach materiellem Besitz keineswegs, wie bereits *Mandeville* annahm, ein allgemein billigenswertes, stets das Wohl aller mehrendes Prinzip[14]. Als *Burke* behauptete, die von einer wohlhabenden Minorität gewählten Parlamentsabgeordneten dienten einem „interest of the whole"[15], ging

---

[12] Nach der Ansicht von *Freyer*, a.a.O., S. 15, „steht" *Machiavelli* „auch inhaltlich" zu einer Politik des „catch as catch can".

[13] So hält es *Machiavelli*, a.a.O., S. 96, für höchst lobenswert, wenn ein Fürst nur gute Eigenschaften besitzt. Bereits die Vertreibung religiöser Minderheiten stellt für ihn (a.a.O., S. 124) ein beklagenswertes Vergehen dar.
Rousseau, CS, 2. Buch, 6. Kapitel, a.a.O., S. 191, hält es für möglich, „que ce profond politique n'a eu jusqu' ici que des lecteurs superficiels ou corrompus".

[14] Der holländische Arzt legt in seiner im Jahre 1708 in London erschienenen fable of the bees eine frühe Version der These vor, „private vices" führten zu „public benefits". *Rousseau*, Discours sur l'origine de l'inégalité parmi les hommes, S. 282, tritt *Mandeville* mit dem Hinweis entgegen, den Menschen sei „donné la pitié à l'appui de la raison", und daß „de cette seule qualité decoulent toutes les vertus sociales".

[15] a.a.O., S. 86, wobei es *Burke* hauptsächlich darum ging, das in einer Wahlversammlung von Bristol gegenüber autoritären Parlamentspraktiken aufgekommene Mißtrauen zu zerstreuen.

es ihm maßgeblich um die Verteidigung ständischer Privilegien. Die Unbestimmtheit der Begriffe trug dazu bei, daß es effektiv den herrschenden Schichten überlassen blieb, „den Inhalt des Gemeinwohls zu bestimmen"[16]. In einer demokratisch konstituierten Nation existiert ein für alle Bürger verbindliches „Bewegungsgesetz des Staates"[17], das als „unentbehrliches Mittel zum Zwecke des Gemeinwohls"[18] eingesetzt werden könnte, außerhalb der Verfassung gerade nicht. Als ein „über alle Vielgestaltigkeiten" erhabenes und einer „pluralistischen Zerreißung" entgegenwirkendes Gemeinwesen[19] ist die freiheitliche Demokratie nicht denkbar. Bezeichnenderweise hat die den nationalsozialistischen Staat tragende „Bewegung" nie ein Hehl aus ihrer Entschlossenheit gemacht, die *ihrer* Gemeinwohl-Version widersprechenden Gruppen aus der Öffentlichkeit zu eliminieren[20]. Gemeinwohl-Dogmen werden mit Vorliebe von Regimen ausgebreitet, in denen zwar „viel für das Volk, aber nichts durch das Volk"[21] geschehen soll.

Die Anfälligkeit der Gemeinwohl-Dogmatik gegenüber antidemokratischen Regierungspraktiken wird in dem Hinweis *Varains*, im „pluralistischen Parteien- und Verbändestaat" stelle sich „zunächst die Frage nach dem Gehorsam heischenden Träger oberster politischer Gewalt"[22], erneut deutlich. Für *Krüger* sind die von der Vielfalt gesellschaftlicher Interessen ausgehenden Probleme nur zu bewältigen, wenn die „Einsichtigen" eines Tages erneut den „Uneinsichtigen (...) Gehorsam auferlegen"[23]. *Wittkämper* billigt den politischen Vereinigungen eine Betätigungsfreiheit nur zu, „solange die Interessendarstellung noch echte Fäden zum Wohl des ganzen Staates aufweist"[24]. *Ehmke* hält es für rechtlich unzulässig, „das Gemeinwesen zerreißende" Verfassungsänderungen anzustreben[25]. Mit diesen Ansichten wird im

---

[16] Christoph *Müller*, a.a.O., S. 24.
[17] *Meinecke*, a.a.O., S. 1.
[18] *Meinecke*, a.a.O., S. 6.
[19] Carl *Schmitt*, Staat, Bewegung, Volk, S. 33.
[20] So heißt es bereits in dem im Jahre 1920 erschienenen „Programm der Nationalsozialistischen Deutschen Arbeiterpartei" (abgedruckt bei *Mommsen*, a.a.O., S. 547), die „gegen das Gemeinwohl" verstoßenden Zeitungen seien zu verbieten. Gegen die Ziele der Partei gerichtete Veranstaltungen sollten geschlossen werden. Diese Pläne wurden unter der Parole feilgehalten (a.a.O., S. 550), „Gemeinnutz geht vor Eigennutz".
[21] *Heller*, Europa und der Faschismus, S. 110
[22] a.a.O., S. 223. *Varain* kann (ebenda) in der Bundesrepublik eine „für alle verbindliche Begründung staatlicher Ordnung" nicht entdecken und hat deshalb den Eindruck, „weitgehend in einem Niemandsland zu leben".
[23] Allgemeine Staatslehre, S. 985. Mit diesem Gedanken wird eine Vision *Ortega y Gassets* aufgegriffen, der prophezeit (a.a.O., S. 101), eines Tages werde „ein Schrei zu den Sternen aufsteigen und nach einer Kraft verlangen (...), die gebietet, die ein Tagwerk, eine Pflicht auferlegt". Der Philosoph hofft, sich dann der von ihm als brutal empfundenen „Herrschaft der Massen" (a.a.O., S. 103) entziehen zu können.
[24] a.a.O., S. 208.
[25] a.a.O., S. 137.

I. Rechtliche Begrenztheit der Ziele?

Ergebnis die Behauptung aufgegriffen, ein gegenüber gesellschaftlichen Änderungswünschen höherrangiges „Gemeinwohl" erzwinge eine grundlegende Harmonie der Interessengruppen[26]. Die unter dem Etikett „formierte Gesellschaft" in der Bundesrepublik verbreiteten Pläne zielen unter Hinweis auf die angeblichen Notwendigkeiten des Gemeinwohls dann auch auf den Abbau der innergesellschaftlichen Ideen- und Wertpluriformität ab[27].

Das Bestreben, politische Ideen als apriori verbindlich hinzustellen, kommt dem Sicherheitsbedürfnis vieler Bürger entgegen. Gewiß existiert ein durch die Kulturgeschichte geprägtes ethisches Urteilsvermögen der Aktivbürgerschaft. Es ist jedoch nicht möglich, im Wandel der Geschichte eine absolut verbindliche Werthierarchie zu erkennen. Vielmehr ändert sich die Vorzugswürdigkeit eines Wertes mit den kulturellen Einsichten und Erfahrungen des Volkes[28]. Eine Möglichkeit, „Schranken" der Programmfreiheit aus einer geoffenbarten Wertskala zu entnehmen, besteht im säkularen Staat nicht. Jeder Versuch, die innerweltliche Entscheidung des Verfassunggebers mit Hilfe einer jenseitsbezogenen Dogmatik zu deuten, birgt die Gefahr einer illegitimen Verfassungsumwandlung. Dieses Ergebnis läßt freilich nicht den Schluß zu, die durch das Grundgesetz normierte Grundordnung sei „wertneutral"; allgemein verbindlich sind jedoch nur solche („Wert"-)Entscheidungen, die in den Kreis der vom Verfassunggeber tatsächlich festgesetzten Rechtsgüter aufgenommen sind. In der Verfassung nicht gelöste politische Konflikte sind durch einen Mangel an einheitlichen Wertvorstellungen gekennzeichnet. In den Programmen politischer Vereinigungen kann sich daher ein „uniformer Werthorizont"[29] nicht bilden; die Vorzugswürdigkeit verschiedener Konzeptionen ist vielmehr umstritten. Weil die politischen Probleme einer demokratischen Gesellschaft nicht mit Hilfe einer vorgegebenen Rangskala der Gemeinnützigkeit oder Werthaftigkeit zu lösen sind, impliziert jede Zwangsharmonisierung gesellschaftlicher Gruppen einen Freiheitsverlust. Staatlich verordnete Gemeinschaftsvorbehalte verhindern daher zumindest partiell das Entstehen oder den Fortbestand einer demokratischen Gesellschaft.

---

[26] So *Eschenburg*, Staatsautorität und Gruppenegoismus, S. 38; ähnlich *Hans Huber*, a.a.O., S. 12 und *Evers*, a.a.O., S. 43.

[27] So führte der damalige Bundeskanzler *Erhard* in einer Regierungserklärung aus (wiedergegeben in: „Das Parlament", Nr. 46 vom 17. November 1965, S. 2), die „formierte Gesellschaft" müsse eine „Leistungsgemeinschaft" hervorbringen, in der die Interessengegensätze „nicht mehr Elemente des Zerfalls", sondern „immer mehr Motor eines permanenten Interessenausgleichs unter dem Gesichtspunkt des allgemeinen Wohls" zu sein hätten.

[28] Die wechselnde Vorzugswürdigkeit ethischer Werte würdigt eingehend *Zippelius*, Wertungsprobleme im System der Grundrechte, S. 179 ff.

[29] *Čopić*, Berufsverbot und Pressefreiheit, S. 497.

Ungeachtet dieser Erkenntnisse hat das Bundesverwaltungsgericht eine Schrankenlehre entwickelt, nach der es zum Inbegriff aller Grundrechte gehören soll, „daß sie nicht in Anspruch genommen werden dürfen, wenn dadurch die für den Bestand der Gemeinschaft notwendigen Rechtsgüter gefährdet werden"[30]. Die Rechtfertigung für diesen Vorbehalt sieht das Gericht darin, daß „jedes Grundrecht (...) den Bestand der staatlichen Gemeinschaft voraus(setzt), durch die es gewährleistet wird"[31]. In Wahrheit findet sich jedoch keine Stütze für einen derartigen Gemeinschaftsvorbehalt im Grundgesetz. Die hierauf bezogene Rechtsprechung des Bundesverwaltungsgerichts wirkt nach Ansicht von *Dürig* „noch immer so frei erfunden wie am ersten Tag"[32]. *Lerche* stellt zutreffend fest, die Verfassung stelle für derartige Generalklauseln „keinerlei Maßstäbe zur Verfügung"[33]. Weil der rechtliche Gehalt der Gemeinschaftsklauseln „mit Null zu veranschlagen" wäre[34], würde sie den Staatsorganen praktisch die Kompetenz einräumen, die politische Betätigungsfreiheit nach Belieben einzuschnüren. Der Sinn staatsbürgerlicher Grundrechte besteht aber gerade darin, die politisch fungierende Gesellschaft vor staatlichen Interventionen zu schützen.

Nicht ganz selbstverständlich ist in der Bundesrepublik die Befugnis, für ein politisches Programm auch in aggressiven Worten und schrillen Tönen zu werben. Das Bundesverfassungsgericht hat es immerhin mißbilligt, daß sich eine Partei „selbst roher und abstoßender Wendungen" bedient, und daß „ein erregter, überhitzter, groteske Übertreibungen nicht scheuender Ton"[35] herrscht. Jeder politischen Vereinigung steht jedoch frei, in den Ideenwettbewerb auch mit scharf konturierter und greller Propaganda einzugreifen. Die womöglich harte Kritik an tatsächlichen oder vermeintlichen Mißständen darf nicht etwa mit Hilfe von Strafandrohungen unterdrückt werden. Wer meint, die Unfähigkeit eines Politikers feststellen zu müssen, darf von der Kundgabe dieses für die öffentliche Diskussion durchaus geeigneten Beitrages nicht durch ein drohendes Strafverfahren abgehalten werden. Die innergesellschaftliche Öffentlichkeit als Strukturprinzip der demokratischen Nation ist auf eine uneingeschränkte Erörterung aller politisch belangvollen Ereignisse und Zusammenhänge angewiesen. Selbstverständlich muß ein Schutz der Privatsphäre durch die §§ 185 ff. StGB gewährleistet bleiben; bei verfassungskonformer Auslegung ist

---

[30] BVerwGE 1/48 (52); 2/295 (300).
[31] BVerwGE 1/48 (52).
[32] MD, Rdnr. 70 zu Art. 20.
[33] Übermaß und Verfassungsrecht, S. 130; ähnlich *Bachof*, JZ 1957, 337.
[34] *Copić*, Grundgesetz, S. 22.
[35] BVerfGE 5/85 (385).

II. Propaganda für verfassungsfeindliche Endziele

die Handhabung dieser Vorschriften jedoch auf einen Schutz der politisch nicht relevanten Privatsphäre[36] zu beschränken.

Die Programmfreiheit erstreckt sich auch darauf, scheinbar unangefochtene politische Grundlagen in Zweifel zu ziehen. Es gibt keinen gegenüber Herausforderungen immunen Bereich der Politik. Eine rechtlich abgesicherte Tabuierung würde verhindern, daß vorhandene Probleme sichtbar werden. Erst die uneingeschränkte Befugnis, Vorschläge und Erfahrungen zu veröffentlichen, verhindert das Aufkommen eines Informations- und Ideendefizits. Eine umfassende öffentliche Diskussion hingegen setzt das Publikum in den Stand, möglichst rational fundierte Urteile zu fällen.

II. Propaganda für verfassungsfeindliche Endziele

1. Das Schutzobjekt „freiheitliche demokratische Grundordnung"

Tiefgreifende Umgestaltungen der sozialen Verhältnisse haben die Geschichte der meisten Nationen vorangetrieben[37]. Erst die Fähigkeit, politische Zustände grundlegend zu verändern, hat die Völker „aus der Finsternis und der Untertänigkeit aufsteigen und selbst die Macht ergreifen lassen[38]. Das Wagnis ihres Neubeginns war und ist vor allem auf die Emanzipation zu egalitär-demokratischen Nationen gerichtet. Ein Verbot geistig-politischen Wirkens ist für ein demokratisches Staats- und Gesellschaftsgefüge keineswegs selbstverständlich. Jede Illegalisierung verkürzt die Freiheitssphäre der Demokratie. Außerdem ist der Versuch einer rechtlichen Steuerung der politischen Entwicklung angesichts der unaufhaltsam fortschreitenden politischen Geschichte nur von beschränktem Wert.

Jede von der Staatsmacht angedrohte Repression von politischen Gruppen führt in ein gewisses Dilemma: Ideen, die lediglich von einer unmaßgeblichen Minderheit vertreten werden, stellen keine ernste Gefahr für die demokratische Ordnung dar. Wird andererseits ein politisches Programm von einer Mehrheit des Volkes gutgeheißen, dann ist es so gut wie ausgeschlossen, die Verbreitung der populären

---

[36] Deren Umfang ist nicht starr festgelegt. Bei politisch exponierten Personen kann auch ein sonst privates Vergnügen oder Laster politisch relevant werden. Keineswegs darf die öffentliche Diskussion durch einen politischen „Ehrenschutz" unterbunden werden.

[37] Vgl. hierzu *Sawusch*, a.a.O., S. 18 ff.; *Flechtheim*, Stichwort „Revolution", S. 252. *Wielenga*, a.a.O., S 127, spricht zutreffend von einem „revolutionären Gerippe der europäischen Geschichte". Daß der Ausbruch von Gewalttätigkeiten keineswegs als Hauptkennzeichen revolutionärer Umbrüche angesehen werden kann, belegt nunmehr *Papcke*, „Weltrevolution als Friede", S. 17 ff.

[38] *Arendt*, a.a.O., S. 132.

Ideen durch das Verbot eines politischen Verbandes zu verhindern. In jedem Fall entstehen aus dem Kampf staatlicher Organe gegen politische Ideenträger ernste Gefahren für den Fortbestand der Demokratie[39]. Der bei einer Verkürzung der Freiheitssphäre unvermeidliche Zwiespalt kann schließlich nicht durch die Unterstellung behoben werden, revolutionäre Ideen trügen schlechthin die Keime für chaotische Entwicklungen in sich. Vielfach staut erst eine beharrliche Nichtbeachtung sozialer Anliegen durch ein Staatsregime den für Geschichtsschübe erforderlichen Druck auf. Ein grundlegender Neuanfang kann dann der Augenblick des „Einbruchs der Massen in das Gebiet der Bestimmung über ihre eigenen Geschicke" sein[40]. Eine Antwort auf die Frage, inwieweit revolutionäre Ereignisse als Durchbruch zu humaneren Verhältnissen anzusehen sind, kann deshalb erst nach eingehender Analyse der jeweiligen geschichtlichen Lage und der nachfolgenden Entwicklung gegeben werden.

Auf dem Boden des Grundgesetzes gelangt ein politischer Verband in eine kritische Situation, wenn er beabsichtigt, „die verfassungsmäßige Ordnung" grundlegend zu verändern. Der Verfassungsgeber hat nämlich in den Art. 18, 9 Abs. 2 und 21 Abs. 2 GG eine präzedenzlose Abwehrkette gegen politische Dissidenten geschmiedet. Die Normentrias läßt erkennen, inwieweit es unter der Herrschaft des Grundgesetzes möglich ist, für gesellschaftliche und staatliche Umbrüche zu werben. Die in den Art. 18, 9 Abs. 2 und 21 Abs. 2 GG enthaltenen Repressionsbefugnisse stehen in einem gewissen Widerspruch zu der Grundentscheidung des Verfassunggebers für das demokratische Prinzip. Weil die genannten Interventionsnormen aber von vornherein ein Bestandteil des Grundgesetzes waren, können sie nicht etwa wegen eines Verstoßes gegen „höherrangige" Verfassungsgrundsätze für illegal erklärt werden[41]. Daß ein Ausschluß von Gegnern des demokratischen Systems aus dem Ideenwettbewerb zu dem in Art. 20 Abs. 1 GG verankerten Verfassungsprinzip in Widerspruch steht, kann mit dem Hinweis, der Verfassunggeber habe sich eben für eine „streitbare" Demokratie entschieden[42], nicht überzeugend begründet werden. Der

---
[39] Hierzu eingehend *Kirchheimer*, Political Justice, S. 172 ff.
[40] *Trotzki*, a.a.O., S. 258.
[41] Die vor allem von *Bachof*, Verfassungswidrige Verfassungsnormen, S. 11 ff., aufgeworfene und vom Bundesverfassungsgericht (BVerfGE 1/14 und 2/72) ebenfalls erörterte Frage nach der Existenz verfassungswidriger Verfassungsnormen wird der durch vielfältige politische Strömungen beeinflußten Verfassunggebung nicht gerecht. Der Versuch, als unbequem empfundene Bestimmungen des Gesamtwerkes durch „verfassungsgemäßere" zu verdrängen, liefe auf eine Teil-Liquidation des ursprünglichen Verfassungskonsenses hinaus. Anders verhält es sich bei späteren Verfassungsrevisionen: Sie können gegen unabänderliche Grundprinzipien verstoßen und daher nichtig sein.
[42] BVerfGE 5/85 (139).

II. Propaganda für verfassungsfeindliche Endziele

Entschluß des Verfassunggebers, eine „abwehrbereite" Demokratie einzurichten, ist unverkennbar von einem starken Mißtrauen gegenüber dem Staatsvolk geprägt. *Wernicke* führt die im Grundgesetz verankerte Abwehrbereitschaft auf einen „Selbsterhaltungstrieb" zurück, der „bewußt Intoleranz gegen Intoleranz" setze[43]. Die in das Grundgesetz eingeflossene Unduldsamkeit wird durch den Hinweis deutlich, die Verfassung enthalte eine „Synthese" zwischen dem „Prinzip der Toleranz" und einem Bekenntnis zu „gewissen unantastbaren Grundwerten der Staatsordnung"[44]. Die Ansicht, das demokratische Prinzip sei „nicht gleichbedeutend mit Schrankenlosigkeit der Toleranz"[45], leistet intoleranten Praktiken Vorschub. So lädt sie Staatsorgane dazu ein, an sich selbstverständliche Freiheitsbefugnisse auf bloße Restbereiche schrumpfen zu lassen.

Das im Grundgesetz zum Ausdruck kommende Mißtrauen gegenüber dem Souverän ist durch den Niedergang der Weimarer Republik mitgeprägt worden. Die völlige Zerstörung der Demokratie im Jahre 1933 wird von einigen Autoren auf eine zu große Nachgiebigkeit der staatlichen Instanzen gegenüber dem räsonnierenden Publikum zurückgeführt. So ist *Apelt* der Ansicht, „die in den Vereinen und Versammlungen aufgepeitschte Masse" habe das Ende der Republik besiegelt[46]. *Leibholz* behauptet, „das Volk" sei bereit gewesen, „in legalen Formen den ‚Selbstmord' zu vollziehen und im Namen von Freiheit und Vernunft diese Freiheit und Vernunft zu begraben"[47]. Die in den Art. 18, 9 Abs. 2 und 21 Abs. 2 GG enthaltenen Eingriffsermächtigungen sind auf dem Hintergrund dieser Geschichtsdeutung als eine Abkehr von der angeblich „wertneutralen" Weimarer Verfassung begrüßt worden[48].

Bereits fraglich ist es indessen, ob die aufgrund einer gewissen Therapiebeflissenheit in das Grundgesetz aufgenommenen Vorbehalte gegenüber dem Wirken gesellschaftlicher Kräfte tatsächlich mit einem Hinweis auf das Fehlen rechtlicher Abwehrmittel in der Weimarer Republik begründet werden können. Zwar brachte die Entschlossenheit bewaffneter Verbände, ihnen unerwünscht erscheinende Entwicklun-

---

[43] BK, Anm. II vor Ziff. 1 zu Art. 18.
[44] BVerfGE 5/85 (139).
[45] *Fritz Werner*, a.a.O., S. B 8. In die gleiche Richtung zielen die Befürchtungen *Wittkämpers*, a.a.O., S. 101, der vor einer „Selbstgefährdung durch grenzenlose Toleranz" und vor einer „Selbstaufgabe" zu Lasten einer „Ordnung minderer Freiheit" warnen zu müssen glaubt.
[46] a.a.O., S. 35.
[47] Strukturprobleme der modernen Demokratie, S. 64.
[48] So von Hans *Peters*, Entwicklungstendenzen der Demokratie in Deutschland, S. 229; *Scheuner*, Aufgaben und Probleme des Verfassungsschutzes, S. 33 und *Dürig*, MD, Rdnr. 44 zu Art. 20.

gen bei der Republikgründung zu verhindern[49], den neuen Staat sogleich an den Abgrund der antidemokratischen Restauration, die bereitstehenden Militärformationen waren aber als Relikte der Kaiserzeit gerade nicht vom Publikum gebildet worden. Strafandrohungen gegen Usurpationsversuche und gegen den Aufbau von Privatarmeen gab es in der Weimarer Zeit durchaus[50]. Diese Repressionsnormen wurden allerdings höchst unvollkommen und einseitig gehandhabt[51]. Die Einrichtung eines Aufsichtsverfahrens für bewaffnete Verbände in der Endphase der Republik kam schließlich einer großzügigen Duldungserklärung gleich[52]. Es bestand ein beträchtliches Interesse staatlicher Kreise, das militärische Potential republikfeindlicher Privatarmeen zu erhalten[53]. Zugleich wurde von den Staatsorganen eine Demontage der staatsfreien Gesellschaft betrieben[54]. Die Frage *Kirchheimers*, ob bei einer gewissenhafteren Anwendung der vorhandenen Staatsschutznormen „a different outcome" möglich gewesen wäre[55], ist für ein

---

[49] Die am 10. November 1918 zustande gekommene „Verständigung" zwischen dem Volksbeauftragten *Friedrich Ebert* und der an sich nur noch mit Demobilmachungsaufgaben betrauten Heeresleitung beleuchten kritisch *Buchheim*, a.a.O., S. 119 und *Bracher*, Die Auflösung der Weimarer Republik, S. 36.

[50] Nach § 80 StGB in der bis zu seiner Aufhebung durch das alliierte Kontrollratsgesetz Nr. 11 vom 30. Januar 1946 geltenden Fassung war jeder gewaltsame Umsturzversuch unter Strafe gestellt.
Aufgrund der „Verordnung zum Schutz der Republik" vom 26. Juni 1922 (RGBl. I S. 521 ff.) konnten Vereinigungen verboten und aufgelöst werden, die „zur gesetzwidrigen Beseitigung der republikanischen Staatsform" oder zu „Gewalttaten gegenüber Regierungsmitgliedern" aufriefen. Ferner stellte das „Gesetz zum Schutz der Republik" vom 25. März 1930 (RGBl. I S. 91 ff.) die Teilnahme an Vereinigungen „die selbst oder deren Mitglieder unbefugt Waffen besitzen", unter Strafe.

[51] Zu dem milden gerichtlichen Nachspiel des Putschversuches der Brigade *Ehrhardt* sowie des Marsches auf die Münchener Feldherrnhalle einerseits und der scharfen Ahndung der Münchner Räteerhebung andererseits vgl. *Richard Schmid*, Die Haltung der Richterschaft im Spiegel bedeutsamer Strafprozesse, S. 57 und *Kirchheimer*, Political Justice, S. 76 ff.

[52] Durch die „Zweite Verordnung des Reichspräsidenten zur Sicherung der Staatsautorität" vom 3. Mai 1932 (RGBl. I S. 185) wurden „politische Verbände, die militärähnlich organisiert sind oder sich so betätigen", aufgefordert, ihre Satzung dem Reichsinnenminister vorzulegen. Nur „andernfalls" sollten sie aufgelöst werden. Am gleichen Tage wurden die für den Fortbestand der Republik weitaus ungefährlicheren „kommunistischen Gottlosenorganisationen" (RGBl. I S. 185) unmittelbar verboten.

[53] Über dahingehende Bemühungen des späteren Reichskanzlers *v. Schleicher* berichtet eingehend *Bracher*, Die Auflösung der Weimarer Republik, S. 481 ff.

[54] Die Agonie der Weimarer Demokratie wurde durch die in der Endphase in immer kürzeren Intervallen angewandte Notverordnungsgewalt nach Art. 48 Abs. 2 WRV beträchtlich beschleunigt. Bei Verabschiedung des „Ermächtigungsgesetzes" (RGBl. I 1933, S. 141) konnten sich bekanntlich selbst die Abgeordneten des Zentrums und der liberalen Deutschen Volkspartei nicht zu einer ablehnenden Stimmabgabe entschließen.

[55] Political Justice, S. 139.

Urteil über die Weimarer Verfassung durchaus bedeutsam. Nicht eine Wertneutralität der Verfassung, sondern die Bereitschaft allzu vieler Staatsdiener, selbst eine Preisgabe demokratischer Kernbereiche zu billigen, hat zum Niedergang der Demokratie entscheidend beigetragen.

Wer aus den Versäumnissen der Weimarer Zeit lernen will, wird das Mißtrauen gegenüber staatlichen Machtkonzentraten als staatsbürgerliche Tugend entwickeln müssen. Er wird die Anfälligkeit der Machthaber gegenüber der Versuchung, dabei sein zu wollen, wenn die Schalthebel der Macht betätigt werden, zu berücksichtigen haben. Als Prophylaxe gegen diese Gefahren ist es unerläßlich, die politisch fungierende Gesellschaft zu stärken. Dem Verfassunggeber des Jahres 1949 wäre daher zu raten gewesen, sich weniger von dem Mißtrauen gegenüber den Bürgern als von dem Bemühen leiten zu lassen, effektive gesellschaftliche Gegengewichte zum Staatsapparat zu schaffen. Bei einer die historischen Erfahrungen mitberücksichtigenden Interpretation des Grundgesetzes können die zum Schutz der Verfassung erlassenen Abwehrnormen nicht einseitig gegen das Publikum gerichtet werden.

Eine auf dem Boden des Grundgesetzes zulässige Teilabschirmung der Öffentlichkeit gegen systemfeindliche Aktivitäten ist bisher nur in wenigen Fällen versucht worden. Die im SRP-Verfahren[56] aufgefächerte Problematik einer bereits aufgrund der alliierten Kontrollratsgesetzgebung illegalen Wiederaufnahme nationalsozialistischer Propaganda war im Grunde ziemlich rasch zu lösen. Das bisher einzige Verwirklichungsverfahren nach Art. 18 wurde mangels aktueller Gefährlichkeit des betroffenen Grundrechtsträgers eingestellt[57]. Demgegenüber konnte das Verbot der KPD erst nach einer komplizierten Festlegung dieser Partei auf ihre dogmatisch militanten Frühepochen ausgesprochen werden[58]. Dieses Urteil bewirkte, daß Vorschläge und Ideen, die mit der Illegalisierung nichts zu tun hatten, aber von der KPD gleichfalls vertreten worden waren, gleichfalls als verfassungsfeindlich diffamiert wurden[59]. Wie *Kirchheimer* zutreffend anmerkt, war es auf diese Weise möglich, „a 'softer' approach" in den Ost-West-

---

[56] BVerfGE 2/1 ff.; Urteil vom 23. Oktober 1952.

[57] BVerfGE 11/282 ff. Der ehemalige zweite Vorsitzende der SRP, gegen den sich das Verfahren richtete, hatte sich nach den Feststellungen des Bundesverfassungsgerichts inzwischen ins Privatleben zurückgezogen.

[58] BVerfGE 5/85 (165 ff.), wo in außerordentlicher Breite eine stalinistisch akzentuierte „Lehre von der proletarischen Revolution" zusammengestellt wird.

[59] So wurde die Agitation gegen eine Wiederbewaffnung der Bundesrepublik — obwohl die Ansichten hierüber „von Anfang an sehr geteilt" (BGH HuS I., S. 20) waren — als Indiz für ein illegales Verhalten angesehen; vgl. hierzu BGH, HuS I, S. 24, S. 83, S. 168 und S. 245; ferner HuS II, S. 66 und S. 259; weitere Fälle beschreibt *Lehmann*, a.a.O., S. 56 ff. und 194 ff.

Beziehungen unpopulär zu machen[60]. In einem Verfahren nach Art. 9 Abs. 2 GG wurde die Leidensgeschichte der Betroffenen ebenso verkannt wie der zum Fundament des Grundgesetzes gehörende Sühnegedanke: Die Bundesregierung unternahm es, die „Vereinigung der Verfolgten des Naziregimes" (VVN) für illegal erklären zu lassen. Nach einer ungewöhnlichen höchstrichterlichen Mahnung[61] wurde das Verfahren durch einen Gesetzesakt abgebrochen[62].

Die nur konturhafte Umschreibung des unerwünschten Verhaltens als Beeinträchtigung der „freiheitlichen demokratischen Grundordnung" (Art. 18 und 21 Abs. 2 GG) und der „verfassungsmäßigen Ordnung" (Art. 9 Abs. 2 GG) läßt erkennen, daß auf jeden Fall die in Art. 20 Abs. 1 GG festgelegte Konstituierung der Nation als „demokratisches" Gesamtpolitikum geschützt werden soll. Der Gedanke, ein in Art. 9 Abs. 2 GG mit einem Verbot bedrohter Verstoß könne womöglich durch jedes Zuwiderhandeln gegen verfassungskonforme Rechtsnormen ausgelöst werden, liegt angesichts der — zwecks Eingrenzung früherer Ausweitungen des „allgemeinen Persönlichkeitsrechts" (Art. 2 Abs. 1 GG) notwendig gewordenen — Rechtsprechung des Bundesverfassungsgerichts zum Begriff der „verfassungsmäßigen Ordnung"[63] immerhin nicht gänzlich fern. Dieser Terminus muß jedoch aus seiner jeweils verschiedenen systematischen Stellung heraus gedeutet werden. Aus dem durch die Art. 18, 9 Abs. 2 und 21 Abs. 2 GG gebildeten Zusammenhang ergibt sich, daß mit den Begriffen „verfassungsmäßige Ordnung" und „freiheitliche demokratische Grundordnung" offensichtlich das gleiche Schutzgut umschrieben wird[64].

Der den Art. 18, 9 Abs. 2 und 21 Abs. 2 GG gemeinsame normative Kern läßt sich als eine Ermächtigung staatlicher Instanzen umschrei-

---

[60] Political Justice, S. 155.
[61] In einem Beschluß vom 5. Dezember 1962 (auszugsweise wiedergegeben bei *Ridder*, „Sühnegedanke", S. 321) gab das Bundesverwaltungsgericht der Bundesregierung zu bedenken, „der dem Verfassungsgefüge der Bundesrepublik zugrunde liegende Sühnegedanke" stehe einem Verbot der Verfolgten-Organisation womöglich entgegen.
[62] Gemäß § 31 Abs. 4 des Vereinsgesetzes vom 5. August 1964 (BGBl. I, S. 600) wurden „rechtshängige Verfahren" eingestellt. Beim Erlaß dieses Einzelfallgesetzes sank die vielbemühte „Unabhängigkeit der Dritten Gewalt" also auf einen Nullwert ab.
[63] Vgl. vor allem BVerfGE 6/32 ff.
[64] Die Kongruenz der Begriffe bejahen *Hamann*, a.a.O., Anm. B 4 zu Art. 9 S. 132, *Ridder*, „Sühnegedanke", S. 321, *Dürig*, MD, Rdnr. 47 zu Art. 18 und *v. Münch*, BK, Rdnr. 68 zu Art. 9.
Anders *Klein*, vMK, Anm. IV 2 b zu Art. 2, S. 182, der den Begriff „verfassungsmäßige Ordnung" in Art. 2 Abs. 1 GG und in Art. 9 Abs. 2 GG einheitlich im Sinne elementarer Verfassungsgrundsätze deutet. *Maunz*, Deutsches Staatsrecht, 11. Aufl., S. 99 ff., vermutet, es sei ein „offenbar einheitlicher terminus technicus" gegeben. Nach Ansicht des Bundesverwaltungsgerichts (BVerwGE 1/182) soll Art. 9 Abs. 2 GG weiter gefaßt sein als Art. 18 und Art. 21 Abs. 2 GG.

II. Propaganda für verfassungsfeindliche Endziele

ben, die Bundesrepublik als ein demokratisches Staats- und Gesellschaftssystem zu erhalten. Die zum Schutz des Kernbestandes der Verfassung konzipierte Abwehrkette richtet sich damit gegen Versuche, die auf eine („Wieder"-)Einführung oligarchischer oder diktaturhafter Regime hinauslaufen würden. Ein hierauf abzielendes Vorhaben würde die von den Staatsbürgern errungene Befugnis zur Selbstgestaltung ihres politischen Schicksals bedrohen. Zum Fundament des auf dem Grundgesetz beruhenden freiheitlichen Verfassungsgefüges gehört zugleich, der in den Menschen- und Bürgerrechten verankerte Minderheitenschutz. Ein denkmöglicher Abfall der Nation in ein totalitär-demokratisches System könnte daher verhindert werden. Bei der Festlegung weiterer Essentialia der demokratischen Verfassung ist Behutsamkeit geboten. Der Versuch des (einfachen) Gesetzgebers, die „Verfassungsgrundsätze" in § 92 Abs. 2 StGB[65] aufzureihen, kann nicht befriedigen. So sind die im Grundrechtskatalog aufgefächerten Abwehr- und Teilhaberechte mit dem Hinweis auf einen „Ausschluß jeder Gewalt und Willkürherrschaft" (Ziff. 6) nur unzureichend umschrieben. Ferner erschöpft sich das demokratische Element der Verfassung keineswegs in dem Recht des Volkes, die Staatsorgane zu bestellen (Ziff. 1). Das Recht, Alternativen zur Regierungspolitik zu entwickeln, ist nicht auf die Ausübung einer „parlamentarischen" Opposition (Ziff. 3) beschränkt, es steht vielmehr der gesamten Aktivbürgerschaft zu und kann selbstverständlich auch innerhalb der gesellschaftlichen Öffentlichkeit ausgeübt werden. Sodann schließt eine „freiheitliche" demokratische Ordnung das Freisein von Furcht vor existenzgefährdenden Sanktionen ein[66]. Schließlich wirken sich die auf eine arbeitsteilige Organisation der Staatsgewalt bezogenen Verfassungsgrundsätze durch ihre Machtaufteilungseffekte freiheitsbewahrend aus; die einzelnen Faktoren des Kompetenzsystems (Ziff. 1 nennt die herkömmliche Dreiteilung der Gewalten sowie Ziff. 4 die Ablösbarkeit der Regierung und ihre Verantwortlichkeit gegenüber der Volksvertretung) sind jedoch grundsätzlich variabel[67]. Eine Zuständigkeitsänderung wirkt sich hier nicht in jedem Fall demokratiegefährdend aus. Weil dem Parlament innerhalb der überlieferten Gewaltentrias ohnehin die dominierende Rolle zukommt, können die übrigen Teilformen der einen Staatsgewalt durch-

---

[65] In der Fassung nach dem Achten Strafrechtsänderungsgesetz vom 29. Juni 1968 (BGBl. I, S. 741 ff.).
[66] Deshalb kann z. B. der Versuch, unter Berufung auf eine angebliche Waffengleichheit bei Arbeitskämpfen die Aussperrung von Arbeitnehmern und damit den Entzug der materiellen Existenzgrundlage als verfassungsgemäß auszugeben, angesichts der in Art. 20 Abs. 1 GG mitgesicherten Freiheit vor innergesellschaftlichem Terror letztlich nicht überzeugen.
[67] Vgl. hierzu *Sauerwein*, a.a.O., S. 174, wonach zwecks Verhinderung einer Omnipotenz jede Machtkonstellation durch mindestens zwei gleichstarke Machtfaktoren, die in der Lage sind, sich gegenseitig zu beschränken, ausgewogen sein sollte.

aus nach neuen Erkenntnissen über eine optimale Machtbalance umgestaltet werden. Im Ergebnis ist es daher unzulässig, die aus gutem Grund nicht streng festgelegten Strukturen der Verfassungsordnung durch ein einfaches Gesetz zu blockieren.

2. Ist es rechtswidrig, ein verfassungsfeindliches Programm zu verbreiten?

Die Frage, ob sich eine um die grundlegende Umgestaltung des Verfassungssystems bemühte politische Vereinigung bereits rechtswidrig betätigt, kann anhand einer bloßen Wortinterpretation der Art. 9 Abs. 2 und 21 Abs. 2 GG nicht beantwortet werden. Aus der für Verbände maßgeblichen Textfassung („sind verboten") wurde bisher überwiegend die Ansicht abgeleitet, das Werben für eine mit dem Grundgesetz nicht mehr zu vereinbarende Verfassungskonzeption sei bereits rechtswidrig[68].

Das Bundesverfassungsgericht führte in einem obiter dictum aus, ein verfassungsfeindliche Ziele propagierender Verband sei „ohne weiteres verboten"[69]. Diese Auffassung basierte auf der Annahme, eine die Verfassungsordnung bekämpfende Vereinigung könne Grundrechtsgarantien nicht in Anspruch nehmen. In der gerichtlichen Praxis setzte sich überwiegend die Meinung durch, eine systemfeindliche Werbung sei von vornherein rechtswidrig[70]. Demgegenüber vertrat das Bundesverwaltungsgericht schon früh die Ansicht, ein Verbot nach Art. 9 Abs. 2 GG könne erst vollzogen werden, wenn eine besondere — exekutivische — Verbotsverfügung ergangen sei[71]. Mit dieser von einigen Autoren befürworteten Praxis[72] war die mit der ex-lege-Theorie verbundene

---

[68] *Lüttger*, a.a.O., S. 183, nimmt an, die Rechtswidrigkeit ergebe sich „ex tunc und ipso iure". *Wernicke*, BK, Anm. II a zu Art. 9 (Erstbearbeitung), führt aus, Verbotsmaßnahmen seien „umittelbar aus Art. 9 Abs. 2 GG her(zu)leiten". Zu dem gleichen Ergebnis kommt *Ruhrmann*, a.a.O., S. 33/34. *Klein*, vMK, Anm. III 2 a zu Art. 9, S. 523, argumentiert, wenn der Tatbestand des Art. 9 Abs. 2 GG erfüllt werde, liege nur noch eine „scheinbare Rechtsausübung" vor. *Kölble*, Inwieweit schützt das Parteienprivileg des Art. 21 Abs. 2 Satz 2 GG auch Nebenorganisationen von Parteien?, S. 51, meint, eine den Tatbestand des Art. 9 Abs. 2 GG erfüllende Vereinigung werde „gewissermaßen automatisch rechtswidrig".

[69] BVerfGE 2/1 (13).

[70] So VGH Württemberg-Baden, DVBl. 1952, 212, Zur Rechtsprechung des BGHs vgl. *Lehmann*, a.a.O., vor allem S. 159 ff. und *Ćopić*, Grundgesetz, S. 104. In einem Urteil vom 13. Oktober 1964 (in: JZ 1964, 25) erklärte das oberste Strafgericht noch einmal, bei einer Agitation für verfassungsfeindliche Endziele sei es „ohne weiteres" möglich, „Maßnahmen zur Wiederherstellung des gesetzmäßigen Zustandes" zu treffen.

[71] BVerwGE 4/188.

[72] So von *Pfeiffer*, a.a.O., S. 98, *Obermayer*, a.a.O., S. 7, *Füßlein*, Vereins- und Versammlungsfreiheit, S. 439 und *Seifert*, Probleme des öffentlichen Vereinsrechts, S. 354.

II. Propaganda für verfassungsfeindliche Endziele

Rechtsunsicherheit jedoch nur teilweise behoben. Eine unmittelbare Strafandrohung gegen verfassungsfeindliche Vereinstätigkeit[73] wurde erst mit dem Inkrafttreten des neuen Vereinsgesetzes im Jahre 1964 ersatzlos gestrichen. Die neue Regelung, nach der ein Verein „erst dann als verboten (...) behandelt werden" darf, wenn der Tatbestand von Art. 9 Abs. 2 GG „durch (eine) Verfügung der Verbotsbehörde festgestellt ist"[74], klärt die Frage nach der Rechtmäßigkeit einer verfassungsfeindlichen Verbandswerbung nicht restlos auf. So meint *Schnorr*, mit dem Verbotsanspruch werde lediglich „ein bereits nach der Verfassung vorhandenes Verbot" festgestellt[75]. Nach Ansicht von Schnorr sollen die Verbotsfolgen bis auf jenen Zeitpunkt zurückwirken, in dem der Verband „zum ersten Mal einen Verbotstatbestand des Art. 9 Abs. 2 GG erfüllt hat"[76]. Im Grunde wird damit die vom Bundesverfassungsgericht zunächst geteilte Ansicht wieder aufgegriffen, eine verfassungsfeindliche Verbandswerbung sei materiell rechtswidrig. Diese These ist indessen fragwürdig.

Die Art. 18, 9 Abs. 2 und 21 Abs. 2 GG begrenzen den Umfang staatlicher Interventionsmöglichkeiten gegen systemfeindliche Tätigkeiten. Als bei den Vorarbeiten zum Grundgesetz eine Neuauflage des Notverordnungsrechts nach dem Vorbild von Art. 48 Abs. 2 WRV zur Diskussion stand[77], trug nicht zuletzt die Erinnerung an die Endphase der Weimarer Republik dazu bei, dieses Vorhaben aufzugeben. Im Parlamentarischen Rat wurden vor allem starke Bedenken dagegen laut, die Vereinigungsfreiheit erneut zu drosseln[78]. Die zur Abwehr verfassungsfeindlicher Tätigkeiten schließlich in das Grundgesetz aufgenommenen Normen begrenzen die der Aktivbürgerschaft auferlegbare Verfassungsräson. Die Verwirkungstatbestände bezwecken eine „konstitu-

---

[73] Nach § 90 a StGB in der Fassung nach dem Ersten Strafrechtsänderungsgesetz vom 30. August 1951 (BGBl — I S. 730 ff.) wurde mit einer Gefängnisstrafe bis zu fünf Jahren bedroht, „wer eine Vereinigung gründet, deren Zwecke oder deren Tätigkeit sich gegen die verfassungsmäßige Ordnung oder gegen den Gedanken der Völkerverständigung richten, oder wer die Bestrebungen einer solchen Vereinigung als Rädelsführer oder Hintermann fördert".
[74] § 3 Abs. 1 des Vereinsgesetzes.
[75] a.a.O., S. 104.
[76] Ebenda.
[77] Art. 111 des „Herrenchiemsee-Entwurfes" sah vor, daß „zur Abwehr einer drohenden Gefahr für den Bestand des Bundes oder seine freiheitliche oder demokratische Grundordnung" u. a. die Presse-, die Versammlungs- und die Vereinigungsfreiheit "vorübergehend außer Kraft gesetzt oder eingeschränkt werden" konnten.
[78] So führte der Abgeordnete *Heite* von der konservativen Deutschen Partei im Hauptausschuß des Parlamentarischen Rates aus (Protokoll der 36. Sitzung, S. 458), die erwogene Beschränkung der Vereinigungsfreiheit sei „ein zu starker Eingriff". Ähnliche Bedenken äußerte (a.a.O., S. 569) der Abgeordnete *Seebohm*.

tionelle Bändigung" des Ausnahmezustandes[79]. Die Bundesrepublik Deutschland gehört damit zu jenen Staaten, deren Regierungen „die Macht fehlt, mit vollkommener, allumfassender und rasch zugreifender Autorität zu handeln"[80]. Die Verfassungsschutznormen des Grundgesetzes tragen dazu bei, den Fortbestand einer demokratischen Nation auch in Krisenzeiten zu sichern. Die zwischen regierenden und oppositionellen Gruppen bestehenden Gegensätze werden hiernach als normale Konfliktlagen ausgewiesen. Die politischen Kontrahenten sind durch die überaus enge Anwendbarkeit von Restriktionsmaßnahmen zur *geistigen* Auseinandersetzung angehalten. Das eine Verdrängung politisch tätiger Bürger aus der Öffentlichkeit nur in Ausnahmefällen legalisierende Grundgesetz verhindert damit ein Aufschaukeln innenpolitischer Gegensätze zu bürgerkriegsähnlichen Krisen.

Die Abwehrnormen enthalten eine durch ihre Exklusivität vermittelte Grundrechtskomponente: Einzig und allein wer die in Art. 18 GG aufgeführten Grundrechte zum Kampf gegen die freiheitliche demokratische Grundordnung einsetzt, kann diese Rechte verwirken. Lediglich eine Vereinigung, die auf eine Beseitigung des demokratischen Verfassungskerns hinarbeitet, kann verboten oder für verfassungswidrig erklärt werden. Die Grundrechtskomponente der Abwehrnormen schließt es aus, oppositionelle Gruppen durch einfache Strafgesetze und „the use of legal procedure for political ends"[81] einzuschüchtern oder zu diffamieren. Das Bundesverfassungsgericht hat dem Grundrechtsgehalt der Verwirkungsnormen zumindest im Anwendungsbereich des Art. 21 Abs. 2 GG Rechnung getragen. Das Gericht stellt fest, die Tätigkeit einer Partei sei „selbst dann" legal, wenn die Partei „später für verfassungswidrig erklärt" werde[82]. Zutreffend wird weiter erläutert, das Grundgesetz nehme die mit der Gründung verfassungsfeindlicher Parteien verbundene Gefahr bis zu einer Entscheidung nach Art. 21 Abs. 2 GG „um der politischen Freiheit willen" in Kauf. Die Tätigkeit verfassungsfeindlicher Parteien ist also zumindest bis zum Ausspruch ihrer Verfassungswidrigkeit legal.

Es liegt nahe, diese Betrachtungsweise auch für den nach Art. 9 Abs. 2 GG möglichen Ausschluß von Verbänden aus dem politischen Wettbewerb nutzbar zu machen. Die Annahme, eine Werbung für politische Ideen könne zwar „an sich" rechtswidrig sein, sie müsse bis zu

---

[79] *Ridder*, Grundgesetz, Notstand und politisches Strafrecht, S. 29.
[80] Richter *Frankfurter* des US Supreme Court, zitiert nach *Fraenkel*, Das amerikanische Regierungssystem, S. 256.
[81] *Kirchheimer*, Political Justice, Untertitel des die Praktiken der politischen Justiz eingehend beschreibenden und in ihrer Fragwürdigkeit bloßlegenden Werkes.
[82] BVerfGE 12/296 (306).

II. Propaganda für verfassungsfeindliche Endziele

einem Verbotsausspruch aber gleichwohl erlaubt werden, enthält eine wirklichkeitsfremde Fiktion. Jedem Verband steht es frei, ein verfassungsfeindliches Programm bis zur Verhängung eines Verbotes nach Art. 9 Abs. 2 GG zu verbreiten. Der Rechtssicherheit wäre es in hohem Maße abträglich, wenn das zunächst erlaubte Handeln nachträglich doch als rechtswidrig gebrandmarkt würde. Die Grundrechtskomponente von Art. 9 Abs. 2 GG bleibt nur dann gewahrt, wenn ein gegen die verfassungsmäßige Ordnung tätiger Verband erst durch einen konstitutiven Staatsakt illegalisiert werden kann.

Ein weiterer Gesichtspunkt zu der Frage, inwieweit eine Werbung für verfassungsfeindliche Ziele selbst noch nicht verfassungswidrig ist, ergibt sich aus der Systematik des Art. 18 GG. Trotz des mißverständlichen Terminus „Mißbrauch" kann nicht angenommen werden, daß ein gegen die bestehende Verfassung agitierender Staatsbürger vor einem Verwirkungsausspruch des Bundesverfassungsgerichts etwa des Grundrechtsschutzes nicht teilhaftig ist und rechtswidrig handelt[83]. Durch das konstitutive Verwirkungsverdikt[84] verliert der Betroffene die Befugnis, sich bei einer Fortsetzung der verfassungsfeindlichen Agitation auf die ihm aberkannten Grundrechte zu berufen. Aus dem konstitutiven Charakter des Verwirkungsurteils ergibt sich die Legalität des bisherigen Wirkens. Es ist problematisch, die Systematik des Art. 18 GG mit der Funktionsweise polizeilicher Generalklauseln zu vergleichen[85]. Einmal sind — und dies ist wegen des rechtsstaatlichen Gebotes der Bestimmtheit von Eingriffsnormen gutzuheißen — Polizeiverfügungen nach Generalklauseln in der Art des § 14 PVG ganz überwiegend auf Verhaltensweisen bezogen, die nach anderen, bestimmteren Normen (z. B. der Straßenverkehrsordnung) bereits rechtswidrig sind. Sodann ist ein polizeilich untersagtes Verhalten in jedem Fall rechtswidrig. In einem Verfahren nach Art. 18 GG wird hingegen festgelegt, in welchem Umfang ein verfassungsfeindlich wir-

---

[83] Anders die überwiegende Lehre; nach Ansicht von *Klein*, vMK, Anm. II 4 c zu Art. 18, S. 534, bedeutet „mißbrauchen" soviel wie „in unzulässiger Weise gebrauchen"; ähnlich *Wernicke*, BK, Anm. II 1 c zu Art. 18; *Dürig*, MD, Rdnr. 36 zu Art. 18, nimmt an, es liege „stets eine unzulässige Grundrechtsausübung" vor.

[84] Die (grund)rechtsverändernde Wirkung des Urteils nach Art. 18 GG wird ganz überwiegend bejaht; vgl. *Klein*, vMK, Anm. IV 2 c zu Art. 18, S. 537; *Pfeiffer*, a.a.O., S. 158 und *Čopić*, Grundgesetz, S. 951. Anders noch *Giese*, GG, Anm. II 3 zu Art. 18, S. 41 und *v. Mangoldt*, a.a.O., Anm. 2 zu Art. 18, S. 115, die annehmen, ein Verwirkungsurteil nach Art. 18 habe nur deklaratorische Bedeutung.

[85] So aber *Čopić*, Grundgesetz, S. 92/93, mit dem Hinweis, „der Veranlasser einer Polizeiwidrigkeit" heiße nicht „Rechtsbrecher", sondern „Störer" und werde regelmäßig nicht in Anspruch genommen, weil er bereits die Rechtsordnung verletzt habe, sondern weil es die Polizei für zweckmäßig gehalten habe, eine Gefahr zu beseitigen.

kender Bürger zukünftige staatliche Abwehrmaßnahmen dulden muß, ohne sich auf Grundrechtspositionen berufen zu können. Das Verwirkungsurteil aberkennt Grundrechte, illegalisiert aber nicht die Werbung für bestimmte Ideen.

Schließlich ergibt sich aus der Analyse einer verfassungsfeindlichen Agitation ein Argument dafür, sie nicht als von vornherein rechtswidrig anzusehen. Eine mit dem Grundgesetz nicht zu vereinbarende Staats- und (oder) Gesellschaftsordnung wird von verfassungsfeindlich werbenden Staatsbürgern als ein nicht erreichtes Endziel propagiert. Erst wenn das entworfene Modell verwirklicht würde, ließe sich feststellen, daß der neu geschaffene Zustand dem Grundgesetz realiter widerspricht. Die nur gedanklich-hypothetische Vorwegnahme eines mit dem Grundgesetz nicht mehr konformen Endzustandes löst noch keine aktuelle Rechtswidrigkeit aus. Nicht die (verfassungsgemäße) Werbung selbst, sondern allenfalls der erstrebte Endzustand kann als verfassungswidrig bezeichnet werden. Die geistig-friedliche und daher demokratie-konforme Werbung für ein politisches Programm ist also nicht von vornherein rechtswidrig.

3. Folgerungen

Weil die Grundrechtskomponenten der Art. 9 Abs. 2 und 21 Abs. 2 GG politische Vereinigungen bis zum Erlaß einer Verwirkungsentscheidung vor staatlichen Eingriffen schützen, dürfen vor dem Verbot eines Verbandes nach Art. 9 Abs. 2 GG und vor der Feststellung der Verfassungswidrigkeit einer Partei nach Art. 21 Abs. 2 GG von den Staatsorganen keine Sanktionen verhängt werden. Es ist vor allem unzulässig, den Grundrechtsschutz der Abwehrnormen durch ein parallel anwendbares politisches Strafrecht zu unterlaufen. Das Bundesverfassungsgericht hat daher eine Strafnorm, in der eine Parteitätigkeit unmittelbar pönalisiert wurde, mit Recht für verfassungswidrig erklärt[86]. Der zu Beginn des Kalten Krieges in das Strafgesetzbuch eingefügte Abschnitt „Staatsgefährdung" (§§ 88 bis 98 StGB) pönalisierte durchweg demokratiekonforme Verhaltensweisen und hielt deshalb einer kritischen Nachprüfung nicht stand[87]. Das politische Strafrecht war der Verfassung „davongelaufen"[88].

---

[86] Nach § 90 a Abs. 3 StGB in der Fassung nach dem Ersten Strafrechtsänderungsgesetz sollte die in Art. 21 Abs. 2 GG vorgesehene Feststellung über die Verfassungswidrigkeit einer Partei lediglich als prozessuale Strafverfolgungsschranke fungieren; diese Vorschrift wurde durch das Bundesverfassungsgericht (BVerfGE 12/296 ff.) für nichtig erklärt.

[87] Hierzu eingehend *Copić*, Grundgesetz, S. 146 ff.

[88] *Dürig*, MD, Rdnr. 92 zu Art. 18.

II. Propaganda für verfassungsfeindliche Endziele

Durch das Achte Strafrechtsänderungsgesetz wurde der Abschnitt „Staatsgefährdung" zwar gestrichen, mit den Delikten „verfassungsverräterische Zersetzung" (§ 89 StGB), „Verunglimpfung der Bundesrepublik" (§ 90 a StGB) und „Verunglimpfung von Staatsorganen" (§ 90 b StGB) sind aber gegen geistig-politische Handlungen gerichtete Strafdelikte bestehen geblieben. Weil die in den Art. 18, 9 Abs. 2 und 21 Abs. 2 GG enthaltenen Grundrechtskomponenten die für politische Ideen werbende Aktivbürgerschaft vor unmittelbaren Strafsanktionen schützen, können auf dem Boden des Grundgesetzes allein politische Ungehorsamsdelikte, also Strafnormen, in denen ein Zuwiderhandeln gegen Verwirkungsurteile pönalisiert wird, Bestand haben. Die aufgeführten Straftatbestände sind hingegen so konzipiert, daß sie die im Grundgesetz vorgesehenen Verwirkungsverfahren verdrängen. Die den Grundrechtsschutz für politische Dissidenten weitgehend aufrechterhaltenden Abwehrnormen des Grundgesetzes schließen eine gleichzeitige Anwendung ungleich gröberer und schärferer Strafsanktionen aus.

Dritter Teil

Die Aktionsfreiheit

I. Einflußnahme auf die öffentliche Meinung

Die Befugnis politischer Vereinigungen, bei der Willensbildung der Aktivbürgerschaft mitzuwirken, wird für Parteien in Art. 21 Abs. 1 Satz 1 GG ausdrücklich hervorgehoben. Von dem gleichen Recht können die in Art. 9 Abs. 1 und Abs. 3 GG geschützten Verbände Gebrauch machen. Ihnen steht es ebenfalls frei, sich an der Willensbildung des Volkes zu beteiligen.

Die in Art. 5 Abs. 1 GG verbürgte Kommunikationsfreiheit bewahrt die ihre Meinungsbeiträge publizierenden Vereinigungen vor staatlichen Eingriffen. Der als Ent-Äußerung, Weitergabe und Empfang in seiner Gesamtheit geschützte Meinungsäußerungsvorgang[1] wird in den Nationen der Gegenwart im allgemeinen erst durch die Zusammenarbeit von Bürgern zur *öffentlichen* Meinung. Die im Grundgesetz genannten Meinungsmedien — Wort, Schrift und Bild — können zumeist erst mit Hilfe umfangreicher Kooperationsketten in effektiver Weise genutzt werden. Die Bildung der öffentlichen Meinung ist daher mit vielfältigen Kollektivierungsvorgängen verbunden. Da nur die veröffentlichten, d. h. einem Empfängerkreis zugänglich gemachten Ansichten zur öffentlichen Meinung werden können[2], ist „die Propagierung des geäußerten Gedankens"[3] ohne eine Koordination von Äußerungs- und Empfangsmöglichkeiten nicht denkbar. Das vereinsinterne Forum für Rede und Gegenrede erlaubt eine erste Vergemeinschaftung der individuellen Ansichten und Vorschläge. Die „durch Initiative kleiner Gruppen vorbereitete(n) Majoritätsbeschlüsse"[4] bilden ein weiteres Aufbauelement der öffentlichen Meinung. Ein größeres Maß an Publizität erreichen Ansichten und Vorschläge, wenn sie „aus der organisationsinternen Öffentlichkeit eines Mitgliederpublikums" heraustreten[5]. Kann ein großer Teil der Aktivbürgerschaft mit

---
[1] Vgl. hierzu *Ridder*, Meinungsfreiheit, S. 249; ähnlich *Franz Schneider*, a.a.O., S. 42.
[2] *Heller*, Staatslehre, S. 174 und *Ridder*, Meinungsfreiheit, S. 248.
[3] *Franz Schneider*, a.a.O., S. 42.
[4] *Baumgarten*, a.a.O., Sp. 1186.
[5] *Habermas*, Strukturwandel der Öffentlichkeit, S. 269.

einem Problem konfrontiert werden, so stellt sich heraus, welche Resonanz es in der Gesamtgesellschaft findet. Die ständige Publikation von Meinungsbeiträgen durch Vereinigungen ermöglicht es, das „Potential unartikulierter Zustimmungsbereitschaft"[6] zugunsten rational begründeter Ansichten abzubauen.

Die Bildung starker Meinungsströme vermag zu verhindern, daß die Willensbildung des Volkes in einer amorphen Pluriformität stecken bleibt. Ein planloses, unentwirrbar widersprüchliches Meinen von Individuen würde es der jeweiligen Staatsregierung nicht verwehren, eine von ihr oktroyierte Herrschaft als vom Volke gebilligt auszugeben. Die in „Einzelpersönlichkeiten" aufgelöste Öffentlichkeit könnte im wesentlichen nur noch Akklamationsdienste leisten[7]. Diese Gefahr ist um so größer, als in den modernen, vom Prinzip der Arbeitsteilung geprägten Nationen die Mehrheit des Volkes in eine ihre politische Präsenz nahezu auslöschende Vereinzelung zu geraten droht. Vereinigungen haben daher die eminent wichtige Aufgabe, diese Vereinzelung zu überwinden und die politische Handlungsfähigkeit der Aktivbürgerschaft sicherzustellen.

Der Nachweis, daß ein politischer Vorschlag von der Mehrheit des Volkes unterstützt wird, kann im allgemeinen nur nach intensiven Werbefeldzügen geführt werden. Eine organisierte Aktion ist deshalb conditio sine qua non für die Verdichtung der öffentlichen Meinung zu einer unübersehbaren Macht. Erst relativ gleichförmige Meinungsströme können eine mit dem Willen des Volkes übereinstimmende Staatsherrschaft erzwingen. Politische Vereinigungen sind daher unentbehrlich, wenn die für das Durchdringen einer Idee nötige Durchschlagskraft der öffentlichen Meinung mobilisiert werden soll.

Indem Vereinigungen fortlaufend Schwerpunkte der öffentlichen Meinung herausbilden, tragen sie zur Legitimation des Gesamtpolitikums bei. Nur eine die Hauptkomponenten der öffentlichen Meinung respektierende Regierungspolitik kann als demokratisch legitimiert gelten. Weil eine demokratisch konstituierte Nation auf die ständige Rechtfertigung ihrer Verfassungsordnung durch das Volk angewiesen ist, bleibt die fortlaufende Bildung einer diese Legitimation einschließenden öffentlichen Meinung für den Zusammenhalt des Gesamtpolitikums unerläßlich.

---

[6] *Habermas*, a.a.O., S. 220.

[7] Dieser pathologische Zustand wird von *Carl Schmitt*, Verfassungslehre, S. 243, als der allein realisierbare ausgegeben. Nach *C. S.* kann das präsente Volk nur „Hoch oder Nieder rufen, einem Führer oder einem Vorschlag zujubeln, den König oder irgendeinen anderen hochleben lassen, oder durch Schweigen oder Murren die Akklamation verweigern".

Werden die Parteien ihrer Aufgabe, gesellschaftliche Meinungsströme zu bilden, in sich aufzunehmen und in die staatliche Willensbildung überzuleiten, nicht mehr hinreichend gerecht, so ist die Aktivbürgerschaft in starkem Maße darauf angewiesen, die Öffentlichkeit mit Hilfe der in Art. 9 Abs. 1 und Abs. 3 GG geschützten Vereinigungen zu mobilisieren. Bestehen Informationsmängel, so muß die Werbung für politische Programme mit dem Aufbau einer möglichst lückenlosen „Gegen-Öffentlichkeit"[8] verbunden werden. In einer weitgehend entpolitisierten Gesellschaft kann ein politisches Bewußtsein erst mit Hilfe breitangelegter Meinungsbildungsaktionen erreicht werden.

II. Einflußnahme auf die Staatstätigkeit

1. Störung des „Repräsentationssystems"?

a) Zu den verfassungsrechtlich umstrittenen Tätigkeiten politischer Verbände gehören ihre Versuche, auf staatliche Entscheidungen Einfluß zu nehmen. Eine Ausgangsbasis für die Kritik an dieser Praxis bildet die verbreitete Ansicht, im Grundgesetz sei lediglich eine „mittelbare oder repräsentative" Demokratie verankert[9]. Um den behaupteten Charakter der Verfassung näher zu kennzeichnen, wird durchweg auf die in Art. 20 Abs. 2 Satz 2 GG enthaltene Wahlvorschrift sowie auf das in Art. 38 GG normierte „freie" Abgeordnetenmandat verwiesen.

Bei unbefangener Interpretation drängt sich freilich rasch der Befund auf, daß Wahlen lediglich ein Instrument der in Art. 20 Abs. 2 GG Satz 1 GG festgelegten Volkssouveränität sind. In dieser Eigenschaft dienen sie der Aktivbürgerschaft nicht allein zur Auswahl der parlamentarischen Volksvertreter; vielmehr wird das Mittel „Wahl" ganz allgemein für die Ausübung demokratischer Herrschaft bereitgestellt. Daß die hierauf gerichtete Tätigkeit der Staatsbürger sich nicht auf die Einsetzung der Staatsorgane (vor allem also des Parlamentes) beschränkt, ergibt sich schon aus dem Einbau des weiteren Instrumentes „Abstimmung" in das Grundgesetz. Die Annahme, das Staatsvolk könne von dieser Möglichkeit, Staatsgewalt auszuüben, lediglich in einem durch die Art. 29 und 116 GG begrenzten Umfang Gebrauch machen,

---

[8] *Nevermann*, a.a.O., S. 604. Zur Manipulation der Öffentlichkeit vgl. *Habermas*, Strukturwandel der Öffentlichkeit, vor allem S. 265 ff. Das Nachrichtendefizit in der Tagespresse der Bundesrepublik untersucht *Faber*, a.a.O., S. 199 ff.

[9] So *Klein*, vMK, Anm. V 5 zu Art. 20, S. 597; ähnlich *Friesenhahn*, Die politischen Grundlagen des Bonner Grundgesetzes, S. 172 („streng repräsentative" Demokratie) und *Wernicke*, BK, Anm. 2 e zu Art. 20 („Repräsentativdemokratie"); ferner *Grewe*, a.a.O., S. 316 und *Maunz*, MD, Rdnr. 53 zu Art. 20.

II. Einflußnahme auf die Staatstätigkeit 75

wird weder durch die Entstehungsgeschichte noch — was schwerer wiegt — durch den Wortlaut von Art. 20 Abs. 2 GG bestätigt[10]. Ein an die politische Gesellschaft gerichtetes Gebot, sich einer Einflußnahme auf die staatliche Willensbildung außerhalb der Wahlen zu den Parlamenten zu enthalten, läßt sich aus Art. 20 Abs. 2 GG jedenfalls nicht entnehmen.

b) *Max Weber* hat Kontakte von Interessengruppen zum Gesetzgeber scharf kritisiert. Er befürchtet, die Parteien könnten „zum Zwecke des Stimmenfangs" Verbandssekretäre auf ihre Wahllisten setzen[11]. Diese Praxis führt nach seiner Ansicht zu einer Wahl von Abgeordneten, die „unter einem ‚imperativen' Mandat" handeln[12]. Weber warnt, es könne „ein Banausenparlament" entstehen, „unfähig, in irgendeinem Sinne eine Auslesestätte politischer Führung darzustellen"[13]. Diese entschiedene Gegnerschaft Webers gegenüber der Einflußnahme von Verbänden auf staatliche Instanzen hängt mit seinem Versuch zusammen, die Demokratie in ein cäsaristisch akzentuiertes Herrschaftssystem umzudeuten, das „nicht ohnmächtige Preisgabe an Klüngel, sondern Unterordnung unter selbstgewählte Führer"[14] impliziert. Das Eindringen gesellschaftlicher Kräfte in den staatlichen Entscheidungsbereich führt für Weber zu Kompromissen „ohne staatspolitische Orientierung"[15]. Die Webersche Konzeption bleibt damit einer antidemokratischen Elite-Ideologie verhaftet.

Neuere Beiträge in der Diskussion um die Aktionsbefugnisse der Verbände lassen gleichfalls ein tiefes Mißtrauen gegenüber der politischen Gesellschaft erkennen. So vertritt *Werner Weber* die Ansicht, der von den Verbänden ausgeübte Druck führe zu einer „Demontage des Staates"[16]. *Eschenburg* meint, in der Bundesrepublik könne es zu einer die Staatsautorität untergrabenden „Herrschaft der Verbände"

---

[10] Im Redaktionsausschuß des Parlamentarischen Rates wurde die Formel „Wahlen und Abstimmungen" immerhin dahingehend interpretiert (Drucksache 279 vom 16. November 1948, S. 19), sie dürfe nicht zu eng gefaßt werden, denn es müsse „dem Volk überlassen bleiben", auf welche Weise es seine Regierung bestelle und kontrolliere. Überwiegend wird eine Begrenzung des Rechts, Abstimmungen zu veranstalten, auf die im Grundgesetz genannten Einzelfälle angenommen; vgl. hierzu *Maunz*, MD, Rdnr. 54 zu Art. 20 mit weiteren Hinweisen. Das Bundesverfassungsgericht hat (BVerfGE 8/121 f.) die Frage offengelassen.
[11] Der Reichspräsident, S. 487.
[12] Ebenda, S. 487/88.
[13] Ebenda, S. 488.
[14] Ebenda, S. 489.
[15] Parlament und Regierung im neugeordneten Deutschland, S. 314.
[16] In: Der Staat und die Verbände, S. 22. *Leibholz*, Staat und Verbände, S. 25, greift diese These in etwas gemilderter Form auf. Nach seiner Auffassung soll die Verbandsaktivität „möglicherweise sogar zur staatlichen Desintegraton führen".

kommen[17]. Historisch unhaltbare Vergleiche der Vereinstätigkeit mit den Hofkabalen in vordemokratischen Epochen[18] gehen an der Tatsache vorbei, daß die in Verbänden organisierten Bürger nach dem Grundgesetz nun einmal befugt sind, auf den Gang der Staatsgeschäfte Einfluß zu nehmen. Weil ein demokratisches Staatswesen auf die ständige Überleitung gesellschaftlicher Impulse in den Bereich der staatlichen Willensbildung angewiesen ist, wirkt es sich nicht destruktiv aus, wenn demokratisch legitimierte Vereinigungen diese Osmose erzwingen. Die Einflußnahme von Verbänden auf die Staatswillensbildung ist deshalb ein prinzipiell legitimer Bestandteil des demokratischen Prinzips. Zu der von *Krüger* befürchteten „Entfremdung" zwischen dem einzelnen Bürger und dem Staat infolge der Verbandstätigkeit[19] kann es nur kommen, wenn die Staatsregierung durch minoritäre Gruppen manipuliert wird.

Die These von der lediglich „repräsentativen" Demokratie birgt die Gefahr eines Abbaues dieser Verfassungsform. So enthält die Ansicht, der Volkswille werde durch seine Repräsentanten derart „geformt, daß er vom Volk als das „eigentlich" Populäre „empfunden" und „getragen" werde[20], eine Apologie autoritärer Herrschaftspraktiken. Der antidemokratische Kern einer derartigen Repräsentationsideologie wird durch die Annahme deutlich, die jeweilige Regierung werde das „Wunder der Vorausahnung des Volkswillens"[21] schon bewerkstelligen. Mit Recht weist *Fraenkel* auf die „schwer erträgliche Folge" einer Surrogation des tatsächlichen durch einen lediglich fingierten Willen der Aktivbürgerschaft hin[22]. Der Gedanke, nach dem Sieg einer von gesellschaftlichen Einflüssen freien, „repräsentativen" Herrschaft werde der „dauerhafte Staatsfriede" einziehen[23], erweist sich schon angesichts der historisch belegten Unwahrscheinlichkeit eines politischen Stillstandes als illusionär.

---

[17] So der — allerdings mit einem Fragezeichen versehene — Titel seiner vielzitierten Schrift.
[18] *Eschenburg*, Herrschaft der Verbände? a.a.O., S. 37, weist den Verbänden eine den mittelalterlichen Vasallen ähnliche Rolle zu. Nach *Krüger*, Allgemeine Staatslehre, S. 883, sollen die Verbände mit den „Hofkamarillas, Favoriten und Favoritinnen" eines absolutistischen Herrschers zu vergleichen sein.
[19] Allgemeine Staatslehre, S. 206 und 461. Für *Krüger* vollzieht sich die Integration des Bürgers in das Gesamtpolitikum mit Hilfe „repräsentativer Persönlichkeiten" (a.a.O., S. 376). „Erruptive" Formen der öffentlichen Kritik sollen nicht mehr mit dem Wesen des Staates vereinbar sein (a.a.O., S. 524). Ein im Grunde zwiespältiges Ereignis ist es, wenn Bürger von ihren Grundrechten Gebrauch machen. Die Frage nach den Grundrechten erinnert *Krüger* (a.a.O.) „nur allzu oft fatal an das Interesse, das der Kriminelle am Strafgesetz nimmt".
[20] *Erich Kaufmann*, Zur Problematik des Volkswillens, S. 276/277.
[21] So *Woessner*, a.a.O., S. 61.
[22] Deutschland und die westlichen Demokratien, S. 31.
[23] *Woessner*, a.a.O., S. 62.

Eine von fortwährender Rückbindung freie Repräsentation könnte allenfalls in einer homogenen und daher zur Erteilung von Blankovollmachten geneigten Gesellschaft in Betracht kommen.

c) Die in Art. 38 GG festgelegte rechtliche Unverbindlichkeit von Aufträgen und Befehlen für Mandatsträger hat ebenfalls dazu beigetragen, die Einflußnahme von Vereinigungen auf den Gesetzgeber mit dem Odium der Unrechtmäßigkeit zu umgeben. Art. 38 GG normiert jedoch lediglich die in einem parlamentarisch regierten Großstaat unvermeidliche Bindung des Staatsvolkes an die — in Übereinstimmung mit der Verfassung stehenden — Entscheidungen des Gesetzgebers. In bezug auf die geschichtliche Entwicklung des „freien" Mandates bleibt anzumerken, daß die Repräsentationsdogmatik lange Zeit ein Instrument des feudal-ständischen Herrschaftssystems war[24]. Der bekannte Ausspruch *Burkes,* der Parlamentsabgeordnete sei „ambassador of a state, and not representative of the people within a state"[25] lief auf eine Verteidigung aristokratischer Privilegien hinaus. Erst nach dem Sieg des egalitären Wahlrechts kann das Parlamentsmandat als ein Instrument der Volksherrschaft angesehen werden[26]. In den Großnationen der Gegenwart ist es nur mit Hilfe eines Mandatssystems möglich, den Staat handlungs- und beschlußfähig zu halten. Auf dem Boden einer demokratischen Verfassung ist dabei die Tätigkeit der Parlamentsabgeordneten bei ständiger Rückkoppelung der Mandatsträger an die — pluriforme — öffentliche Meinung demokratisch legitimiert. Der gebotene Einbau des Mandates in das von gesellschaftlichen Impulsen geprägte Gesamtpolitikum ist freilich in der Bundes-

---

[24] Vgl. hierzu *Kluxen,* a.a.O., S. 99 ff., *Emden,* a.a.O., S. 22 ff., *Christoph Müller,* a.a.O., S. 125 ff., *Badura,* BK, Anm. 2 und 3 zu Art. 38 und *Ekkehart Stein,* Der Mensch in der pluralistischen Gesellschaft, S. 17 ff.

[25] a.a.O., S. 482. Bezeichnenderweise scheiterte *Burke* bei dem Versuch, in Bristol im Jahre 1790 als Abgeordneter gewählt zu werden; er gelangte erst mit aristokratischer Hilfe wieder ins Parlament. Die enge Rückkoppelung eines so gewonnenen Mandates beleuchtet *Christian Müller,* a.a.O., S. 37.

[26] Auf dem langen Weg zu diesem Ziel wurde, wie die Entwicklung in der Französischen Revolution von 1789 beispielhaft zeigt, auch das freie Mandat in den Dienst der demokratischen Idee genommen: Die revolutionäre Usurpation des pouvoir constituant durch die Assemblée nationale im Jahre 1789 bewirkte zwar eine Absage an das ständische Regime; erst die Verfassung von 1793 aber sah ein egalitäres Wahlrecht vor.

Das von *Rousseau* entworfene Idealmodell einer repräsentationslosen Demokratie konnte dabei allerdings nicht verwirklicht werden. Der Verfasser des Contrat Social wußte, daß sein Demokratiemodell nur in kleinen Gemeinwesen zu realisieren war, denn er forderte (CS, 3. Buch, 4. Kapitel, a.a.O., S. 112) „un Etat très petit, où le peuple soit facile à rassembler, et où chaque citoyen puisse aisement connoître tous les autres". Immerhin sah die Verfassung von 1793 eine klare Rückbindung des Gesetzgebers an das Votum der Aktivbürgerschaft vor, denn durch ein Vetorecht der Urversammlungen in den Departements konnte ein Gesetzentwurf der Nationalversammlung zu Fall gebracht werden.

republik infolge eines Überhanges an autoritärem Gedankengut noch nicht bewältigt.

Im Hinblick auf die Befugnis, auf die Entscheidungen des Gesetzgebers einzuwirken, hat vor allem *Leibholz* von einem „Spannungsverhältnis" zwischen der Mandatsklausel in Art. 38 GG und dem in Art. 21 GG normierten Parteienauftrag gesprochen[27]. Die beklagte Polarität kommt jedoch erst zustande, weil Leibholz einerseits in den Parteien die Garanten der „plebiszitären" Demokratie sieht[28], andererseits aber an einem vordemokratischen Repräsentationsmodell festhält. Damit der Repräsentant „einen eigenen Wert, eine eigene Würde" erlangen kann[29], muß er nach Ansicht von Leibholz über ein hinreichendes Maß an „Entscheidungsfreiheit" verfügen[30]. Damit bleibt Leibholz bei sicherlich demokratischem Denkansatz im Ergebnis doch der vordemokratischen Staatslehre des 19. Jh. verbunden[31]. Nach einhelliger Interpretation läßt die in Art. 38 GG normierte Mandatsfreiheit es nicht zu, einen verbindlichen Fraktionszwang einzuführen[32]. Keineswegs illegal ist es hingegen, wenn eine Partei zur Erfüllung des Wählerwillens den sich auf individuelle Gewissensrefugien zurückziehenden Mandatsträgern in Aussicht stellt, ihre Wiederwahl zu verhindern.

Aus Art. 38 GG läßt sich eine Unzulässigkeit derartiger Druckmittel nicht entnehmen. Zugleich muß es den Mitgliedern einer Partei freistehen, den von ihr aufgestellten Abgeordneten eine Wiederwahl unmöglich zu machen, wenn die Mandatsträger die Beschlüsse der unteren Parteigremien in den Wind geschlagen haben.

d) Ist der Zusammenhang zwischen der gesellschaftlichen Basis der Parteien und den von ihnen vermittelten Parlamentsmandaten noch verhältnismäßig leicht aufzuhellen, so sind die Beziehungen zwischen den Verbänden und dem Gesetzgeber komplexeren Bedenken ausgesetzt. Kennzeichnend für die hier gemachten Vorbehalte ist der Gedanke, bei einer Einflußnahme der Verbände auf die Entschlüsse des Gesetzgebers werde die politische Willensbildung erneut „im Zwielicht des Vorhofes staatlicher Betätigung agierenden Größen" über-

---

[27] Strukturprobleme der modernen Demokratie, S. 114 ff., ähnlich *Scheuner*, Grundfragen des modernen Staates, S. 145 und *Maunz*, MD, Rdnr. 21 zu Art. 38. *Kaiser*, Die Repräsentation organisierter Interessen, S. 255, sieht einen „Widerspruch" zwischen den beiden Verfassungsvorschriften. Demgegenüber stellt *Badura*, BK, Anm. 65 zu Art. 38, zutreffend fest, man müsse Art. 38 GG „letztlich mit Art. 20 Abs. 2 GG konfrontieren".
[28] Vgl. hierzu oben S. 49.
[29] Das Wesen der Repräsentation und der Gestaltwandel im 20. Jahrhundert, S. 32.
[30] Ebenda, S. 100.
[31] Vgl. hierzu oben S. 29 mit Fußn. 48. Kritisch zu dieser Tradition der *Leibholzschen* Repräsentationsthese bereits *Heller*, Staatslehre, S. 163.
[32] So bereits *Anschütz*, a.a.O., Anm. 2 zu Art. 21 WRV, S. 182; nunmehr

lassen[33]. Da es zum Merkmal eines Vorhofes gehört, unwichtiger und geringwertiger zu sein als Haus und Hof selbst, wird durch diese Betrachtungsweise der innergesellschaftlichen Willensbildung eine untergeordnete und keineswegs unentbehrliche Rolle zugewiesen. Zwielichtig wäre der von politischen Verbänden auf den Gesetzgeber ausgeübte Druck, wenn die fortwährende Konfrontation der Staatsorgane mit den Anliegen der politischen Gesellschaft eine illegale Drucklage schaffen würde. Tatsächlich läßt jedoch die Ansicht, die öffentliche Meinung könne zwar „fordern", aber „nichts erzwingen"[34], einen unzulässigen Rückgriff auf die Legende von der druckfreien Ruhelage des Staates erkennen. Obwohl die Fiktion von einer durch Pressionsfreiheit gesicherten Überparteilichkeit der Regierung längst als „Lebenslüge" des Obrigkeitsstaates erkannt ist[35], wird die Illusion von einer drucklosen Staatssphäre weiter gepflegt. Der in Art. 38 GG festgelegten Institution des rechtlich weisungsfreien Mandates läßt sich eine Verpflichtung politischer Verbände zum Verzicht auf die Ausübung von „pressure" nicht herleiten. Die eine ständige Beschlußfähigkeit des Parlamentes sicherstellende Mandatsklausel besagt nichts über die verfassungsrechtlich legitime politische Abhängigkeit der Mandatsträger von gesellschaftlichen Willensströmen. Weil Art. 38 GG die politischen Funktionen des Volkes nicht absorbiert[36], darf die Befugnis des Parlamentes zur Gesetzgebung der um Entscheidungen ringenden Aktivbürgerschaft „nicht entgegengehalten werden"[37]. Dies gilt vor allem dann, wenn Fragen entschieden werden, die im Zeitpunkt der vorangegangenen Parlamentswahl noch nicht erkennbar waren.

Politische Vereinigungen sind allerdings außerstande, das Volk in seiner Gesamtheit zu repräsentieren, denn ein innergesellschaftlicher Verband wird eben nicht von der Gesamtheit des Staatsvolkes getragen[38]. Vereinigungen sind daher nicht befugt, für das gesamte Staatsvolk zu handeln. Sieht man von der durch einen Verfassungsbruch ausgelösten Organisation des gesellschaftlichen Widerstandes gegen die Usurpatoren der Staatsgewalt ab[39], so steht es gesellschaftlichen Gruppen nicht zu, Staatskompetenzen auszuüben.

Klein, vMK, Anm. IV b zu Art. 38, S. 890; *Maunz*, MD, Rdnr. 12 zu Art. 38; *Badura*, BK, Rdnr. 77 zu Art. 38 mit weiteren Hinweisen.
[33] *Kewenig*, a.a.O., S. 833.
[34] *Hennis*, Meinungsforschung und repräsentative Demokratie, S. 27.
[35] So von *Radbruch*, a.a.O., S. 289.
[36] Anders *Maunz*, MD, Rdnr. 5 zu Art. 38. *Wittkämper*, a.a.O., S. 149, meint irrig, der Bundestag repräsentiere das Volk „exklusiv und absorbtiv".
[37] *Christoph Müller*, a.a.O., S. 234.
[38] So zutreffend *Thieme*, a.a.O., S. 42.
[39] Diese z. B. während des Kapp-Putsches ausgeübte Befugnis ist in einem demokratischen Staat selbstverständlich.

Das Bundesverfassungsgericht hat in einem Urteil über die Unzulässigkeit einer Volksbefragungsaktion den Bereich der dem Staat exklusiv vorbehaltenen Befugnisse allerdings extensiv gedeutet. Das Gericht vertritt die Ansicht, ein Bundesland könne auf Gebieten, die zur Gesetzgebungskompetenz des Bundes gehörten, selbst konsultative Volksbefragungen nicht durchführen[40]. Da eine rechtlich verbindliche Einflußnahme auf den Bundesgesetzgeber durch eine derartige Befragungsaktion nicht zustandekommen konnte, mußte das Gericht den von den Veranstaltern der Aktion erhofften politischen Druck als Bindeglied in eine im übrigen am Gesetzgebungsmonopol des Bundes orientierte Rechtsfindung einbeziehen[41]. Dieses Glied der Argumentationskette ist besonders schwach. Da es nämlich dem Staatsvolk nicht verwehrt werden kann, seine Anliegen der jeweiligen Regierung so deutlich vor Augen zu führen, daß „zwangsläufig" darauf eingegangen werden muß, ist der durch eine Meinungsumfrage produzierte Druck kein verfassungswidriges Instrument. Die Entscheidung des Bundesverfassungsgerichtes ist aus diesem Grunde nicht gutzuheißen; sie hätte bei einer anderen Würdigung der Druckproblematik zum entgegengesetzten Ergebnis führen können.

e) Als ein ungewöhnliches Gegenstück zu dem von politischen Verbänden auf den Gesetzgeber gerichteten Druck hat sich in der Bundesrepublik seit langem die von staatlichen Instanzen bestellte Meinungsumfrage herausgebildet. Die jeweilige Regierung setzt dabei die Ergebnisse einer für sie günstig verlaufenen Frageaktion zur Rechtfertigung ihrer eigenen Politik ein[42]. Soweit hierdurch eine von Staatsorganen gesteuerte Scheinöffentlichkeit hergestellt wird, verstoßen die Frageaktionen gegen das Gebot der Staatsfreiheit der politisch fungierenden Gesellschaft. Wenn hingegen Verbände versuchen, die Meinung der Bürger durch Umfragen zu ermitteln und sichtbar zu machen, so ist diese Mobilisierung des Publikums verfassungsrechtlich nicht zu beanstanden.

f) Ein weiteres Argument für die prinzipielle Verfassungskonformität der verbandlichen Einflußnahme auf den Gesetzgeber ergibt sich

---

[40] BVerfGE 8/104 ff.

[41] Das Gericht rügt (BVerfGE 8/117 f.), ein Land habe den Bund „durch den in einer (...) Volksbefragung liegenden politischen Druck" zu einer bestimmten Entscheidung „zwingen wollen".

[42] Über die seit dem Jahre 1950 im Auftrage der Bundesregierung durchgeführten Umfragen zu politischen Strömungen in der Bundesrepublik berichtet *Schmidtchen*, a.a.O., S. 149 ff. Da bei diesen Umfragen lediglich Ansichten über theoretisch angenommene Alternativen gesammelt wurden (vgl. hierzu *Schmidtchen* und *Noelle-Neumann*, a.a.O., S. 171/72), konnten sie nicht an die Stelle wirklicher Teil-Plebiszite treten.

schließlich aus dem — ursprünglich eine „Errungenschaft des liberalen Staates"[43] darstellenden — Petitionsrecht. Die in vordemokratischer Zeit vor allem der untertänigen Kundgabe von gravamina gegenüber dem Regenten dienende Petitionsbefugnis wurde in demokratisch konstituierten Nationen zu einem Aktivbürgerrecht[44]. Die Befugnis, mit Hilfe organisierter Beschwerdeaktionen einen möglichst nachhaltigen Eindruck auf den Adressaten zu machen, gehört zum Kern dieses Grundrechts. Das nunmehr in Art. 17 GG verankerte Recht, sich gemeinschaftlich an staatliche Instanzen zu wenden, legalisiert in der Bundesrepublik die Ausübung geistig-politischen Druckes auf den Gesetzgeber. Machen die in einem Verband zusammengeschlossenen Bürger von ihrem Petitionsrecht Gebrauch, so regen sie damit in legitimer Weise den aus gesellschaftlichen Impulsen hervorgehenden staatlichen Willensbildungsprozeß an.

2. Die Vergabe von Parlamentsmandaten an Verbandsvertreter

Die Praxis, einen Teil der von Parteien — vor allem über Landeslisten — zu besetzenden Parlamentsmandate an Verbandsbeauftragte zu vergeben, hat sich in der Bundesrepublik weitgehend unter Ausschluß der Öffentlichkeit durchsetzen können. Die Verbandszugehörigkeit der Mandatsträger und die damit verbundenen Interessenverflechtungen wurden teilweise erst nach den Wahlen aufgedeckt[45]. Das Bemühen politischer Verbände, durch Personalunionen mit den im Parlament bereits vertretenen Großparteien wirksam zu werden, hängt mit der großen Schwierigkeit zusammen, ein Parlamentsmandat mit Hilfe von Wählerstimmen zu erringen. Weil nämlich die Einlaßschwelle zum Bundestag durch die „Fünf-Prozent-Klausel" außerordentlich

---

[43] *Klein*, vMK, Anm. II 2 zu Art. 17, S. 513; ähnlich bereits *Anschütz*, a.a.O., Anm. 1 zu Art. 126 WRV, S. 580 („altliberales Gemeingut"); *Nawiasky*, a.a.O., S. 32 („gehört zu den alten klassischen Grundrechten"); ferner *Diether H. Hoffmann*, a.a.O., S. 29 ff.; *Ridder*, Stichwort „Petitionsrecht", Sp. 230 und *Schumann*, a.a.O., Sp. 1514 ff.

[44] Nach lokal begrenzten mittelalterlichen Vorläufern wurden in England von der Mitte des 17. Jh. an organisierte Petitionen größeren Ausmaßes verfaßt. Sie entwickelten sich bald zu einer politischen Waffe; vgl. hierzu *Diether H. Hoffmann*, a.a.O., S. 15 ff.; *Emden*, a.a.O., S. 74 ff.; *Ridder*, Stichwort „Petitionsrecht", Sp. 230 und *Ekkehart Stein*, Der Mensch in der pluralistischen Demokratie, S. 113.

Das im ersten Amendment zur nordamerikanischen Verfassung aus dem Jahre 1791 ausgewiesene Recht „peaceably to assemble, and to petition the government for a redress of grievances", schloß nach *Sutherland*, a.a.O., S. 116, die Befugnis ein, „to persuade otherwise indifferent neighbors that grievances exist".

[45] Die Verbandszugehörigkeit von Bundesabgeordneten untersucht *Eisermann*, a.a.O., S. 750 ff.; zur Tätigkeit von Gewerkschaftsmitgliedern im Parlament vgl. *Hirche*, a.a.O., S. 641 ff. Die Beziehungen des Bundesverbandes der Deutschen Industrie (BDI) zu den konservativen Parteien beleuchtet *Braunthal*, a.a.O., S. 375 ff.

hoch angesetzt ist, wird es selbst gesellschaftlichen Gruppen mit einem beachtlichen Wählerpotential verwehrt, eigene Mandatsträger zu bestellen[46]. Die Wahl der Legislative ist deshalb mit einer beträchtlichen Drosselung des Volkswillens verbunden. Der unter Anlehnung an die Judikatur des Reichsgerichts[47] für rechtmäßig erklärte Abbau der Wahlgleichheit zu einer bloßen „Zählwertgleichheit"[48] läuft auf eine verfassungsrechtlich bedenkliche Diskriminierung minoritärer Parteien hinaus. Für das vom Bundesverfassungsgericht bemühte Argument, das Aufkommen kleiner Parteien könne zu „Störungen des Verfassungslebens führen"[49] findet sich in dem schlechthin die Gleichheit der Wahlchancen normierenden Grundgesetz[50] keine Basis. Für den Gedanken, das Wahlrecht müsse dazu beitragen, „starke" Regierungen zu schaffen, ergibt sich in der Verfassung ebenfalls kein Anhaltspunkt[51]. Ein Blick auf die Geschichte der Weimarer Republik verdeutlicht ferner, daß die Kleinst-Parteien an den politischen Ereignissen des Jahres 1933 so gut wie keinen Anteil hatten[52]. Deshalb kann die Begünstigung großer Parteien durch das Wahlrecht nicht unter Hinweis auf historische Lehren gerechtfertigt werden. Das Bundesverfassungsgericht hätte daher die „Fünf-Prozent-Klausel" des Bundeswahlgesetzes allein am Postulat der egalitären Überleitung staatsbürgerlicher Wahlentscheidungen in die Legislative messen müssen. Solange es politischen Vereinigungen mit einem unter dem Fünf-Prozent-Satz bleibenden Anhang praktisch unmöglich bleibt, den Weg ins Parlament zu finden, werden Absprachen der Verbände mit den Großparteien besonders häufig sein. Die etablierten Parteien können sich ihr „Entgegenkommen" dabei entsprechend honorieren lassen[53].

Eine gegenüber der Öffentlichkeit verheimlichte Mandatsvergabe an Verbände ist angesichts der im Grundgesetz nicht aufgegebenen Duali-

---

[46] So wäre bei den Wahlen zum fünften Bundestag, bei denen 33.137.475 Zweitstimmen abgegeben wurden, (vgl. „Das Parlament", Nr. 38/1965, vom 22. September 1965, S. 1) selbst eine Stimmenkonzentration von 1,6 Millionen Wählern unberücksichtigt geblieben.
[47] Vgl. RGZE 128, Anhang S. 8 ff.
[48] BVerfGE 1/208 ff.
[49] BVerfGE 1/248.
[50] Die in Art. 38 Abs. 1 Satz 1 GG ausdrücklich genannte Gleichheit der Wahl ist eine Ausprägung des allgemeinen Demokratiegebotes; sie ist aus dem Leben der modernen Nationen nicht mehr zu verdrängen.
[51] Die Diskussion in der Bundesrepublik um die Einführung des absoluten Mehrheitswahlrecht läßt hinter der offen erklärten Absicht, kleinere Parteien — teils unter Umgehung des Verfahrens nach Art. 21 Abs. 2 GG — auszuschalten, das Bestreben erkennen, die Zahl der Mandate von Großparteien über das durch den Stimmzettel erreichte Maß („mit dem Rechenstift") zu erhöhen.
[52] Vgl. hierzu *Bracher*, die Auflösung der Weimarer Republik, S. 686 ff. und *Prüfer-Tormin*, a.a.O., S. 236 ff.
[53] Über die hierbei üblichen do-ut-des-Praktiken vgl. eingehend *Dübber*, a.a.O., S. 27 ff. und *Braunthal*, a.a.O., S. 379 ff.

II. Einflußnahme auf die Staatstätigkeit

tät von Staat und Gesellschaft bedenklich. Für den gesellschaftlichen Bereich ergibt sich aus dieser Praxis ein verhängnisvoller Schwund, werden doch die zur Erhaltung der innergesellschaftlichen Öffentlichkeit prädestinierten Verbände in einen Anpassungsprozeß hineingezogen, an dessen Ende ihre Teilintegration in das staatliche Establishment steht. Beschränken sich politische Vereinigungen gar darauf, mit Hilfe ihrer parlamentarischen Abgesandten Einfluß auf die staatliche Willensbildung zu erlangen, so bleibt das Publikum über die Ziele der betreffenden Verbände weitgehend im unklaren. Eine öffentliche Diskussion über die Verträglichkeit der insgeheim angemeldeten Interessen mit den Anliegen anderer Gesellschaftsgruppen wird auf diese Weise unterbunden. Je breiter die parlamentarische Basis einer Regierung ist, desto mehr Verbände lassen sich dazu herab, mit Rücksicht auf die endlich erreichte Präsenz im Regierungslager auf eine kritische Analyse der Regierungspolitik zu verzichten. Die Einsaugung von Verbänden durch Großparteien lähmt daher die innergesellschaftliche Willensbildung. Zugleich besteht die Gefahr, daß die verbandsinterne Diskussion versiegt, wenn den Mitgliedern nahegelegt wird, die von den Verbandsvertretern im Parlament ausgehandelten Kompromisse als Optimallösungen anzusehen und nicht mehr in Frage zu stellen[54]. Die verbleibende Möglichkeit, durch eine Abwahl des Verbandsvorstandes für Abhilfe zu sorgen, wird gleichzeitig durch das psychologische Reizklima des „Dabeiseins" erschwert, insbesondere dann, wenn die ins Parlament entsandten Verbandsmitglieder unter dem Deckmantel der Verschwiegenheit mitteilen, es sei ihnen gelungen, sich in eine günstige Ausgangsposition zu manövrieren.

Um diese Fehlentwicklungen zu beheben, ist es unerläßlich, die zwischen Parteien und Verbänden bestehenden Personal- und Sachunionen offenzulegen. Es gilt, „offene Einflüsse den verdeckten vorzuziehen"[55] und nach Möglichkeiten zu suchen, um die gebotene Transparenz notfalls zu erzwingen. Die sowohl den Parteien als auch den Verbänden auferlegte Verfassungspflicht, eine demokratische Struktur zu gewährleisten, schließt die Notwendigkeit ein, wechselseitige Absprachen einem Votum der Mitglieder zu unterwerfen. Darüber hinaus kann die Wählerschaft verlangen, über die zwischen Parteien und Verbänden bestehenden Abkommen nicht im unklaren gelassen zu wer-

---

[54] So fügte sich beispielsweise der Deutsche Gewerkschaftsbund im Jahre 1967 in die zwecks Überwindung einer Wirtschaftsrezession von der Bundesregierung propagierte „Konzertierte Aktion" ein, obwohl die staatlichen Investitionsanreize zu einem Absinken der Lohnsumme bei gleichzeitigem Anwachsen der Unternehmergewinne führte. Dem Gewerkschaftsbund war von der Regierung zugesagt worden, zu einem späteren Zeitpunkt seinerseits „zum Zuge zu kommen"; vgl. hierzu *Huffschmid*, a.a.O., S. 432 ff. und *Pehl*, a.a.O., S. 1 ff.
[55] *Scheuner*, Der Staat und die intermediären Kräfte, S. 38.

den. Verheimlicht eine Partei im Wahlkampf ihre Vereinbarungen mit Verbandsfunktionären, so besteht die Gefahr, daß die Wahlen den Charakter betrügerischer Manipulationen annehmen. Soll das Volk nach Art. 20 Abs. 2 Satz 2 GG durch Wahlen seine Staatsgewalt ausüben, so müssen die personellen und sachlichen Implikationen der Parteiprogramme einsehbar sein. Nur bei vollständiger Publizität der wechselseitigen Abhängigkeiten von Parteien und Verbänden kann eine rational begründete Wahlentscheidung gefällt werden.

Zugleich bedürfen die unabhängig von Wahlen zwischen Parteien und Verbänden bestehenden Querverbindungen der ständigen Publikation. Die permanente Befugnis der Aktivbürgerschaft, auf die Staatswillensbildung einzuwirken, ist ohne eine ständige Offenlegung der gesellschaftlichen Rückbindungen der Regierung beeinträchtigt. Die Veröffentlichung bestehender Bündnisse ist um so unerläßlicher, als das Staatsvolk ständig darüber wachen muß, daß die Nation nicht etwa durch Parteiabsprachen in die Abhängigkeit von minoritären Gruppen gerät. Maßnahmen zur Offenlegung der bestehenden Unionen sind daher durchaus „im Sinne der Verfassung"[56]. Da geheimgehaltene Absprachen gegen das zum Kern der demokratischen Verfassungsordnung gehörende Prinzip der Transparenz des Herrschaftsgefüges verstoßen, können die ihren Publikationspflichten zuwiderhandelnden Vereinigungen in einem Verfahren nach Art. 21 Abs. 2 oder Art. 9 Abs. 2 GG mit Publikationsauflagen belegt werden.

Einer verborgenen Unterwanderung der staatlichen Willensbildung könnte sodann durch den Aufbau neuer Institutionen entgegengewirkt werden, in denen gesellschaftliche Impulse in den Staatsbereich weitergeleitet werden. Zu denken ist vor allem an einen dem Parlament angegliederten Rat, in dem Verbandsvertreter die Befugnis haben, Gesetzesvorlagen einzubringen. Bereits Art. 165 WRV enthielt einen Auftrag an den Gesetzgeber, ein derartiges Gremium zu schaffen[57]. Der schließlich eingesetzte „provisorische" Reichswirtschaftsrat blieb jedoch im Ergebnis bedeutungslos[58]. Versuche, das Projekt eines Wirtschaftsrates in der Bundesrepublik wiederzubeleben, scheiterten nach

---

[56] *v. d. Gablentz*, Einführung in die politische Wissenschaft, S. 171.

[57] Die hier verankerte Konzeption des Reichswirtschaftsrates beruhte bereits auf einem Kompromiß: Unter dem Druck der Berliner Unruhen hatte die Reichsregierung im März 1919 versprochen, einen mit dem Recht zur Gesetzesinitiative ausgestatteten Arbeiterrat zu schaffen. Bei der Verabschiedung der Weimarer Verfassung war nur noch von einer „gleichberechtigten" Teilhabe von Arbeitnehmern und Unternehmern die Rede; vgl. hierzu *Glum*, a.a.O., S. 138 und *Naphtali*, a.a.O., S. 128.

[58] Vgl. zum Ganzen *Anschütz*, a.a.O., Anm. 5 zu Art. 165. Die notwendigen Ausführungsgesetze waren bis zum Jahre 1933 nicht erlassen. *Bracher*, a.a.O., S. 215, hebt hervor, die Autorität des Reichswirtschaftsrates sei „souverän überspielt" worden und habe sich „bald auf rein formale, politisch bedeutungslose Anliegen" beschränkt. Ähnlich urteilt *Grebing*, a.a.O., S. 162.

II. Einflußnahme auf die Staatstätigkeit

dem Übergang zu einer umsatzorientierten Marktwirtschaft[59]. Die auf eine Repräsentation ökonomischer Interessen hin angelegten Beiräte westeuropäischer Staaten haben wegen ihrer heterogenen Zusammensetzung bisher durchweg wenig Einfluß erlangen können[60].

Die Vorteile eines verfassungsrechtlich verankerten Verbändeforums sind gewiß nicht von der Hand zu weisen: Den gesellschaftlichen Gruppen würde es erspart bleiben, auf Gesetzesinitiativen der im Parlament vertretenen Parteien angewiesen zu sein. Vielmehr wären außer den Parteien auch die anderen bei der Willensbildung des Volkes mitwirkenden Vereinigungen in der Lage, ihre Vorschläge einer parlamentarischen Entscheidung zuzuführen. Ein von den nicht im Parlament vertretenen Vereinigungen gebildetes Gremium würde es der Staatsregierung erschweren, die Aktivbürgerschaft zwischen den Wahlen von der Einflußnahme auf den Staatswillen abzuschnüren. Immerhin existiert im Lande Bayern eine von gesellschaftlichen Verbänden maßgeblich beeinflußte Parlamentsinstitution, nämlich der Senat[61]. Eine derartige Verankerung der verbandlichen Einflußnahme führt nicht notwendigerweise zur Etablierung von „Ständen neuerer Art"[62]. Freilich stellen sich hierzu neue Probleme. Ein von den Verbänden gebildeter Rat müßte die Repräsentation der gesamten Bürgerschaft gewährleisten. Dabei wäre nach Möglichkeiten zu suchen, die erfahrungsgemäß nur schlecht organisierbaren Teile der Bevölkerung — z. B. die Konsumenten — angemessen zu beteiligen. Die entsandten Vertreter müßten sodann demokratisch legitimiert sein, was nur bei Verbänden mit demokratischer Infrastruktur möglich ist. Wegen der sich teils ergänzenden, teils aber auch mannigfach überschneidenden Verbändevielfalt wäre eine

---

[59] So hat der damalige Ministerpräsident des Landes Nordrhein-Westfalen, *Arnold*, im Jahre 1954 die Einrichtung eines Wirtschaftsrates befürwortet; vgl. hierzu *Wittkämper*, a.a.O., S. 150. Im Grundsatzprogramm des DGB ist diese Idee in der Forderung nach überbetrieblicher Mitbestimmung weiterhin enthalten.
[60] Vgl. hierzu die Übersicht bei *v. Beyme*, a.a.O., S. 173 ff. Allein der niederländische Sozialökonomische Rat hat eine nennenswerte Autorität erlangen können. Kennzeichnend für die im allgemeinen kaum überwindbaren Gegensätze ist der Hinweis *Meynauds*, a.a.O., S. 220, der französische Conseil économique sei geneigt, Spezialfragen wegen der mit ihnen verbundenen Divergenzen auszuklammern.
[61] Er fungiert nach Art. 34 der bayerischen Verfassung als „Vertretung der sozialen, wirtschaftlichen, kulturellen und gemeindlichen Körperschaften". Dem Senat steht u. a. das Recht zu, Gesetzesentwürfe vorzulegen (Art. 39) und Einwendungen gegen die vom Landtag beschlossenen Gesetze zu erheben (Art. 41).
[62] So aber *Werner Weber*, Spannungen und Kräfte im westdeutschen Verfassungssystem, S. 44. Auf ähnliche Ergebnisse laufen die Befürchtungen *Picks*, a.a.O., S. 2 hinaus, nach dessen Ansicht eine Teilhabe von Verbänden an der staatlichen Willensbildung zu „historische(n) Formen ständestaatlicher Prägung" führt, „die den Zwiespalt zwischen moderner politischer Wirklichkeit und Verfassungsrecht nicht überwinden, sondern eher vergrößern".

mehrfache Vertretung gut organisierter Bürger kaum auszuschließen. Dies würde dem egalitär-demokratischen Repräsentationsprinzip („one man one vote") in gewisser Weise widersprechen. Es ist sodann unwahrscheinlich, daß die im Bundestag vertretenen Parteien in absehbarer Zeit die Verbände unmittelbar in die staatliche Willensbildung einbeziehen werden. Eine anhaltende Funktionsunfähigkeit der Parteien könnte jedoch die Aktivbürgerschaft vielleicht veranlassen, die Schaffung eines von den Parteien unabhängigen Willensbildungsorgans durchzusetzen.

Im Rahmen der gegenwärtig geltenden Verfassung könnte die Transformation von Gruppeninteressen in staatliche Entscheidungen ferner belebt werden, wenn sich das Parlament in weit größerem Umfang als bisher dazu entschließen könnte, untersuchende und beratende Ausschüsse einzusetzen[63]. Das Enqueterecht bietet die Möglichkeit, den Einfluß von Verbänden auf den Gesetzgeber transparent zu machen. Ursprünglich als „Instrument des Mißtrauens der Legislative gegen die Exekutive"[64] geschaffen, ist diese Parlamentsinstitution in der Bundesrepublik in weitem Umfang zur Rechtfertigung umstrittener Regierungspraktiken eingesetzt worden. Es ist aber charakteristisch für das Untersuchungsrecht, „daß auch eine Parlamentsminderheit (...) die Einleitung einer parlamentarischen Untersuchung erzwingen kann"[65]. Weil die jeweilige Regierung nur ein geringes Interesse daran hat, Mißstände aufdecken zu lassen, sind Enqueten ein typisches Minderheiten-Instrument[66]. Da es den Minoritäten kaum gelingt, Untersuchungsmaterial unter Zuhilfenahme des Regierungsapparates zu beschaffen, sind die um eine Aufhellung von Sachverhalten bemühten Abgeordneten auf die Mithilfe gesellschaftlicher Gruppen angewiesen. In den Untersuchungsausschüssen könnten daher die von Verbänden gespeicherten Nachrichten und Erkenntnisse ausgebreitet werden. Soweit Parlamentsmitglieder sich außerstande sehen, verwickelte Zusammenhänge zu durchleuchten, muß es ihnen freistehen, Verbandsexperten zu Rate zu ziehen. Zugleich kann sich das Parlament durch

---

[63] In Großbritannien wird die Möglichkeit, Gruppenanliegen dem Parlament und der Regierung durch „boards" und „committees" nahezubringen, seit langer Zeit erfolgreich genutzt. *Emden*, a.a.O., S. 99, weist in diesem Zusammenhang darauf hin, daß „some of the most creative political proposals in modern democracy originate not with the government, nor with the permanent civil service but with public-minded voluntary groups". Über die Arbeitsweise der britischen boards und commitees informieren ferner *Potter*, a.a.O., S. 171 ff., *Finer*, a.a.O., S. 31 ff. und *Ekkehart Stein*, Der Mensch in der pluralistischen Demokratie, S. 114 ff.

[64] *Lewald*, a.a.O., S. 320; ähnlich *Steffani*, a.a.O., S. 258.

[65] *Partsch*, a.a.O., S. 14

[66] Zutreffend weist daher *Partsch*, a.a.O., S. 198, darauf hin, daß es nur wirksam ist, „wenn die antragstellende (...) Minderheit den Stein nicht nur ins Rollen bringen, sondern ihn auch während des Untersuchungsverfahrens am Rollen halten kann".

II. Einflußnahme auf die Staatstätigkeit 87

Enqueten über die Anliegen gesellschaftlicher Gruppen informieren. Bei korrekter Bekanntgabe der Untersuchungsergebnisse im Parlament fände eine der gesamten Öffentlichkeit zugängliche und von ihr korrigierbare Einflußnahme von Trägern gesellschaftlicher Interessen auf den Gesetzgeber statt. Durch parlamentarische Untersuchungsausschüsse könnten bestehende Interessenkonflikte offengelegt und einer rational fundierten Lösung zugeführt werden. Den Verbänden wäre es dabei möglich, ihre Belange ohne verscheilerte Parteiabsprachen zur Geltung zu bringen. Die gegenwärtig unter „dem Charakter der Vertraulichkeit, Informalität und Unverantwortlichkeit"[67] leidende Ausschußtätigkeit des Bundestages könnte an Präzision gewinnen, wenn regelmäßig Abgesandte politischer Vereinigungen angehört würden. Sind hingegen die Abgeordneten in den Ausschüssen auf die Informationen der Ministerialbürokratie angewiesen, so findet eine beklagenswerte Entmachtung des Parlamentes statt. Würden die Fachreferenten der Verbände zu Wort kommen, so könnten die in scheinbar technischen Details verborgenen Sachentscheidungen offengelegt und einer parlamentarischen Willensbildung zugeführt werden.

3. Intervention im Exekutivbereich?

Die Einflußnahme politischer Vereinigungen auf die Tätigkeit der Exekutive ist in der Bundesrepublik rechtlich weitgehend ungeordnet geblieben. Die auf diesem Gebiet bestehenden Richtlinien sind spärlich und tragen zur Kontrolle des ausgeübten Einflusses wenig bei[68].

Die Problematik von Direktinterventionen im Exekutivbereich wird durch den Hinweis auf die Vorteile derartiger Kontakte für die Behörden nur partiell erfaßt. So betont *Kaiser*, hier fließe „eine Quelle wertvoller und unverzichtbarer Sachkenntnis"[69]. Für *Evers* entspricht die Verbandsaktivität im Behördenbereich „dem Bedürfnis nach sachkundiger Laienmitwirkung"[70]. Diesen Gesichtspunkt präzisiert *Finer* mit dem Hinweis, im Interesse einer „smooth administration" sei es

---

[67] *Dechamps*, a.a.O., S. 158.
[68] Die Geschäftsordnung der Bundesregierung vom 11. Mai 1951 (abgedruckt im Gemeinsamen Ministerialblatt, S. 137 ff.) bestimmt in § 10 Abs. 1 lediglich, Deputationen seien „in der Regel nur vom federführenden Fachminister oder seinem Vertreter" zu empfangen.
Die gemeinsame Geschäftsordnung der Bundesministerien (BGBl. 1952, S. 389 ff.), mit nachträglichen Änderungen abgedruckt im Amtlichen Handbuch des Deutschen Bundestages, fünfte Wahlperiode, S. 107 ff., erklärt es in § 23 des besonderen Teils für zulässig, zur Beschaffung von Unterlagen sowie für die Vorbereitung von Gesetzen „Vertretungen der beteiligten Fachkreise" heranzuziehen. Zeitpunkt, Umfang und Auswahl der Konsultationen sollen aber grundsätzlich „dem Ermessen überlassen" bleiben.
[69] Die Repräsentation organisierter Interessen, S. 286.
[70] a.a.O., S. 50; ähnlich *Fack*, a.a.O., S. 17.

„prudent to consult the affected publics in advance of a final decision"[71]. Loewenstein sieht die Mitwirkung der Verbände im Exekutivbereich aufgrund eines „ungeschriebenen Verfassungsbrauchs" als Ausdruck eines administrativen Pluralismus an[72]. Für *Wittkämper* ergeben sich aus der bisherigen Beratung der Bundesregierung durch Verbände „keine rechtsstaatlichen Bedenken"[73]. Bereits die den Behörden zugedachte Informationstätigkeit von politischen Vereinigungen ist indessen verfassungsrechtlich nicht bedenkenfrei. Soweit die Erfahrungen und Erkenntnisse von Verbänden der Regierung unter Ausschluß der Öffentlichkeit mitgeteilt werden, ist die Richtigkeit und Vollständigkeit der gelieferten Informationen vom Publikum nicht überprüfbar. Weil die Weitergabe der von Verbänden gesammelten Kenntnisse zugleich dem Zweck dient, die Verbandsanliegen zu rechtfertigen, bleibt die Verbandsinformation zumeist defizitär. Die allseits geübte Vertraulichkeit macht es den konkurrierenden Verbänden schwer, unvollständige Nachrichten zu ergänzen. Die Praxis der heimlichen Behördeninformation verletzt deshalb den im Gebot der Chancengleichheit enthaltenen Grundsatz „audiatur et altera pars". Weil es nach Art. 3 Abs. 2 GG unzulässig ist, einzelne Gruppen der Aktivbürgerschaft wegen ihrer politischen Ansichten zu benachteiligen, darf die Staatsregierung bei ihrer Selbstinformation über gesellschaftliche Belange nicht bestimmte Gruppen bevorzugen und andere benachteiligen. Die Regierung verletzt den „Grundsatz der gleichmäßigen Berücksichtigung aller Beteiligten"[74], wenn sie bestimmten Teilen der Bevölkerung erst gar keine Möglichkeit einräumt, zu bereits entgegengenommenen Ansichten und Wünschen anderer Gesellschaftsgruppen kritisch Stellung zu nehmen.

Ein erster Schritt zum Abbau der Arkana des Verbandseinflusses wäre mit der lückenlosen Publikation der an die Exekutive herangetragenen Anliegen getan. In den Vereinigten Staaten von Amerika ist im Jahre 1946 durch die „Legislative Reorganization Act" eine allgemeine Registrierpflicht für Verbandsvertreter eingeführt worden[75]. Es liegt auf der Hand, daß hierdurch nur ein verhältnismäßig grobmaschiges Netz gegen einen undurchsichtigen Verbandseinfluß gespannt wurde[76]. In der fünften Legislaturperiode des Deutschen Bun-

---
[71] a.a.O., S. 30.
[72] a.a.O., S. 383/84.
[73] a.a.O., S. 191.
[74] *Scheuner*, Politische Repräsentation und Interessenvertretung, S. 579.
[75] Das Gesetz (abgedruckt bei *Schriftgiesser*, a.a.O., S. 255 ff.; hier zitiert nach der deutschen Übersetzung bei *Fraenkel*, Das amerikanische Regierungssystem, S. 84/85) verpflichtet jedermann, der „gegen Vergütung oder gegen irgendwelche sonstige Geldleistung" auf staatliche Stellen Einfluß zu nehmen gedenkt, „Namen und Adresse seiner Auftraggeber, die ihm versprochene Vergütung sowie die ihm zugesagten und von ihm gemachten Auslagen dem Kongreß mitzuteilen".
[76] Das Gesetz hat sich, wie *Fraenkel*, Das amerikanische Regierungssystem,

destages wurde in ähnlicher Absicht der Antrag eingebracht, zu Beratungen mit der Exekutive nur solche Verbände heranzuziehen, die beim Bundestag besonders registriert sind[77]. Dieser Vorschlag wird den Publikationserfordernissen einer demokratischen Nation indessen nicht gerecht, denn Art und Umfang der Verbandsintervention sollen nicht weiter aufgehellt werden. Dem Gebot, die Staatstätigkeit für die Aktivbürgerschaft einsehbar zu machen, würde durch die Bekanntgabe sämtlicher Verbandseingaben an staatliche Instanzen besser entsprochen. Vor allem bei der Einbringung eines Gesetzentwurfes durch die Regierung müßten Parlament und Öffentlichkeit erfahren, welche Verbandsverhandlungen vorausgegangen sind[78]. Allein auf diese Weise könnten „auch die Gegenkräfte zu eventueller Ausübung von Gegenmacht aufgerufen" werden[79]. Im Lichte einer durch das Publikum ausgeübten Kontrolle müßten die Verbände ihre Forderungen von vornherein auf Ausmaße abstimmen, die zumeist von einer Mehrheit der Aktivbürgerschaft toleriert werden.

4. Übernahme staatlicher Funktionen?

Eine besonders enge Verflochtenheit des Staates mit Verbänden ergibt sich, wenn die Wahrnehmung genuin staatlicher Aufgaben gesellschaftlichen Organisationen zugewiesen wird. Handelt es sich dabei um eine Beleihung, so wird die beauftragte Vereinigung als Verwaltungsbehörde tätig. Der Staat selbst bleibt Zurechnungsobjekt der entfalteten Tätigkeit[80]. Vom Bürger aus betrachtet handelt es sich „nur

---

S. 25, anmerkt, „im großen und ganzen gut bewährt", obwohl seine praktische Bedeutung „nicht überschätzt" werden dürfe. *Eldersveld*, a.a.O., S. 193, merkt an, die Interessengruppen bevorzugten nunmehr „indirect approaches to power", wobei eine „strategy (...) of selling the group and its objectives to the public, of mobilizing a long-run mass support" bevorzugt werde. Zu den Bemühungen um eine Offenlegung des Verbändeeinflusses in den USA ferner *Herbert Schneider*, a.a.O., S. 133.

[77] BT-Drucksache V/2955; nach einem Alternativ-Vorschlag (BT-Drucksache V/125) soll den Interessenvertretern lediglich nahegelegt werden, sich freiwillig registrieren zu lassen.

[78] Die massive und phasenreiche Einflußnahme in diesem Bereich ist bisher nur in einigen Einzeluntersuchungen aufgedeckt worden. So berichten *Stammer* und seine Mitarbeiter, a.a.O., passim, vor allem S. 212 ff., über den Druck der „Sozialpartner" auf den Gesetzgeber bei der Verabschiedung des Betriebsverfassungsgesetzes. Die Interventionen der interessierten Kreise bei der Abfassung des — schließlich nur noch in stark durchlöcherter Form zustandegekommenen — Kartellgesetzes hält *v. Bethusy-Huc*, a.a.O., vor allem S. 125 ff., fest.

[79] *Hennis*, a.a.O., S. 34.

[80] So unter eingehender Darlegung des organisationsrechtlichen Status' der Beliehenen *H. J. Wolff*, Verwaltungsrecht II, S. 304 ff. *E. R. Huber*, Wirtschaftsverwaltungsrecht I, S. 533, hält es für zulässig, einem beliehenen Interessenverband völlige Autonomie gegenüber dem Staat einzuräumen; hiergegen mit Recht *Wittkämper*, a.a.O., S. 196.

um eine besondere Erscheinungsform der einheitlichen Staatsgewalt"[81]. Die von beliehenen Verbänden ausgeübte Tätigkeit unterliegt damit auch sämtlichen für die Staatsgewalt bestehenden Verfassungsauflagen.

Weitaus problematischer ist es, wenn der Staat den Verbänden staatliche Aufgaben zur autonomen Erledigung überläßt. Auch dies wird oft als „Beleihung" bezeichnet[82]. Die dann auftretenden Konflikte wurden akut, als der Gesetzgeber im Bundessozialhilfegesetz sowie im Jugendwohlfahrtsgesetz die Subsidiarität der kommunalen gegenüber der von freien Wohlfahrtsverbänden geleisteten Sozialhilfe festlegte[83]. Weil die Bundesrepublik nach Art. 20 Abs. 1 GG als Sozialstaat konzipiert ist, obliegt es dem Staat, die gesellschaftlichen Verhältnisse menschenwürdig zu gestalten. Der Staat muß insbesondere die materiellen und kulturellen Grundlagen für ausgeglichene Entfaltungsmöglichkeiten seiner Bürger schaffen. Eine „Rückentwicklung zum in sozialer Hinsicht abstinenten Rechtsstaat" wäre daher verfassungswidrig[84].

Es ist fraglich, ob ein Verzicht des Staates zugunsten der Verbandstätigkeit auf ein im Grundgesetz verankertes „Subsidiaritätsprinzip" gestützt werden kann. Der theologisch, politikwissenschaftlich und staatsrechtlich umstrittene Subsidiaritätsgrundsatz[85] soll dem Gedanken Rechnung tragen, daß die Hilfe kleiner Gemeinschaften dem Eingreifen größerer Verbände vorzuziehen ist. *Wittkämper* hält es für möglich, daß die „im Grundgesetz angelegten Potentialitäten" von Verbänden „über das Subsidiaritätsprinzip" verfassungskonforme „Realitäten schaffen"[86].

Die Gesellschaft der Gegenwart mit ihren sich vielfältig überlappenden, ergänzenden und auch widersprechenden Verbänden kann

---

[81] BVerfGE 21/362 (370).

[82] Vgl. hierzu *H. J. Wolff*, Verwaltungsrecht II, S. 304. Zu den komplexen Formen sozialstaatlicher Selbstverwaltung eingehend *Ulrich K. Preuß*, a.a.O,. S. 197 ff.

[83] So sollen nach § 10 Abs. 4 des Bundessozialhilfegesetzes (BSHG) vom 30. Juni 1961 (BGBl. I, S. 815 ff.) die Träger der kommunalen Sozialhilfe von eigenen Maßnahmen absehen, wenn Leistungen der freien Wohlfahrtspflege erbracht werden können. Ähnliche Subsidiaritätsklauseln finden sich in den §§ 8 Abs. 2 und 93 BSHG sowie in § 5 Abs. 3 des Gesetzes zur Änderung und Ergänzung des Reichsjugendwohlfahrtsgesetzes vom 11. August 1961 (BGBl. I, S. 1193 ff.).

[84] *Emmelius*, a.a.O., S. 121.

[85] Eingehende Erläuterungen zu dem vor allem von der katholischen Soziallehre entwickelten Ordnungsprinzip finden sich bei *Utz*, a.a.O., insbesondere S. 52 ff. und 121 ff.; ferner informierten *v. Nell-Breuning*, Stichwort „Subsidiaritätsprinzip", Sp. 826 ff. und *Corman*, a.a.O., S. 36 ff.; kritisch *Emmelius*, a.a.O., vor allem S. 31 ff. und *Herzog*, a.a.O., Sp. 2266 ff.

[86] a.a.O., S. 201.

indessen nicht mit einem konzentrisch zugeordnete Größen voraussetzenden Sozialmodell gedeutet werden. Einleuchtend ist eine Subsidiarität staatlicher Tätigkeit insoweit, als eine durch Selbsthilfe nicht behebbare Notlage überhaupt für staatliches Handeln vorauszusetzen ist. Für das Verhältnis des Staates zu den Verbänden ließe sich aus dem Grundsatz, daß „mit staatlichen Mitteln erst einzugreifen ist, wenn es unausweichlich wird"[87], allerdings nur dann ein Argument für den Verzicht auf Staatstätigkeit gewinnen, wenn Verbandsaktivität und staatliches Handeln auf inhaltlich gleiche Ergebnisse hinausliefen. Die Andersartigkeit der privat-caritativen gegenüber der staatlichen Tätigkeit wird bei der Annahme, es gehe darum, „mit dem koordinierten Einsatz öffentlicher und privater Mittel den größtmöglichen Erfolg zu erzielen"[88], verkannt. Der einzelne Staatsbürger darf in einem weltanschaulich neutralen Staat nicht eine (ihrerseits befugterweise) weltanschaulich ausgerichtete Hilfstätigkeit verwiesen werden. Insbesondere politische und religiöse Minderheiten können nach Art. 3 Abs. 2 GG verlangen, wegen ihrer Ansichten und Bekenntnisse nicht benachteiligt zu werden[89]. Zugleich darf der Staat wegen des Grundsatzes der Nichteinmischung in gesellschaftliche Bereiche die Verbände nicht etwa zwingen, eine politisch oder weltanschaulich neutrale Hilfe anzubieten. Aus diesem Dilemma gibt es für den Staat nur den Ausweg, seiner „Sozialpflicht"[90] selbst zu genügen[91].

Wird eine für die Gesamtgesellschaft bedeutsame Aufgabe allein durch Verbände geregelt, so besteht ferner die Gefahr, daß öffentliche Angelegenheiten unter Verzicht auf eine demokratische Willensbildung von Minderheiten besorgt werden. Auf diese Weise kann es zu einer freiheitsgefährdenden Herrschaft von Verbänden kommen. Eine direkte Umsetzung gesellschaftlicher Interessen in allgemeinverbindliche Regelungen von Verbänden würde den demokratischen Willensbildungsstrom kurzschließen. Zu Unrecht nimmt *Krüger* an, man müsse „davon aus-

---

[87] BVerfGE 10/59 (83).
[88] BVerfGE 22/180 ff.
[89] Das Bundesverfassungsgericht erwähnt in der die Vereinbarkeit der Subsidiaritätsnormen des BSGH und des Jugendwohlfahrtsgesetzes bejahrenden Entscheidung diesen Gesichtspunkt leider nur mit einem den Minderheitenschutz des Art. 3 Abs. 2 GG außer Betracht lassenden Beispiel: Es soll (BVerfGE 22/201) nicht zumutbar sein, eine verbandliche Hilfseinrichtung in Anspruch zu nehmen, die „von einem Bekenntnis geprägt ist, dem in der Gemeinde nur eine Minderheit angehört".
[90] BVerfGE 9/131.
[91] Dieses Ergebnis deutet das Bundesverfassungsgericht an, wenn es eine verfassungskonforme Interpretation der in den Sozialhilfegesetzen enthaltenen unbestimmten Rechtsbegriffe „erforderliche", „ausreichende" und „geeignete" Hilfe versucht und dabei klarstellt (BVerfGE 22/202), staatlichen Instanzen obliege im Bereich der gesetzlich angeordneten Wohlfahrt „die Gesamtverantwortung".

gehen, daß die Verbände ein Stück Staat sind"[92]. Vielmehr soll die im Grundgesetz beibehaltene Trennung von Staat und Gesellschaft sicherstellen, daß nur solche Rechtsbefehle allgemeinverbindlich sind, die im Wege des durch die Gesamtheit der Aktivbürger legitimierten Normsetzungsverfahrens ergangen sind. Hierdurch wird vermieden, daß Verbände staatliche Kompetenzen einsaugen und freiheitsverkürzend tätig werden. Allein in Art. 9 Abs. 3 GG hat der Verfassunggeber Normsetzungskompetenzen auf gesellschaftliche Verbände übertragen. Die damit „vergesellschafteten" Befugnisse dürfen in einer nicht nur formal demokratisierten Nation nicht anders als im Rahmen einer ebenfalls demokratischen Wirtschaftsverfassung ausgeübt werden.

III. Die Sicherung der verfassungskonformen Staatspraxis

1. Die Erzwingung staatlicher Transparenz

Bei dem Bemühen, die Ziele ihrer Mitglieder zu verwirklichen, erstreben politische Vereinigungen im allgemeinen eine intensive Kenntnis von den Vorgängen innerhalb des Staatsapparates. Zumeist können die Vereinigungen hoffen, nach eingehender Erkundung der staatlichen Entscheidungsprozesse die für sie günstigen Einflußsphären ausfindig zu machen. Ein kontinuierliches, arbeitsteilig organisiertes Auskunden der Staatstätigkeit erlaubt es zugleich, unerwünschte oder gar verfassungswidrige Entwicklungen der Staatsgeschäfte aufzudecken.

Dem Interesse der Bürger, möglichst lückenlos über die Staatstätigkeit informiert zu werden, steht als ein Relikt des Obrigkeitsstaates das Bestreben der Regierenden entgegen, einen beträchtlichen Teil ihrer Tätigkeit mit der Aura des Geheimen zu überziehen. *Max Weber* hat den machtsteigernden Effekt von Amtsgeheimnissen beschrieben und es zutreffend als ein Berufsziel der Bürokratie bezeichnet, sich „gegen Kontrolle zu sichern"[93]. Weber erläutert weiter, ein Ansteigen der Amtsgeheimnisse sei „ein Symptom entweder für die Absicht der Herrschenden, die Herrschaftsgewalt straffer anzuziehen, oder für ihren Glauben an deren wachsende Bedrohtheit"[94]. Die Arkanpraxis erweist sich damit als ein Mittel zur Verfestigung einmal errungener Machtpositionen. Sie dient dazu, ein vor dem Volk nicht zu rechtfertigendes Regime irrational zu überhöhen. Die Erkenntnisse der modernen Geistes- und Naturwissenschaft lassen jedoch Staatsgeheimnisse in zunehmendem Umfang hinfällig werden. Mit dem Fortschreiten der

---

[92] Die Stellung der Interessenverbände in der Verfassungswirklichkeit, S. 1220.
[93] Wirtschaft und Gesellschaft, S. 1085.
[94] Wirtschaft und Gesellschaft, S. 581 ff.

Wissenschaft und dem Anwachsen des „flow of scientific information"[95] werden auch die Regierungspraktiken dem Publikum nahezu ausnahmslos bekannt. Deshalb wird dem Geheimhaltungstrieb der Regierenden „in absehbarer Zeit so gut wie jede Daseinsberechtigung entzogen sein"[96]

Eine herrschaftsverfestigende Verhüllung von Staatspraktiken kann durch das gemeinsame Handeln von Bürgern zunichte gemacht werden. Vor allem die mehrschichtigen Entscheidungsprozesse innerhalb des Staatsapparates sind durch ein koordiniertes Ausforschen mitunter aufdeckbar. Den Vereinigungen kommt hierbei die Möglichkeit zugute, Nachrichten über längere Zeiträume sammeln, auswerten und speichern zu können. Durch arbeitsteiliges Wirken vermag auf diese Weise eine weitreichende Transparenz der Staatstätigkeit erzwungen zu werden.

Für die verfassungsrechtliche Würdigung dieses Erkundens ist es entscheidend, daß der Inhalt des staatlichen Handelns nur dann von der Aktivbürgerschaft zu bestimmen und zu kontrollieren ist, wenn die Staatsgeschäfte dem Räsonnement der Öffentlichkeit ausgesetzt sind. Erst nach prinzipiell lückenloser Verlautbarung sämtlicher Amtshandlungen kann ein rational fundiertes Urteil über die jeweilige Regierung zustandekommen. Weil die Staatsherrschaft nur dann durch das Volk legitimiert werden kann, wenn die Regierungsgeschäfte einsehbar sind, werden die Staatsorgane durch Art. 20 Abs. 1 GG verpflichtet, über ihre Tätigkeit fortlaufend Rechenschaft abzulegen.

Soweit die Arkanpraxis vordemokratischer Zeiten fortgesetzt wird, entsteht der Verdacht, die Regierenden könnten an einer Legitimation durch das Volk nicht interessiert sein. In der Bundesrepublik beruhte die im Jahre 1951 wiedereinsetzende Strafverfolgung wegen Landesverrats auf einer in ihrer Unbestimmtheit kaum überbietbaren Legaldefinition des Staatsgeheimnisses[97]. So blieb es faktisch der jeweiligen Regierung überlassen, den Umfang ihrer Rechenschaftspflichten selbst

---

[95] *Etzioni*, The Hard Way to Peace, S. 187.

[96] *Ridder*, Staatsgeheimnis und Pressefreiheit, S. 31.

[97] Nach § 99 StGB in der Fassung nach dem Ersten Strafrechtsänderungsgesetz vom 30. August 1951 (BGBl. I S. 739 ff.) sollten "Tatsachen, Gegenstände oder Erkenntnisse" — also potentiell sämtliche wahrnehmbaren Erscheinungen —, deren Geheimhaltung „für das Wohl" der Bundesrepublik erforderlich sein sollte, vor einer Bekanntgabe strafrechtlich geschützt sein.
Die höchstrichterliche Rechtsprechung hat unter Berufung auf die Praxis des Reichsgerichts die Auffassung vertreten, die „tatsächlichen Lebensnotwendigkeiten eines Staates" könnten selbst verfassungswidrige Staatsgeheimnisse rechtfertigen (BGH, Urt. vom 8. November 1965, in: JZ 1966, 280). Auf der Grundlage der Judikatur des Reichsgerichts (vgl. z. B. RGStE 62/65 ff.) war eine Verurteilung des Friedensnobelpreisträgers *Carl v. Ossietzky* möglich, der die verfassungswidrige Aufrüstung in der Weimarer Zeit öffentlich gerügt hatte.

festzulegen[98]. Eine Strafrechtsdogmatik, nach der aus einer Zusammenfügung allgemein bekannter Tatsachen ein Staatsgeheimnis entstehen soll[99], wirkt gerade der organisierten, planvollen Publikation der Staatstätigkeit entgegen. Die in Art. 9 Abs. 1 GG verbürgte Kooperationsfreiheit gewährleistet es jedoch, empfangene Informationen zusammenzusetzen und auszuwerten. Nach der „Mosaiktheorie" soll eine derartige Koordination strafbar sein. Die auf dieser Theorie beruhende Strafrechtspraxis ist daher verfassungswidrig.

Da eine unter Ausschluß der Öffentlichkeit handelnde Regierung gegen die aus Art. 20 Abs. 1 GG resultierenden Publizitätspflichten verstößt, dient ein im Interesse der Aktivbürgerschaft unternommenes Ausspähen der Staatstätigkeit[100] materiell zur Herstellung der verfassungsmäßig verbürgten Transparenz des Staates. Der Verpflichtung zur Rechenschaftslegung können sich die Regierenden auch nicht etwa unter Hinweis auf „Feind-hört-mit"-Parolen entziehen, denn eine mündige Gesellschaft darf nicht aus Furcht vor unwillkommener Mitwisserschaft fremder Personen in Unkenntnis über ihr Schicksal gelassen werden[101]. Kommen staatliche Instanzen ihren Publikationspflichten nur unvollkommen nach, so besteht prinzipiell ein Recht der Gesellschaft, das staatliche Handeln aufzudecken. Gelingt es den Bürgern, die Staatstätigkeit transparent zu machen, so ist dieses Ergebnis aus Selbsthilfe gerechtfertigt[102]. Soweit politische Vereinigungen dazu beitragen, das Staatsgeschehen zu veröffentlichen, wirken sie dem grundsätzlich ungerechtfertigten Geheimhaltungsbetrieb staatlicher

---

[98] Soweit es darum ging, ein verfassungswidriges Verhalten geheimzuhalten, konnte eine verfassungskonforme Strafandrohung schon deshalb nicht ausgesprochen werden, weil unter der Herrschaft des Grundgesetzes nicht mehr legale Staatstätigkeit entfaltet werden kann, als diese Verfassung hervorbringt. Ein vom Grundgesetz als der norma normans mißbilligtes Vorgehen der Regierung konnte mithin nicht unter den Schutz niederrangiger Rechtsvorschriften gestellt werden.
Nunmehr wird in § 93 Abs. 2 StGB in der Fassung nach dem Achten Strafrechtsänderungsgesetz klargestellt, daß „gegen die freiheitliche demokratische Grundordnung" verstoßende Tatsachen keine Staatsgeheimnisse sein können.

[99] Zu der hiermit angesprochenen „Mosaiktheorie" *Maurach*, Deutsches Strafrecht, S. 550; *Schönke-Schröder*, a.a.O., Rdnr. 6 vor § 99; BGHStE 7/234; BGHSt in MDR 1960, 938; kritisch *Arndt*, Das Geheimnis im Recht, S. 2041.

[100] Ein Ausforschen im Auftrag auswärtiger Mächte („Spionage") fällt natürlich nicht in den Bereich der innergesellschaftlichen Veröffentlichung und kann deshalb unter Strafe gestellt werden.

[101] Die jetzt in § 93 Ab. 1 StGB enthaltene Definition der Staatsgeheimnisse als Tatsachen, die „vor einer fremden Macht geheimgehalten werden müssen, um die Gefahr eines schweren Nachteils für die äußere Sicherheit" der Bundesrepublik abzuwehren, enthält zwar eine begrüßenswerte Teilkorrektur; der Gesamtbereich der Verteidigungspolitik bleibt hiernach jedoch weiter tabuisiert.

[102] *Ridder*, Staatsgeheimnis und Pressefreiheit, S. 38, hält es für denkbar, daß hierdurch die Rechtswidrigkeit eines Deliktes entfällt.

III. Die Sicherung der verfassungskonformen Staatspraxis

Instanzen entgegen und tragen dazu bei, die öffentliche Diskussion über politisch relevante Fragen in Gang zu bringen.

2. Die Machtausgleichskomponente

a) Durch den planvollen Einsatz ihrer Informationen, durch die Mobilisierung der Öffentlichkeit und durch ihre direkte Einflußnahme auf staatliche Instanzen üben Vereinigungen politische Macht aus. Die für sie bestehende Möglichkeit, den Gesetzgeber durch die Androhung von Sanktionen zu einem bestimmten Verhalten zu veranlassen, ist unter Hinweis auf eine im Grundgesetz enthaltene Ausbalancierung der staatlichen Gewalten in Frage gestellt worden. Es wird befürchtet, die Verbände könnten geistig-politische Zwangslagen schaffen, in denen eine Entscheidungsfreiheit der Regierenden nicht mehr besteht. So vertritt *Hans Huber* die Ansicht, die Konzentration von Verbandsmacht stehe „in einem gewissen Widerspruch zur Gewaltentrennung"[103]. *Wittkämper* gibt zu bedenken, das Grundgesetz könne durch eine von den Verbänden ausgeübte „vierte Gewalt" womöglich „verfehlt werden"[104]. *Scheuner* warnt gleichfalls vor Gefahren, die sich aus einem gebündelten Einsatz gesellschaftlicher Druckmittel und einer hierdurch erreichten „Stärke der Interessenballung" für den Staat ergeben[105]. Besonders ausgeprägt ist die Abneigung *Kaisers* gegen die organisierte Untätigkeit, den Streik, stellt sie doch für diesen Staatsrechtslehrer bereits „in nuce eine Revolution" dar[106]. Es ist jedoch fraglich, ob das von den Verbänden gebildete Machtgewicht im Widerspruch zu verfassungsrechtlichen Kompetenzbalancen steht.

Die neuzeitliche Gewaltenteilungslehre kann die Zuordnung der gesellschaftlichen und der staatlichen Kräfte in einer demokratisch konstituierten Nation nur in begrenztem Umfang verdeutlichen. Soweit diese Lehre auf die Ideen *John Lockes* zurückgeführt wird, muß berücksichtigt werden, daß *Locke* versuchte, die Verfassungslage in England in der Zeit nach der Glorreichen Revolution zu rechtfertigen. Dem Volk waren zu jener Zeit zwar schon wichtige Freiheitsrechte verbürgt, weil jedoch die königliche Prärogative beibehalten wurde und von einem

---

[103] a.a.O., S. 28.
[104] a.a.O., S. 209; ähnlich nunmehr *Leibholz*, Staat und Verbände, S. 33.
[105] Politische Repräsentation und Interessenvertretung, S. 517.
[106] Der politische Streik, S. 47. *Kaiser* vertritt damit eine vom BGH im Ergebnis bestätigte Ansicht, denn nach einem Urteil vom 4. Juni 1955 (in: HuS I, S. 108 ff.) soll die organisierte Passivität gleichwohl eine „aktive Kraftentfaltung" darstellen (S. 180), die unter das Tatbestandsmerkmal „Gewalt" der Hochverratsdelikte subsumierbar ist. *Rüthers* schließt sich dieser Betrachtungsweise im Ergebnis an; er behauptet, wenn durch den Streik eine staatliche Maßnahme erzwungen werden solle, so sei (a.a.O., S. 93) „die verfassungsgesetzliche Ordnung mindestens temporär aufgehoben".

egalitären Wahlrecht nicht die Rede war, blieb die Kompetenzlehre ein Instrument zur Rechtfertigung der feudal-ständischen Ordnung. Dies gilt auch für Gewaltenteilungsvorschläge des Lord *Bolingbroke*, der das gegenüber Machtkonzentrationen gebotene Mißtrauen artikulierte und als Gegenmittel ein System aristokratischer Balancen und Kontrollen empfahl[107]. Mit Hilfe der von ihm nur vage angedeuteten Kompetenzaufteilung sollte letztlich das monarchisch-ständische Regime seiner Zeit gestärkt werden[108]. Die Gewaltenteilungslehre *Montesquieus* lief immerhin auf einen Kräfteausgleich zwischen den alten Mächten und dem aufkommenden Bürgertum hinaus[109]. Eine „balance of powers", mit deren Hilfe die Machtprivilegierung minoritärer Gruppen verteidigt werden sollten, kann in einer demokratisch legitimierten Nation nicht mehr brauchbar sein. Ein auch weiterhin bedeutsamer Ansatzpunkt der Gewaltenteilungslehre liegt hingegen in dem Gedanken, die staatliche Herrschaft durch Kompetenzaufteilungen zu drosseln, zu kontrollieren und damit gefahrloser zu machen. Mit Hilfe einer gewaltenteilenden Verfassung soll „die Staatsgewalt gegen mißbräuchliche Ausübung gesichert und organisatorisch genötigt werden, auf die Freiheit und Gleichheit der Bürger Rücksicht zu nehmen"[110].

Unter der Herrschaft des Grundgesetzes kann kein Zweifel an dem Primat des Gesetzgebers gegenüber den anderen Formen der Staatsgewalt bestehen. Weil im Wege der parlamentarischen Gesetzgebung für sämtliche Staatsorgane verbindliche Rechtsbefehle ergehen, können Exekutive und Rechtsprechung nicht als „eigenständige" Gewalten angesehen werden. Die freiheitsbewahrende Wirkung von Kompetenzbalancen kann sich in einer demokratisch verfaßten Nation nur entfalten, wenn innerhalb der rechtsanwendenden Staatsorgane antidemokratische Vermachtungen vermieden werden. Zu diesem Zweck ist es unerläßlich, die innerhalb des Gesamtpolitikums vorhandenen Macht-

---

[107] Lord *Bolingbroke (Saint-John)* hält es für erwiesen (Remarks on the History of England, S. 296), daß „all men will endeavor to increase their power, or at least to prolong and secure the enjoiment of it". Gegenüber den mit dieser Begierde verbundenen Gefahren schützen (a.a.O., S. 296/97) „all those checks and controls, which the wisdom of legislators, proved by experience, has invented".

[108] Die beste Verfassung beruht nach Ansicht *Lord Bolingbrokes* auf „different classes and assemblies of men, with different powers and privileges"; in ihrem Mittelpunkt steht der mit Prärogativbefugnissen ausgestattet „Patriot King" (The Idea of a Patriot King, S. 393).

[109] *Montesquieu* rückte mit seiner Gewaltenteilungslehre vom niedergehenden absolutistischen Regime ab. Von einer egalitär-demokratischen Verfassung war er allerdings weit entfernt. So sollte es (De l'Esprit des Lois, Buch 11, Kap. 6, a.a.O., S. 68) weiterhin „gens distingués par la naissance, les richesses ou les honneurs" vorbehalten bleiben, „d'arrêter les entreprises du peuple".

[110] *Heller*, Staatslehre, S. 273.

III. Die Sicherung der verfassungskonformen Staatspraxis

faktoren für die Abwehr staatlicher Usurpationsversuche nutzbar zu machen.

b) Weil den politischen Vereinigungen die Befugnis fehlt, für ihre Ziele unter Einsatz physischer Zwangsmittel einzutreten, kann von einer echten Konkurrenz zwischen staatlicher und gesellschaftlicher Macht nicht die Rede sein. Da der Staat „mit dem Monopol legitimer Gewaltsamkeit"[111] ausgestattet ist, gibt es prinzipiell keine unmittelbare Herrschaft der Gesellschaft über sich selbst. Angesichts der dem modernen Staat zur Verfügung stehenden organisatorischen und technischen Machtmittel kann die Staatsgewalt durch gesellschaftliche Kräfte nicht ernsthaft in Frage gestellt werden[112]. Die Akkumulation gesellschaftlichen Druckes beeinträchtigt nicht die Verfassungsordnung.

Zugleich bleibt selbst die Organisation eines starken nicht-physischen Druckes durchaus im Rahmen der dem Volk zustehenden Befugnisse. Dies wird an dem Recht zur kollektiven Arbeitsniederlegung beispielhaft deutlich. Weil die Einflußnahme auf Arbeits- und Wirtschaftsbedingungen im Sinne von Art. 9 Abs. 3 GG so gut wie immer politisch relevant ist, gibt es praktisch keinen „unpolitischen" Streik. Ferner ist die Wirtschaftsverfassung in der Bundesrepublik, wie Art. 15 GG schlaglichtartig verdeutlicht, keineswegs eine staatsfreie Enklave. Deshalb können Veränderungen in der ökonomischen Struktur auch gegenüber der Regierung durchgesetzt werden. Der gegen den „Staat" gerichtete gewaltlose Kampf um Arbeits- und Wirtschaftsbedingungen ist daher ein legitimes Mittel in der politischen Auseinandersetzung.

Werden gesellschaftliche Vereinigungen unter dem Gesichtspunkt einer wirksamen Ausbalancierung der politischen Kräfte betrachtet, so ist die beträchtliche Gefährdung einer demokratischen Verfassungsordnung durch die Verwalter der Staatsgewalt zu bedenken. Wie vielfältige Geschichtserfahrungen lehren, kommen gerade die Regierenden leicht in die Versuchung, die staatliche Herrschaft zu usurpieren. Insbesondere die Befehlshaber der an sich auf Exekutivaufgaben beschränkten Militärmacht haben immer wieder zum Mittel des Staatsstreiches gegriffen[113]. Die Gefahr eines Militärputsches steigt, wenn

---

[111] *Max Weber*, Wirtschaft und Gesellschaft, S. 1043. Der Versuch *Webers*, den Staat mit Hilfe dieses Kriteriums zu typisieren, ist allerdings wegen der vielfältigen Verflochtenheit von Staat und Gesellschaft (vgl. hierzu oben S. 32 ff.) nicht geglückt.
[112] Daß dies in einigen Ländern — vor allem Lateinamerika — dennoch möglich zu sein scheint, beweist allenfalls das Zurückbleiben dieser Gebiete hinter den Formen moderner Staatlichkeit. Soweit dort gesellschaftliche Oligarchien ihre Privilegien sogar mit Hilfe von Privatarmeen verteidigen, geschieht dies zumeist mit Billigung der staatlichen Machthaber.
[113] Vgl. *Krippendorf*, a.a.O., S. 4: „Militärs putschen." Über die innergesellschaftliche Ohnmacht Griechenlands vor dem Umsturz vom 21. April 1967 vgl. *Skriver*, Soldaten gegen Demokraten, S. 13 ff.

die politische Gesellschaft außerstande ist, einen wirksamen Widerstand zu organisieren[114]. Eine aus vereinzelten Individuen bestehende Gesellschaft kann einer Machtergreifung „von oben" kaum wirksam entgegentreten. Erst aus dem organisierten Einsatz gesellschaftlicher Kräfte ergibt sich eine das Übergewicht des staatlichen Machtpotentials einigermaßen kompensierende Gegenmacht. Nicht zuletzt ist der im Generalstreik mobilisierbare Widerstand der Gesellschaft geeignet, cäsaristisch veranlagte Machthaber von einem offenen Verfassungsbruch abzuhalten. Die Bereitschaft des Staatsvolkes zur Abwehr von Usurpationsversuchen wird gerade in politischen Vereinigungen aktualisiert. Als realer Machtausgleichsfaktor tragen die Vereinigungen damit zur Stabilisierung der demokratischen Verfassung bei.

c) Der immerhin denkmögliche Umschlag kollektiver Abwehrbereitschaft in eine bewaffnete Kampagne, die auf die Errichtung eines von gesellschaftlichen Gruppen getragenen Minderheitenregimes hinauslaufen würde, ist schon angesichts der waffentechnischen Überlegenheit der Staatsmacht illusorisch. In der Bundesrepublik lassen bereits die von den Ländern unterhaltenen kasernierten Polizeiformationen jede ernsthafte Straßenrevolte zu einem aussichtslosen Unternehmen werden[115].

Ein nach Art. 9 Abs. 2 GG angeordnetes Vereinsverbot aufgrund des bloßen Verdachtes, es werde die Anwendung von Gewalt geplant, wäre nicht rechtmäßig. Ein auf diese Weise „vorbeugender" Zugriff der Staatsgewalt war in Art. 124 WRV auch expressis verbis untersagt. Er würde vielmehr nunmehr die Freiheitsgarantie des Art. 9 Abs. 1 GG verletzen. Selbst gelegentliche Gewalttätigkeiten einzelner Verbandsmitglieder sind nicht geeignet, ein Verbot nach Art. 9 Abs. 2 GG auszulösen. Allein planvoll organisierte und gefährliche Gewalttätigkeiten können wegen des Verstoßes ihrer Urheber gegen die Spielregeln der freiheitlich-demokratischen Ordnung zu einem Verbot führen.

d) Durch das von den politischen Vereinigungen gebildete Gegengewicht zur Staatsmacht bleibt eine für den Fortbestand der demo-

---

[114] So gab es nach dem Marsch der Brigade Ehrhardt auf Berlin am 13. März 1920 tatsächlich zur Rettung der Demokratie „nur noch ein Mittel", nämlich „die Lahmlegung des Wirtschaftslebens" (Aufruf der Reichsregierung vom 13. März 1920, wiedergegeben bei *Prüfer-Tormin*, a.a.O., S. 106). Im Jahre 1933 konnte dieses Mittel infolge der Kurzsichtigkeit und Zersplitterung unter den gesellschaftlichen Kräften nicht mehr angewandt werden.

[115] Bezeichnenderweise war es seit dem Inkrafttreten des Grundgesetzes in keinem einzigen Fall nötig, einen nach Art. 91 Abs. 1 GG vorgesehenen Einsatz von Polizeikräften mehrerer Bundesländer anzuordnen. Trotz dieses Beweises für die innere Konsolidierung der Bundesrepublik sind nunmehr gegen gesellschaftliche Unruheherde unvergleichlich schärfere Waffen — die Zentralisierung der Polizeigewalt beim Bund, der Einsatz des Bundesgrenzschutzes sowie der Bundeswehr — geschmiedet worden.

kratisch konstituierten Nation unerläßliche Polarität zwischen dem Staatsapparat und der Aktivbürgerschaft erhalten. Ohne den durch die politischen Vereinigungen erzwungenen Machtausgleich würde eine „Verstaatlichung" der politisch fungierenden Gesellschaft drohen. Indem aber die sich selbst organisierende Gesellschaft ihren Eigenwert gegenüber der Staatssphäre behauptet, kann sie die zur Durchsetzung ihrer Belange erforderliche Kraft entfalten. Die staatsfreie politische Macht der Gesellschaft fördert die Bereitschaft der Regierenden, den Anliegen der Aktivbürgerschaft Rechnung zu tragen. Die durch Kooperation handlungsfähige Gesellschaft festigt damit das demokratische Verfassungsgefüge. Weil die machtausgleichende Aktionsfähigkeit der politisch tätigen Gesellschaft mit dem Umfang der innergesellschaftlichen Kooperation zunimmt, tragen politische Vereinigungen in entscheidendem Maße zu der die demokratische Verfassung stabilisierenden Machtbalance zwischen Staat und Gesellschaft bei.

Vierter Teil

Das Verbot völkerverständigungsfeindlicher Tätigkeit

I. Die Tradition des Völkerverständigungsgedankens

1. Der Auftrag des Verfassunggebers

Das in Art. 9 Abs. 2 GG angedrohte Verbot wegen eines das friedliche Zusammenleben mit anderen Völkern störenden kollektiven Verhalten läßt das Bemühen des Verfassunggebers erkennen, eine Vergiftung der internationalen Atmosphäre durch innergesellschaftliche Gruppen nicht zu dulden. Die Verfassungsnorm steht in engem Zusammenhang mit der Verpflichtung der gesamten Nation zur friedlichen Koexistenz. Bereits die Präambel des Grundgesetzes — „mehr als ein pathetischer Vorspruch"[1] — nimmt die nach dem Niedergang des NS-Regimes vorhandene Bereitschaft, „dem Frieden der Welt zu dienen", in das geschriebene Verfassungsfundament auf. Das Bestreben des Verfassunggebers, „in einem geordneten Zusammenleben der Völker" der Vorbereitung von Kriegen „schlechthin keine Stätte mehr" zu lassen[2], prägt den Sinngehalt des in Art. 9 Abs. 2 GG festgelegten Verbotes völkerverständigungsfeindlicher Verbandstätigkeit. Wie stark die Entschlossenheit zur friedlichen Existenz die Verfassungslage in Deutschland bestimmte, lassen bereits die außerhalb des Grundgesetzes bestehenden Friedensnormen erkennen[3]. Die in Art. 9 Abs. 2 GG angedrohte Illegalisierung friedensstörender Vereinigungen ist daher charakteristisch für die „vom Geist des friedlichen Wiederaufbaus"[4] bestimmte

---

[1] Abgeordneter *Carlo Schmid* in der Plenarsitzung des Parlamentarischen Rates vom 20. Oktober 1948, Stenogr. Bericht, S. 70.

[2] *Carlo Schmid* im Hauptausschuß des Parlamentarischen Rates am 19. November 1948, Stenogr. Bericht, S. 72.

[3] So enthält die Verfassung des Landes Hessen vom 1. Dezember 1946 (GVBl. S. 229) in Art. 9 das Bekenntnis „zu Frieden, Freiheit und Völkerverständigung". In der Präambel der bayerischen Verfassung vom 2. Dezember 1946 (GVBl. S. 333 ff.) wird „angesichts des Trümmerfeldes" dazu aufgerufen, „die Segnungen des Friedens dauerhaft zu sichern". Ähnliche Friedensbekenntnisse finden sich in den Präambel der übrigen Länderverfassungen.

Die Verfassung der DDR vom 7. Oktober 1949 manifestiert in ihrer Präambel die Bereitschaft, „die Freundschaft mit allen Völkern zu fördern und den Frieden zu sichern".

[4] *Smend*, Gutachtliche Äußerung zur Frage der Erforderlichkeit einer

I. Die Tradition des Völkerverständigungsgedankens 101

Nachkriegsepoche. In dieser das ungeschriebene Verfassungsfundament in Deutschland prägende Zeit war es eines der dringendsten politischen Anliegen, dem Postulat der Völkerverständigung gerecht zu werden[5]. Die rechtliche Tragweite der in Art. 9 Abs. 2 GG angedrohten Sanktion muß in Zusammenhang mit der in Art. 26 Abs. 1 GG normierten Verfassungswidrigkeit jeder friedensstörenden Handlung gesehen werden. An der aktuellen Rechtsqualität des Art. 26 GG kann nicht ernsthaft gezweifelt werden[6]. Ihre volle Schärfe kann diese Verfassungsnorm allerdings erst mit Hilfe der dem Gesetzgeber zwingend aufgetragenen strafrechtlichen Ahndung friedensstörender Tätigkeiten entfalten. Versuche, diesen Verfassungsauftrag zu erfüllen, scheiterten nach dem Eintritt der Bundesrepublik in die Remilitarisierungsphase zunächst[7]. Erst im Juni des Jahres 1968 hat sich der Bundesgesetzgeber entschlossen, die Vorbereitung eines Angriffskrieges unter Strafe zu stellen[8]. Ob hierdurch der Auftrag, Handlungen unter Strafe zu stellen, die „das friedliche

---

Änderung des Grundgesetzes für die Bundesrepublik Deutschland als Voraussetzung des deutschen Wehrbeitrages zur Europäischen Verteidigungsgemeinschaft, S. 149.

[5] Dem Willen eines ganz überwiegenden Teils des Volkes zur Versöhnung wird z. B. Ausdruck verliehen im „Stuttgarter Schuldbekenntnis" des Jahres 1945 (abgedruckt bei *Skriver*, Aktion Sühnezeichen, S. 11), deren Verfasser erhoffen, es möge „der Geist des Friedens ... zur Herrschaft kommen".
Der Deutsche Gewerkschaftsbund nahm in seine Satzung im Jahre 1950 (wiedergegeben im Geschäftsbericht des Bundesvorstandes des DGB 1950/51, S. 548) die Verpflichtung zur „Pflege des Geistes friedlicher Völkerverständigung" auf.

[6] Nach *Klein*, vMK, Anm. II 3 zu Art. 26, S. 684, enthält Art. 26 „unmittelbar geltendes Recht". *Menzel*, BK, Anm. II zu Art. 26, weist darauf hin, daß Art. 26 „auch schon vor Erlaß eines (...) Ausführungsgesetzes unmittelbar bindendes Recht darstellt". Einschränkend meint *Maunz*, Deutsches Staatsrecht, 16. Aufl., „die Offenbarung der ehrlichen Friedenswünsche" sei „das Wichtigste" (S. 313).

[7] Ein von der SPD am 15. Februar 1950 im Bundestag eingebrachter Entwurf für ein Gesetz „gegen die Feinde der Demokratie" (BT-Drucksache I/563) sah eine Zuchthausstrafe von nicht unter fünf Jahren (!) für jeden vor, der „öffentlich oder geheim für die Anwendung bewaffneter Gewalt gegen andere Völker" eintreten sollte.
In dem von der Bundesregierung vorgelegten Entwurf zur Änderung des Strafgesetzbuches vom 4. Februar 1950 (BT-Drucksache I/1307) war vorgesehen, gegen jeden eine Freiheitsstrafe zu verhängen, der „die Anwendung bewaffneter Gewalt zu einem Angriffskrieg fordert oder auf andere Weise die Führung eines Angriffskrieges vorbereitet".
Beide Gesetzesvorlagen wurden nach den Ausschußberatungen dem Parlament nicht wieder vorgelegt.

[8] Nach § 80 StGB in der Fassung nach dem Achten Strafrechtsänderungsgesetz vom 25. Juni 1968 (BGBl. I S. 741 ff.) wird mit Zuchthaus nicht unter zehn Jahren bedroht, wer „einen Angriffskrieg (...), an dem die Bundesrepublik beteiligt sein soll, vorbereitet und dadurch die Gefahr eines Krieges für die Bundesrepublik Deutschland herbeiführt".
Nach § 80 a StGB soll mit Gefängnis nicht unter drei Monaten bestraft werden, wer öffentlich „zum Angriffskrieg (...) aufstachelt".

Zusammenleben der Völker" beeinträchtigen (Art. 26 Abs. 1 Satz 2 GG), „hiermit voll erfüllt"[9] worden ist, bleibt freilich problematisch.

2. Geistesgeschichtliche Ursprünge

a) Historisch-rationale Wurzeln

aa) Die im Grundgesetz normierten Friedenspflichten müssen in erster Linie als bewußte Abkehr von der Ära der Jahre 1933 bis 1945 gesehen werden. Die Aggressionspolitik der NS-Regimes war nicht denkbar ohne die Bereitschaft beträchtlicher Teile der Gesellschaft, die von der „Bewegung" propagierten Ziele zu fördern oder wenigstens stillschweigend zu dulden. Der Parole „wir fordern Land und Boden"[10] und dem darin enthaltenen Hegemonialstreben wurde jedenfalls keine innergesellschaftliche Front entgegengestellt. Ohne eine gewisse Geneigtheit beträchtlicher Teile des Volkes für darwinistische Kampfideologien wäre es kaum möglich gewesen, den Staat in eine große Kriegs- und Vernichtungsmaschinerie zu verwandeln. Auf diesem historischen Hintergrund dokumentieren die Friedensnormen des Grundgesetzes den Versuch, aus den Fehlern der Vergangenheit zu lernen. Die verfassungsrechtlich gebotene Pflicht zu einem die Völkerverständigung nicht beeinträchtigenden Verhalten soll dazu beitragen, einen Rückfall in eine inhumane Politik zu verhindern.

bb) Die vor allem in Art. 9 Abs. 2 und Art. 26 GG zum Ausdruck gekommene Entschlossenheit zur innergesellschaftlichen Sicherung einer friedfertigen nationalen Existenz ist freilich nicht allein eine Konsequenz der nationalsozialistischen Ära. Bereits die Weimarer Verfassung hielt in ihrer Präambel den Willen des deutschen Volkes fest, „dem inneren und dem äußeren Frieden zu dienen". Die Entscheidung für eine demokratische Republik wurde damit vor dem Hintergrund des Ersten Weltkrieges ausdrücklich mit dem Verzicht auf jedes aggressive Verhalten verbunden. Deshalb konnte der erste Reichspräsident in seiner Antrittsrede am 11. Februar 1919 zumindest für die breite Mehrheit der Bürger ehrlich erklären, die Nation habe „dem Gewaltprinzip zwischen den Völkern abgesagt"[11]. Auf die Erfüllung der mit dieser Grundentscheidung verbundenen Auflagen wurde, wie das wohlwollend gebilligte Aufkommen chauvinistischer Vereinigungen zeigt[12], leider nur unzureichend gedrungen. So konnte die Vernach-

---
[9] So die Ministerialreferenten des Entwurfs, *Krauth, Kurfess* und *Wulf*, a.a.O., S. 68.
[10] Aus dem Programm der NSDAP vom Jahre 1920 (abgedruckt bei *Mommsen*, a.a.O., S. 548).
[11] *Friedrich* Ebert, a.a.O., S. 138.
[12] Die militanten Bewegungen der Weimarer Zeit sowie ihre antidemokratischen und antirepublikanischen Ideologien beleuchtet eingehend *Bracher*, Die Auflösung der Weimarer Republik, S. 128 ff.

I. Die Tradition des Völkerverständigungsgedankens

lässigung des der Gesellschaft durch die Weimarer Verfassung auferlegten Friedfertigkeitsgebotes mitursächlich werden für die späteren inhumanen Geschehnisse.

cc) Ein weiterer historischer Rückblick zeigt, daß die Idee der innergesellschaftlichen Sicherung des Friedens mit dem Ausbruch des Ersten Weltkrieges in eine schwere Krise geriet[13]. Bis dahin hatten die progressiven Kräfte gehofft, ihre internationale Solidarität werde ausreichen, um einen imperialen Krieg zu verhindern[14]. Sie überschätzten dabei jedoch den Umfang ihrer Gefolgschaft. Gegenüber einer maßgeblich durch monarchische Interessen bestimmten Machtpolitik blieben auch die unermüdlichen Appelle der nach quäkerischem Vorbild entstandenen Friedensgesellschaften letzten Endes unbeachtet[15].

dd) Einen Beitrag zu der Idee, die Gesellschaft zum Garanten der Völkerverständigung zu machen, hat *Karl Marx* geleistet. Da für ihn die politische Geschichte durch ökonomische Faktoren bestimmt war, bot sich aus dieser — verengten — Sicht auch die Überwindung von Friedensstörungen an[16]. Die als Revolution der Mehrheit gegen eine

---

[13] Besonders augenfällig wird der Zusammenbruch der internationalen Solidarität in der Bewilligung der Kriegskredite durch die Mehrheit der sozialdemokratischen Reichstagsfraktion. In einer Erklärung vom 4. August 1914 (Stenographische Berichte des Deutschen Reichstages, Bd. 306, S. 8 f.) brachten die Parlamentarier zwar ihre Hoffnung auf einen Frieden zum Ausdruck, „der die Freundschaft mit den Nachbarvölkern ermöglicht", zugleich glaubte die Partei jedoch, die geforderten Kredite wegen der Gefahr „des russischen Despotismus" bewilligen zu müssen.

[14] So wurde in einer von *August Bebel* entworfenen und auf dem Parteitag der Sozialdemokratischen Partei des Jahres 1899 gebilligten Resolution (bei *Mommsen*, a.a.O., S. 376 ff.) die „Bekämpfung des Militarismus" sowie eine der „Verständigung und Verbrüderung der Völker" dienende Politik gefordert. Im Jahre 1907 vertraute *Karl Liebknecht* noch darauf (a.a.O., S. 366), der „Militarismus nach innen" könne durch gemeinsame Aktionen der Arbeiterschaft blockiert werden.
Zu den Plänen, die Kriegsmaschinen im Ernstfall durch einen Generalstreik lahmzulegen, vgl. *Abendroth*, Sozialgeschichte, S. 85 und *Golo Mann*, a.a.O., S. 527.

[15] *Victor Hugo* prophezeite im Jahre 1849 auf dem zweiten Internationalen Friedenskongreß in Paris (wiedergegeben bei *Schlochauer*, a.a.O., S. 137), es werde eine Zeit kommen, in der „die große europäische Bruderschaft" begründet werden könne. Die Tätigkeit der Friedensgesellschaften schildern eingehend *Wehberg*, a.a.O., vor allem S. 395 ff.; ferner *Engelhardt*, a.a.O., Sp. 580 und *v. d. Heydte*, Stichwort „Frieden", Sp. 603; für diesen Staatsrechtslehrer bleibt allerdings jegliche Friedensarbeit „problematisch".

[16] „In dem Maße, wie die Exploitation des einen Individuums durch das andere aufgehoben wird, wird die Exploitation einer Nation durch die andere aufgehoben. Mit dem Gegensatz der Klassen im Innern der Nationen fällt die feindliche Stellung der Nationen gegeneinander" (*Marx-Engels*, Manifest, S. 30). Ein Teil dieses Gedankengutes findet sich bereits bei *Louis Blanc*, Rede in Luxembourg, S. 372, für den das ökonomische Konkurrenzprinzip „der Brüderlichkeit zuwider" ist und „nichts anderes als Krieg" bedeutet.

minoritäre Herrschaft[17] konzipierte Selbstbefreiung des Vierten Standes setzte nach Ansicht von *Marx* die „brüderliche Vereinigung und Mitwirkung" der bisher Unterdrückten voraus[18].

ee) der Gedanke der Völkerverständigung ist vor allem im fraternité-Postulat der Französischen Revolution von 1789 enthalten. Dieses Bekenntnis signalisierte das Verlangen einer ihre Entfremdung überwindenden und die politische Gleichheit aller Individuen fordernden Gesellschaft. Da niemand apriori befugt sein sollte, über Seinesgleichen zu befehlen, blieb für eine oktroyierte Fremdherrschaft kein Raum mehr[19]. Das fraternité-Bekenntnis war Ausdruck eines revolutionären Bewußtseins, das mit der Feudalherrschaft auch den Krieg als Instrument dieser Herrschaft überwinden wollte[20]. Die Völkerverständigungsbereitschaft der Republikaner entsprang ihrem Willen, eine Epoche zu beenden, in der dem Volk mit den monarchischen Regimen deren Kriege aufgezwungen worden waren. Der revolutionäre Völkerverständigungsgedanke widerlegte den Mythos, Kriege seien schicksalhafte Ereignisse. Aufs engste verwoben mit dem Verlangen nach politischer Selbstbestimmung, verbreitete sich die Einsicht, daß Feindschaften zwischen den Nationen weder naturgegeben noch von den Völkern selbst hervorgebracht waren, sondern daß sie von den erblichen Herrschern mit dem Ziel inszeniert wurden, ihren Machtbereich und persönlichen Besitz zu vergrößern[21]. In einem von den Bürgern selbst regier-

---

[17] „Die proletarische Bewegung ist die selbständige Bewegung der ungeheuren Mehrzahl im Interesse der ungeheuren Mehrzahl" (*Marx-Engels*, Manifest, S. 20).

[18] Der Bürgerkrieg in Frankreich, Werke III/2, S. 882. Der im Jahre 1840 in London gegründete Deutsche Arbeiterbildungsverein hatte auf den Rückseiten seiner Mitgliedskarten (vgl. *Marx*, Werke III/2, S. 1100) die Losung ausgegeben: „Alle Menschen sind Brüder."

[19] *Rousseau* hat den Gedanken der jedem Menschen zukommenden Freiheit von Fremdherrschaft besonders klar formuliert. Weil (CS, Buch 1, Kap. 4 S. 54) „aucun homme n'a une autorité naturelle sur son semblable", darf es keine oktroyierte Herrschaft geben. Alle Menschen (ebenda, S. 57) „naissent hommes et libres; leur liberté leur appartient, nul n'a droit d'en disposer qu'eux". *Rousseau* zieht hieraus den Schluß, selbst in einem Kriege sei eine persönliche Feindschaft zwischen den Menschen unberechtigt.

[20] Die Jakobiner bejahten den Krieg zur Verteidigung der demokratischen Revolution; aber vorrangig war das Bemühen, „cimenter la paix dont les cours étrangeres ont mème besoin" (*Robespierre*, a.a.O., S. 141). *Roman Schnur*, a.a.O., S. 315, räumt ein, daß die demokratischen Kräfte der Revolution keinen Eroberungskrieg führen wollten; gleichwohl habe aber „das utopische Denken" zum Kriege gedrängt (S. 310). Die Idee des demokratischen Weltfriedens habe „den totalen Weltbürgerkrieg notwendig zur Folge". Diese Ansicht wird von *Papcke*, a.a.O., S. 17 ff. überzeugend widerlegt.

[21] So fragt *Thomas Paine*, a.a.O., S. 273, im Jahre 1791: „Was sollte den Bauern, der seinem Pfluge folgt, bewegen, seine friedliche Beschäftigung beiseite zu legen und den Bauern eines anderen Landes zu bekriegen?" Krieg, so erläutert *Paine* weiter (a.a.O., S. 274), „ist der Kartentisch der Regierungen, und die Nationen sind die Betrogenen des Spiels".

I. Die Tradition des Völkerverständigungsgedankens

ten Staatswesen wurden Angriffskriege unwahrscheinlich, weil das Volk kaum bereit war, sich die mit dem Kampf und physische Vernichtung verbundenen Qualen und Lasten selbst aufzuladen[22]. Die Einsicht in das Recht des Volkes zur Selbstbestimmung über sein politisches Schicksal offenbarte die Sinnlosigkeit kriegerischer Verwicklungen. Waren alle Menschen als mündig anzuerkennen, so mußten imperiale Aktionen ohne jede Berechtigung bleiben. Im Ergebnis erweist sich der Gedanke der übernationalen Solidarität daher als eine Konsequenz des demokratischen Prinzips. Als ein Produkt des aufklärerischen Humanismus konnte diese Erkenntnis in der mit antiaufklärerischen Ressentiments aufgeladenen deutschen Nationalgeschichte freilich erst verhältnismäßig spät zum Durchbruch gelangen.

b) Das christliche Friedensgebot

aa) Das in der Präambel des Grundgesetzes aufgenommene Friedfertigkeitsgebot wird im Bewußtsein einer „Verantwortung vor Gott" postuliert. Hiermit konnte der Verfassunggeber natürlich nicht sämtlichen Staatsbürgern eine spezifisch christliche Verantwortlichkeit aufzwingen. Dem weltanschaulich neutralen Staat fehlen dazu sämtliche Mittel. Es ist ferner der christlichen Botschaft, die den Menschen in seiner Geschöpflichkeit anruft und seinem Leben einen Sinn geben will, in hohem Maße abträglich, mit Hilfe staatlicher Zwangsnormen propagiert zu werden. Derartiger Hilfen bedarf diese Botschaft auch gar nicht. Gleichwohl verdient der hier erwähnte Teil der Präambel des Grundgesetzes eine nähere Analyse, denn hierbei wird eine weitere innergesellschaftliche Basis des Völkerverständigungsgedankens sichtbar.

Der christlichen Gemeinde ist eindringlich aufgetragen, nach irdischem Frieden zu streben[23]. Nach der konstantinischen Wende wurde dieses Friedenspostulat jedoch verinnerlicht und damit seiner weltlich-politischen Schärfe beraubt[24]. In den neuzeitlichen säkularen

---

[22] Obwohl von der Forderung nach einer egalitär-demokratischen Verfassung weit entfernt, hat *Kant* den friedensbewahrenden Wert einer republikanischen Regierung anerkannt. Wenn (Zum ewigen Frieden, S. 26) „die Bestimmung der Staatsbürger erfordert wird, um zu beschließen, ob Krieg sein solle oder nicht, so ist nichts natürlicher, als daß, da sie alle Drangsale über sich selbst beschließen müßten (...) sie sich sehr bedenken werden, ein so schlimmes Spiel anzufangen".

[23] Die Friedenstifter werden gepriesen (Mt. 5, 9). Vielfältig ergeht der Aufruf zur Versöhnung (vgl. Mt. 5, 22; 22, 39; Joh. 10, 11; 15, 10; Röm. 12, 10; 10, 20).
Der Taufbefehl (Mt. 28, 19: „machet zu Jüngern") fordert zu einer weltweiten Brüderlichkeit auf.

[24] Die augustinische Civitas Dei und ihre pax aeterna sind auf ein jenseitiges Leben ausgerichtet. Die pax terrena *Augustins* wirkte sich faktisch als eine Verteidigung des römisch-imperialen Gewaltfriedens aus.

4. Teil: Das Verbot völkerverständigungsfeindlicher Tätigkeit

Staaten konnte sich der christliche Völkerverständigungsgedanke bisher nicht durchsetzen. Ein bescheidener Beitrag wurde bei der Gründung der Neuenglandstaaten geleistet[25].

Nach dem Ende des Zweiten Weltkrieges begann eine Neubesinnung auf die politischen Konsequenzen einer weltweiten Solidarität[26]. Der soziale Aspekt der Völkerverständigung trat hervor[27] und wurde mit dem Aufruf zur Überwindung feudaler Strukturen verbunden[28]. Es gelang bisher, einige der durch den Ost-West-Konflikt verursachten Verhärtungen zu lösen[29]. Zugleich wächst die Einsicht, daß Völkerverständigung nicht identisch ist mit der Verteidigung eines profitablen status quo[30]. Das Bemühen um Hilfe aus materieller Not und der Beistand im Kampf gegen politische Unterdrückung rücken unübersehbar in das Zentrum caritativer Aufgaben.

Die Zwei-Reiche-Lehre *Luthers* bezieht die christlichen Friedenstugenden auf den inneren Lebenskreis der Gemeinde.

[25] In der Unabhängigkeitserklärung der nordamerikanischen Pflanzerkolonien aus dem Jahre 1776 (wiedergegeben bei *Chafee*, S. 172 ff.) gehen die Verfasser davon aus, daß „all men are created equal, that they are endowed by their creator with certain unalienable rights". Diese gewiß ehrlich gemeinte Solidarität („Philadelphia"!) verlor allerdings im Vernichtungskampf gegen die Urbevölkerung des Landes und beim Ankauf von Arbeitssklaven bald an Glaubwürdigkeit.

[26] Die Teilnehmer des im Jahre 1938 in Amsterdam zum ersten Male zusammengekommenen Ökumenischen Rates der Kirchen fanden sich in ihrem Gründungsmanifest dazu bereit (wiedergegeben bei *Benedict*, a.a.O., S. 262) zu lernen, „dem Terror, der Grausamkeit, dem Rassenhaß zu widerstehen".

[27] So wird in der Enzyklika Pacem in Terris vom 11. April 1963 hervorgehoben, weil „die Menschen der ganzen Erde zu immer größerer Zusammenarbeit und innerer Verbundenheit" gelangten, sei die soziale Befriedung eines jeden Landes „notwendig mit denselben Gegebenheiten in allen übrigen Nationen" verbunden.

[28] Aus der „Bruderschaft der Menschen" erwächst die „Pflicht der Solidarität", d. h., „zur Hilfe, die die reichen Völker den Entwicklungsländern leisten müssen". (Enzyklika Populorum Progressio vom 26. März 1967, Nr. 44). Weil dieser Aufruf mit einer Absage an kapitalistisch orientierte Wirtschaftssysteme verbunden ist (vgl. Populorum Progressio, Nr. 23 und 24), wurde er in den westlichen Ländern heftig angegriffen.

[29] Um die dabei gebotene Zusammenschau von geistig-seelischen und ökonomisch-sozialen Problemen bemüht sich seit vielen Jahren die „Allchristliche Friedenskonferenz", zu deren Erkenntnissen es gehört, daß „Friede nicht vorstellbar (ist) ohne den Aufbau einer Weltgemeinschaft, in der soziale und ökonomische Gerechtigkeit Wirklichkeit geworden ist" (Dokumente der dritten Konferenz, wiedergegeben in: Junge Kirche, 1968, S. 273). Über die zu ähnlichen Ergebnissen führende Arbeit der Paulus- Gesellschaft berichtet *Marsch*, a.a.O., S. 563 ff.

[30] Vgl. hierzu die Erklärung von 15 Bischöfen zur Lage in Lateinamerika (wiedergegeben bei *Tödt-Rendtorff*, a.a.O., S. 157 ff.); kritisch im Hinblick auf frühere Versäumnisse *Benedict*, „Schöne Worte jenseits der Fronten?", a.a.O., S. 237 ff.

Die bisherigen Bemühungen lassen erkennen, daß politisch relevante Ratschläge aus großer örtlicher oder geistiger Distanz vielfach mißraten.

bb) Das christlich motivierte Bemühen um eine Erfüllung des Völkerverständigungsgebotes zeichnet sich ebenfalls durch eine enge Verflochtenheit mit dem demokratischen Prinzip aus. Die Gewißheit, daß alle Menschen durch ihren Schöpfer dazu berufen sind, an den Gütern der Welt teilzuhaben und ihre Fähigkeiten zu entfalten, spornt dazu an, für demokratische Verhältnisse einzutreten. Seitdem sich die Erkenntnis ausbreitet, daß Demokratie und humane Gesellschaft weitgehend identisch sind, zielt das politische Anliegen vieler Christen auf die Durchsetzung demokratischer Verhältnisse ab[31]. Weil der Mensch als das Maß aller Dinge erkannt ist, werden die Christen zu weltweiten „Bundesgenossen aller ehrlichen Humanisten"[32]. Die aufklärerische und die christliche Form des Völkerverständigungsgedankens führen damit nach ihren in dieser Welt meßbaren Ergebnissen offenbar zu einem gemeinsamen Ziel.

II. Die Unerläßlichkeit des innergesellschaftlichen Friedensschutzes

Angesichts der neuzeitlichen Entwicklung der Vernichtungsmittel wirken sich bereits in der Gesellschaft aufkommende Feindseligkeitsideologien friedensgefährdend aus. Solange im Rahmen eines Rüstungswettlaufs ein beträchtlicher Teil des Sozialproduktes für den Aufbau hochexplosiver militärischer Kapazitäten eingesetzt wird, bringt jede völkerverständigungsfeindliche Propaganda in der Gesellschaft eine lebensbedrohende Gefahr mit sich. Wo im Zuge einer „Strategie der Abschreckung" staatliche Vernichtungswaffen ständig einsatzbereit gehalten werden, muß die völkerverständigungsfeindliche Agitation den Verdacht aufkommen lassen, das moderne Waffenarsenal sei womöglich zu aggressiven Zwecken angelegt worden. Eine Politik der Friedlosigkeit schaukelt sich unter diesen Umständen rasch zu ernsthaften Friedensbedrohungen auf.

Bei der engen Verknüpfung von Staat und Gesellschaft in den Nationen der Gegenwart würde eine lediglich auf den Staatsapparat beschränkte Völkerverständigungspflicht ineffektiv bleiben. Die im zwischenstaatlichen Bereich herausgebildete „outlawry of war", der sich

---

[31] Wie *Karl Barth* zutreffend festhält (a.a.O., S. 45), zeichnet sich das christliche Selbstverständnis durch „eine auffallende Neigung nach der Seite" hin aus, die „man (...) als die des ,demokratischen' Staates zu bezeichnen pflegt".
Gollwitzer, a.a.O., S. 18, betont, der Auftrag an die Christen bestehe darin, „für Gerechtigkeit und Menschenwürde in der Gesellschaft zu arbeiten", was „ohne die Utopie der sozialen Demokratie, also eines Sozialismus', wie wir ihn noch nicht haben", kaum möglich sei.

[32] *Gollwitzer*, a.a.O., S. 18.

4. Teil: Das Verbot völkerverständigungsfeindlicher Tätigkeit

auf die Dauer kein Staat widersetzen kann, bedarf daher einer innergesellschaftlichen Verankerung. Die in Art. 26 Abs. 1 GG ausgesprochene Verfassungswidrigkeit völkerverständigungsfeindlicher Handlungen betrifft deshalb mit Recht jedwede im Geltungsbereich des Grundgesetzes unternommene Friedensstörung. Durch das gegen politische Vereinigungen gerichtete Verbot in Art. 9 Abs. 2 GG wird die innergesellschaftliche Komponente des für die gesamte Nation geltenden Friedensgebotes näher ausgestaltet. Durch diese Einbeziehung der Gesellschaft in die Rechtspflicht zur friedlichen Koexistenz ist es möglich, einer aufkeimenden Völkerfeindschaft frühzeitig entgegenzutreten.

Kriege pflegen nicht ohne eine vorherige Diffamierung der mutmaßlichen Gegner auszubrechen. Die Herabwürdigung anderer Nationen durch den Angreifer ist nötig, um das Volk darauf vorzubereiten, die Lasten einer übersteigerten Rüstung und eines („Präventiv"-)Angriffes zu tragen. Die Friedensgebote des Grundgesetzes sollen es ermöglichen, bereits diese politische Initialzündung zu einem Konflikt zu unterbinden. Die Frühtherapie völkerverständigungsfeindlicher Herde steckt allerdings noch in ihren Anfängen[33]. Um das friedliche Zusammenleben der Völker dauerhaft zu sichern, ist es unerläßlich, die innergesellschaftliche Entschlossenheit zur friedlichen Koexistenz planvoll zu entwickeln. Nur auf diese Weise kann sich eine „international public opinion in favour of peace"[34] herausbilden. Eine hinreichend einmütige und daher unübersehbare Weltmeinung ist in der Lage, die Aggressionsabsichten staatlicher Machthaber zu hemmen. Die wissenschaftliche, ökonomische und nachrichtentechnische Verschränkung der Nationen erschwert es den einzelnen Staaten zunehmend, eine geschlossene Weltmeinung auf längere Zeit zu ignorieren. Ein der übernationalen Koexistenz dienender Meinungsstrom kann aber nur entstehen, wenn die innergesellschaftlichen Artikulationszentren dem Völkerverständigungsgebot unterstehen. Eine hinreichend starke „moral community

---

[33] Weder die Kontroverse über die Wiederbewaffnung der Bundesrepublik noch die Frage nach einer Atombewaffnung der Bundeswehr haben zu einer Bewältigung dieses Problems geführt. Nunmehr wird die Frage der Sicherung des Friedens erneut gestellt. So fordert die schwedische Abrüstungsministerin *Myrdal*, a.a.O., S. 19, die Einrichtung von „truth-centers" zur Bekämpfung von friedensstörenden Nachrichtenmanipulationen.
Weizsäcker, a.a.O., S. 76, schlägt vor, Wege zu einer allgemeinen „Weltinnenpolitik" zu beschreiten. *Denker*, a.a.O., S. 11 ff., erörtert, wie aggressive psychische Verhaltensweisen abgebaut werden können. *A. u. M. Mitscherlich*, a.a.O., passim, vor allem S. 77 ff., analysierten den Mangel an geistigseelischer Solidarität.
In den USA ist die Frage nach der Koexistenzsicherung vornehmlich in der Kennedy-Ära vielfältig untersucht worden; vgl. z. B. *Etzioni*, Winning without War, S. 205 ff. („International relations in the nuclear age") und *Erich Fromm*, a.a.O., S. 208 ff. (über die psychologischen Vorteile erster Abrüstungsschritte).

[34] *Wright*, a.a.O., S. 369.

beyond national boundaries"³⁵ kann nur wirksam werden, wenn es gelingt, die organisierte Friedlosigkeit in den Nationen zu überwinden.

III. Konsequenzen des Völkerverständigungsgebotes

1. Die Tatbestände

Die Kommentatoren des in Art. 9 Abs. 2 GG angedrohten Verbotes begnügen sich durchweg damit, auf die Unerwünschtheit militaristischer Vereine hinzuweisen³⁶. *Klein* deutet den weitergehenden Inhalt des Tatbestandes zutreffend mit dem Hinweis an, durch Art. 9 Abs. 2 GG solle „jede Gefahr für die Erhaltung des Friedens unter den Völkern und Staaten schon im Keime erstickt werden"³⁷.

Von der Verbotssanktion bedroht sind einmal solche Verbände, in denen eine Restauration von Freund-Feind-Ideologien betrieben wird. Der politischen Gesellschaft ist es verwehrt, den Krieg als soziales Ideal zu propagieren³⁸. Zugleich ist es ausgeschlossen, den Krieg in der Weise zu „hegen", wie es *Carl Schmitt* gefordert hat³⁹. Wenn auch das

---

³⁵ *Etzioni*, The Hard Way to Peace, S. 189.
³⁶ *Hamann*, a.a.O., Anm. B 5 zu Art. 9 S. 133, führt an, es seien Vereinigungen mit „militärisch-aggressiver, expansionistischer oder den Krieg verherrlichender Tendenz" gemeint. *Giese-Schunck*, a.a.O., Anm. 5 zu Art. 9, erwähnen, daß Zusammenschlüsse „mit militärischen Zwecken und Zielen" unter das Verbot fallen. *v. Münch*, BK, Rdnr. 9, weist beispielhaft auf das Verbot von „Angriffskriegsbestrebungen" und auf die Strafbarkeit der Vorbereitung von Völkermord hin.
³⁷ vMK, Anm. V 5 zu Art. 9, S. 325.
³⁸ *Erich Kaufmann*, Das Wesen des Völkerrechts und die clausula rebus sic stantibus, S. 146, hat die völkerverständigungsfeindliche Einstellung zu bewaffneten Auseinandersetzungen besonders deutlich formuliert: Für ihn stellt „nicht die Gemeinschaft frei wollender Menschen, sondern der siegreiche Krieg" das erstrebenswerte politische Ziel dar.
³⁹ *Carl Schmitt* kennzeichnet als „gehegten" Krieg einen grundsätzlich auf Kombattanten begrenzten und durch ein Kriegsrecht eingeschränkten Waffengang. In den europäischen Staatenkriegen des 18. und 19. Jahrhunderts sind für ihn (Nomos der Erde, S. 295) „klassische Hegungen des Krieges gelungen". Diese Limitierungen schlossen es aber nicht aus, einen „gehegten" Armeekrieg mit Okkupationsabsichten zu führen und den Besiegten schwerste Opfer — darunter den Verlust ihrer politischen Freiheit — aufzuzwingen.
Carl Schmitt hat frühzeitig erkannt, daß die rechtliche Diskriminierung des Krieges dazu führt, eine bewaffnete Aktion „auf der ungerechten Seite (...) nur als Widerstand gegen rechtmäßiges Vorgehen, Rebellion oder Verbrechen" anzusehen (Die Wendung zum diskriminierenden Kriegsbegriff, S. 42/43). Die Bestrafung von Kriegsverbrechern wurde von ihm leidenschaftlich mißbilligt (a.a.O., S. 45). Nach dem Zusammenbruch hat *Carl Schmitt* eine Reprise dieser Gedanken geliefert (Theorie des Partisanen, vor allem S. 617: Der Partisan steht „außerhalb" der „Hegung"; er erwartet deshalb „vom Feind weder Recht noch Gnade"; er hat sich nämlich in den Bereich einer „wirklichen Feindschaft" begeben). Nunmehr beklagt *Carl Schmitt* (Nomos der Erde, S. 285), angesichts der modernen Waffentechnik öffne sich der „Abgrund einer ebenso vernichtenden rechtlichen wie moralischen Diskriminierung" des Kriegsgeschehens.

Ergebnis einer begrenzten Verrechtlichung des Krieges, nämlich eine partielle Humanisierung des Inhumanen („inter arma caritas") billigenswert bleibt, so sind völkerverständigungsfeindliche Kriegshandlungen durch das Grundgesetz schlechthin als Unrecht gebrandmarkt. Deshalb ist es bereits verfassungswidrig, zum Zwecke der Integration der antagonistischen Gesellschaft die Existenz eines „gemeinsamen" äußeren Feindes vorzutäuschen. Die Behauptung, von anderen Nationen bedroht zu werden, diente wiederholt als Surrogat für politische Ideen und als Waffe zur Festigung einmal errungener Macht[40]. Das Grundgesetz untersagt nunmehr durch Art. 26 Abs. 1 Satz 1 GG derartige der Völkerverständigung abträgliche Täuschungsmanöver.

Das Völkerverständigungsgebot will sodann dazu beitragen, ein Leben der Gesellschaft „frei vom Terror sich perpetuierender Friedlosigkeit"[41] zu gewährleisten. In der innergesellschaftlichen Dimension verpflichtet es die politischen Vereinigungen zum Verzicht auf Gewaltbereitschaft und auf eine Angstneurosen auslösende Propaganda. Den Vereinigungen ist damit jede Provokation von Spannungszuständen untersagt.

Das Postulat der Völkerverständigung verbietet ferner jede Diffamierung anderer Völker und Kulturen. Die zum Teil verkrampfte Abwehrreaktion gegen den Antisemitismus in der Bundesrepublik dokumentiert nur bedingt eine Bereitschaft zur Bewältigung dieses Problems: Die strafrechtliche Sanktion hat mitunter die Funktion eines Blitzableiters[42]. In Deutschland betätigt sich bereits völkerverständigungsfeindlich, wer den Willen zu Wiedergutmachung und zur Versöhnung verächtlich macht.

---

[40] So versuchte Kaiser *Wilhelm II.*, die sozialen Konflikte im Staatsinnern beim Ausbruch des Ersten Weltkrieges mit dem Appell zu patriotischer Geschlossenheit zu verdrängen. Die Nationalsozialisten benutzten die Abneigung gegen den („Schand")-Frieden von Versailles als propagandistisches Integrationsmittel.
In der Bundesrepublik wurde das im Jahre 1949 noch lebendige Bewußtsein vom provisorischen Charakter der Staatsbildung und von der Existenz einer einheitlichen deutschen Nation nicht zuletzt mit Hilfe eines der Westintegration dienlichen Antikommunsmus' abgebaut.
Ernst Bloch, a.a.O., S. 19, geißelt zutreffend die „keinen äußeren Krieg angehend(e), erbarmungslos Feinde erfindend(e), brauchend(e)" Herrschaftspraxis demokratiefeindlicher Regime.
[41] *Senghaas,* a.a.O., S. 107.
[42] Dies gilt insbesondere für die relativ harmlosen antisemitischen „Schmieraktionen". In der gegen sie gerichteten öffentlichen Entrüstung wird auf allzu bequeme Weise ein Teil des schlechten Gewissens abgeladen. In dem Bericht der Bundesregierung zu diesem Komplex (vgl. Beilage zu „Das Parlament", Nr. 11/1966, S. 31) wird mitgeteilt, daß etwa die Hälfte der Täter jünger als 30 Jahre waren. In Wahrheit reichen die Wurzeln des Übels tiefer: *Sterling,* a.a.O., S. 30, berichtet von einer Umfrage in der Bundesrepublik, derzufolge 29 % der Befragten antisemitische Neigungen bekundeten.

Ein lediglich passives Koexistieren der Nationen wird dem Völkerverständigungsgedanken nicht gerecht. Es ist vielmehr geboten „to live together in peace with one another as good neighbours"[43]. Völkerverständigung wird daher erst durch die Aufnahme der geistigen Kommunikation unter den Völkern ermöglicht. Der hierzu erforderlichen Kooperation handelt zuwider, wer den Austausch von Meinungen und Ideen zwischen den Nationen unterbindet.

Das friedliche Zusammenleben der Völker ist natürlich nur bei völligem Verzicht auf imperialistische Aktionen möglich. Die Forderung nach Herstellung eines Grenzverlaufes in Deutschland, der mit Gewißheit allein unter Vertreibung inzwischen ansässig gewordener Völker erreicht werden könnte, hat deshalb völkerverständigungsfeindlichen Charakter[44].

2. Die aktuelle Rechtswidrigkeit

Weil der Gesetzgeber dem Verfassungsauftrag, völkerverständigungsfeindliches Verhalten unter Strafe zu stellen, durch die nunmehr geschaffene Sanktion gegen kriegsvorbereitende Handlungen nur partiell erfüllt hat, ist die nach Art. 9 Abs. 2 GG bestehende Möglichkeit, völkerverständigungsfeindliche Vereinigungen aufzulösen, besonders bedeutsam. Durch Art. 26 Abs. 1 GG sind friedensstörende Handlungen von der in Art. 20 Abs. 1 und Art. 5 Abs. 1 GG geschützten Freiheit der Ideenwerbung ausgenommen. Die Formel „sind verfassungswidrig" in Art. 26 GG wird zutreffend im Sinne einer aktuellen Rechtswidrigkeit gedeutet[45].

Die Vorschrift ist offensichtlich anders zu verstehen als die im Wortlaut gleiche Norm des Art. 21 Abs. 2 GG. Die Entstehungsgeschichte des Art. 26 GG macht deutlich, daß tatsächlich an die Illegalisierung friedensstörender Handlungen gedacht war[46]. Das in Art. 9 Abs. 2 GG angedrohte Verbot bezieht sich daher insoweit auf ein schlechthin

---

[43] Präambel der Charta der Vereinten Nationen vom 26. Juni 1945 (abgedruckt bei *Goodrich* und *Hambro*, a.a.O., S. 583).

[44] Im Programm der NPD (DN-Sonderdruck A/68, 1. Aufl.) wird — in Übereinstimmung mit der Deutschlandpolitik der Bundesregierung in der Adenauer-Ära — verkündet, die „‚Realität' der kommunistischen Eroberungen von 1945" dürfe nicht anerkannt werden. Die Ansprüche der Bundesrepublik auf „Ostdeutschland" könnten „durch niemanden, keine Regierung und keine Partei aufgegeben werden".

[45] In diesem Sinne bereits *Smend*, in: Der Kampf um den Wehrbeitrag, S. 150; ferner *Klein*, vMK, III 4 a zu Art. 26, S. 687; *Giese-Schunck*, a.a.O., Anm. II 1 zu Art. 26 und *Menzel*, BK, Anm. II zu Art. 26.

[46] In der Sitzung des Hauptausschusses des Parlamentarischen Rates vom 19. November 1948 (Stenogr. Bericht, S. 71) führte der Abgeordnete *Carlo Schmid* aus, mit dem Wort „verfassungswidrig" solle die „stärkste rechtliche Verurteilung eines Tuns" ausgesprochen werden.

illegales Handeln. Angesichts der an sich selbstverständlichen Bereitschaft einer demokratischen Nation, die Befugnis zur Selbstbestimmung auch für andere Völker vorbehaltlos zu akzeptieren, ist es der Aktivbürgerschaft ohne weiteres zumutbar, daß friedensstörende Verbände aufgelöst werden. Weil es nicht Gegenstand der innergesellschaftlichen Diskussion sein darf, über die Geschicke anderer Nationen zu befinden, werden die Befugnisse der politisch fungierenden Gesellschaft bei einer dahingehenden Anmaßung überschritten. Durch Art. 9 Abs. 2 GG kann somit ein ohnehin durch das Demokratiegebot nicht mehr geschütztes kollektives Verhalten, dessen Gefährlichkeit historisch erwiesen ist, unterbunden werden.

Zu klären bleibt, ob außer den Vereinen des Art. 9 Abs. 1 GG auch Koalitionen und Parteien bei einem Verstoß gegen das Gebot der Völkerverständigung aufgelöst werden können. Nach h. M. unterliegen die nach Art. 9 Abs. 3 geschützten Verbände ebenfalls der für völkerverständigungsfeindliches Verhalten angedrohten Sanktion[47]. Hiergegen ist geltend gemacht worden, Art. 9 Abs. 2 GG werde der den Koalitionen verliehenen Sonderstellung nicht gerecht[48]. Tatsächlich unterstehen jedoch die Vereinigungen des Art. 9 Abs. 3 GG ebenfalls der in Art. 26 GG ausgesprochenen allgemeinen Verfemung friedensstörender Handlungen. Das aus der textlichen Nachordnung von Art. 9 Abs. 3 GG erwachsende Bedenken schlägt gegenüber diesem Befund nicht durch. Koalitionen können daher bei friedensstörender Betätigung ebenfalls nach Maßgabe von Art. 9 Abs. 2 GG zur Rechenschaft gezogen werden.

Eine Antwort auf die Frage, ob auch Parteien wegen Verstoßes gegen das Völkerverständigungsgebot illegalisierbar sind, würde sich vereinfachen, wenn sie als Vereinigungen im Sinne nach Art. 9 Abs. 2 GG anzusehen wären. Man wird jedoch für die Eliminierung von Parteien Art. 21 Abs. 2 GG mit der h. M.[49] für die speziellere Norm ansehen müssen. Das in der Präambel und in Art. 1 Abs. 2 GG enthaltene und dann in Art. 26 GG näher ausgestaltete Gebot einer friedlichen nationalen Existenz stellt indessen einen so fundamentalen Bestandteil der Verfassungsordnung in der Bundesrepublik dar, daß ein Verstoß gegen das Völkerverständigungsgebot zugleich die freiheitliche demokratische Grundordnung im Sinne von Art. 21 Abs. 2 GG beeinträchtigt. Friedensstörende Parteien können daher für verfassungswidrig erklärt werden.

---

[47] Vgl. *Klein*, vMK, Anm. VI 1 zu Art. 9, S. 331; *Hamann*, a.a.O., Anm. A 2 zu Art. 9, S. 130; *v. Münch*, BK, Rdnr. 171 zu Art. 9 u. *Schnorr*, a.a.O., S. 231.
[48] *Walter Schmidt*, Das Vereinsgesetz und Art. 9, Abs. 2, 18 des Grundgesetzes, S. 427.
[49] *Maunz*, MD, Rdnr. 38 zu Art. 21; *v. Münch*, BK, Rdnr. 88 zu Art. 9; ferner BVerfGE 2/1 (13) und 17/155 (166).

Fünfter Teil

Das Verbot von Vereinigungen

I. „Die Strafgesetze" als Aktionsschranke

1. Historische Deutung der Vorbehaltsklausel

Im Grundsatzausschuß des Parlamentarischen Rates erläuterte der Berichterstatter *Zinn*, das bei einem Verstoß gegen „die Strafgesetze" in Art. 9 Abs. 2 GG vorgesehene Vereinsverbot mit dem Hinweis, insoweit sei dem „traditionellen Vorbehalt" zum Vereinsrecht genüge geschehen[1]. Tatsächlich gewährleistete bereits Art. 124 Abs. 1 Satz 1 WRV die Vereinigungsfreiheit „zu Zwecken, die den Strafgesetzen nicht zuwiderlaufen". Das Vereinsgesetz aus dem Jahre 1908 enthielt ebenfalls den strafgesetzlichen Vorbehalt[2]. Die Paulskirchenversammlung hingegen war bestrebt, die Vereinigungsfreiheit ohne jede Einschränkung zu konstitutionalisieren[3]. Dieser Versuch schloß selbstverständlich nicht das Verlangen ein, die allgemeine Rechtsordnung aufzuheben. Der Paulskirchen-Entwurf läßt vielmehr eine erstrebte Trennung zwischen kollektiver politischer Tätigkeit und dem strafrechtlich bedeutsamen Verhalten erkennen.

Wie sehr sich die im wechselvollen Gang der deutschen Verfassungsgeschichte erstrittene Vereinigungsfreiheit von kriminellen Delikten abhebt, wird bereits an den in Preußen unter dem Schock der Märzereignisse des Jahres 1848 erreichten Zugeständnissen deutlich. Ungeachtet des Fortgeltens „der Strafgesetze" sollten sämtliche der Vereinigungsfreiheit entgegenstehenden Rechtsvorschriften aufgehoben werden[4]. Die ausdrücklich verworfenen Vereinsbeschränkungen konnten

---

[1] Stenogr. Protokoll der Sitzung vom 5. Oktober 1848, wiedergegeben bei *v. Doeming — Füßlein — Matz*, a.a.O., S. 117.

[2] Nach § 1 dieses Gesetzes (RGBl. 1908, S. 151) sollte es gewährleistet sein, "zu Zwecken, die den Strafgesetzen nicht zuwiderlaufen, Vereine und Gesellschaften zu bilden".

[3] Die in ihrem sechsten Abschnitt immerhin 59 Grundrechtsparagraphen aufweisende Reichsverfassung vom 28. März 1849 (RGBl. S. 101 ff.) sah in § 162 eine Verankerung der Befugnis vor, „Vereine zu bilden". Dieses Recht sollte „durch keine vorbeugende Maßregel eingeschränkt werden" können.

[4] Nach der „Verordnung über einige Grundlagen der Preußischen Verfassung vom 6. April 1848 (Preuß. Gesetz-Sammlung, S. 87 ff.) sollten in Zukunft alle Preußen berechtigt sein, „zu solchen Zwecken, welche den

demnach nicht mehr Bestandteil des als weitergeltend angesehenen Strafrechts sein. Aus geschichtlicher Sicht ist das verfassungsrechtlich geschützte Handeln politischer Vereinigungen ein aliud gegenüber einem kriminellen Zusammenwirken mehrerer Personen. Der strafgesetzliche Vorbehalt bringt das Fortgelten der nicht vereinsfeindlichen Rechtsordnung zum Ausdruck. Die Befugnis zu gemeinsamem Wirken wird auf diese Weise gegen den Vorwurf abgesichert, eine unbegrenzte Vereinigungsfreiheit begünstige strafbare Handlungen. Wie sehr es bei der verfassungsrechtlichen Absicherung der Vereinigungsfreiheit darauf ankam, die politische Aktivität der Bürger gegen den vagen Verdacht der kriminellen Gefährlichkeit und die hieraus abgeleitete Befugnis zu obrigkeitlichem Einschreiten zu schützen, zeigt das in der Weimarer Verfassung noch ausdrücklich enthaltene Verbot von lediglich vorbeugenden Staatseingriffen. Die verfassungsgeschichtliche Entwicklung der Vereinigungsfreiheit zeigt also, daß die Vorbehaltsklausel zugunsten der Strafgesetze von einer freiheitsfördernden Traditionskette geprägt ist. Da die Aufnahme der Strafgesetzklausel in das Grundgesetz allein aus dem verfassungsgeschichtlichen Prozeß der Überwindung vereinigungsfeindlicher Epochen gedeutet werden kann, bringt der Vorbehalt in Art. 9 Abs. 2 GG die wiederum erreichte Trennung zwischen kollektiver Kriminalität und dem freigesetzten politischen Handeln zum Ausdruck.

2. Strafgesetze als allgemeine Gesetze

Kein Grundrecht gilt außerhalb einer allgemeinen Rechtsordnung. Bereits die Erklärung der Menschen- und Bürgerrechte vom 26. August 1789 bestimmt in Art. 4, die Ausübung der Freiheitsrechte sei an jene Grenze gebunden, „die den anderen Gliedern der Gesellschaft den Genuß der gleichen Rechte sichern"[5]. Als in Deutschland durch den Aufruf des Rates der Volksbeauftragten vom 12. November 1918 angeordnet wurde, das Vereins- und Versammlungsrecht unterliege keiner Beschränkung mehr, galt selbstverständlich im übrigen die allgemeine, für jedermann verbindliche Rechtsordnung weiter. *Anschütz* kommentiert deshalb das Grundrecht der Versammlungsfreiheit in der Weimarer Verfassung mit dem zutreffenden Hinweis, die allgemeinen Gesetze blieben „unberührt"[6]. Es war das Kennzeichen dieser Strafgesetze, daß ihnen „alle unterworfen" waren[7].

Strafgesetzen nicht zuwiderlaufen, sich ohne vorherige polizeiliche Erlaubnis in Gesellschaften zu vereinigen". In der gleichen Verordnung wurden sämtliche „das freie Vereinigungsrecht beschränkenden, noch bestehenden gesetzlichen Bestimmungen" aufgehoben.
[5] Deutsch bei *Musulin*, a.a.O., S. 75.
[6] a.a.O., Anm. 4 e zu Art. 123, S. 570.
[7] *Arnold Brecht*, a.a.O., S. 262.

I. „Die Strafgesetze" als Aktionsschranke

Vereinsmitglieder müssen während ihrer gemeinsamen Tätigkeit die ohne Bezug zur Vereinsarbeit erlassenen Gesetze befolgen. *Walter Jellinek* stellt mit Recht fest, ein Verhalten, das „an sich gesetzwidrig" sei, werde nicht etwa dann erlaubt, wenn es sich in einem Verein oder in einer Versammlung abspiele[8]. Die Teilnehmer einer Vereinsversammlung stehen „in ihr genauso unter dem Gesetz wie außerhalb der Versammlung"[9]. Daß die Mitglieder einer politischen Vereinigung die grundrechtsneutralen Rechtsnormen zu beachten haben, ist im Grunde unproblematisch[10]. Exekutivistische Anordnungen, die ein nach allgemeinen Vorschriften gebotenes Verhalten betreffen, tangieren die Grundrechtssphäre nicht. Soweit die Exekutivbehörden bemüht sind, die Beachtung der grundrechtsneutralen Rechtsordnung zu gewährleisten, stellt sich die Frage nach einer „Polizeifestigkeit" der Grundrechte nicht mehr. Allerdings dürfen die polizeigesetzlichen Generalklauseln nicht dazu mißbraucht werden, die Öffentlichkeit erneut einer Staatsräson zu unterwerfen. Weil die Exekutive in der Bundesrepublik lediglich im Rahmen der verfassungskonformen Gesetze für Sicherheit und Ordnung sorgen darf, wäre eine Auszehrung der Grundrechte durch die ordnungsgesetzlichen Generalklauseln verfassungswidrig. Politische Vereinigungen dürfen deshalb nicht etwa außerhalb der nach Art. 18 9 Abs. 2 und 21 Abs. 2 GG vorgesehenen Verfahren auch noch aufgrund allgemeiner Ordnungsvorschriften aufgelöst werden. Die speziellen Abwehrnormen des Grundgesetzes verbieten einen Rückgriff auf die niederrangigeren Generalklauseln des Polizeirechts[11].

Fraglich ist, ob das insoweit vorgeklärte Problem des Verhältnisses von Grundrechtsgarantien zur allgemeinen Rechtsordnung mit Hilfe einer Güterabwägungslehre gelöst werden kann. Das Bundesverfassungsgericht hat versucht, konträre Interessenlagen bei der Inanspruchnahme von Grundrechten durch Wertabwägungen zu harmonisieren. Im „Lüth-Urteil" führt das Gericht aus, ein Grundrecht müsse zurücktreten, wenn „schutzwürdige Interessen eines anderen von höherem Rang" andernfalls verletzt würden[12]. Im „Richard-Schmid"-Beschluß obsiegte die Befugnis zur freien Meinungsäußerung erst, weil der Betroffene zuvor selbst angegriffen worden war[13]. Diese Betrachtungsweise hat nur be-

---

[8] a.a.O., S. 488; ähnlich *Ekkehart Stein*, Lehrbuch des Staatsrechts, S. 141.
[9] *Füßlein*, Vereins- und Versammlungsfreiheit, S. 448; zustimmend *Gallwas*, a.a.O., S. 162.
[10] Zu denken ist z. B. an das Verbot, ein baufälliges Vereinslokal zu betreten. Nach Eintritt der nächtlichen Sperrstunde muß selbstverständlich in einer Vereinsversammlung ruhestörender Lärm vermieden werden. Die Angestellten eines Verbands oder einer Partei müssen bei Plakataktionen fremdes Eigentum respektieren.
[11] So jetzt zutreffend *Ekkehart Stein*, Lehrbuch des Staatsrechts, S. 142.
[12] BVerfGE 7/198 (210); ebenso BVerfGE 7/230 (231).
[13] BVerfGE 12/113 (124) ff.).

dingt Zustimmung gefunden. *Hamel* hält den Staat für befugt, „zum Schutze übergeordneter Rechtsgüter" für jedes Grundrecht „Inhalt und Schranken" auch im Wege der einfachen Gesetzgebung zu bestimmen[14]. *Häberle* greift diesen Gedanken auf und behauptet, „jede Begrenzung eines Grundrechts" sei „ein Stück Inhaltsbestimmung"[15]. „Reale Geltung" könne ein Grundrecht „erst durch die Gesetzgebung" erlangen[16]. Wäre diese Ansicht richtig, so würde die staatsfreie Sphäre des politisch tätigen Publikums mit zunehmender Gesetzesdichte auf bloße Restbereiche zusammenschrumpfen. Häberle stellt das Verhältnis von Grundrechten und einfachen Gesetzen praktisch „auf den Kopf"[17]. Der besondere Stellenwert eines Grundrechts besteht darin, durch einfache Gesetze grundsätzlich nicht verkürzt werden zu können.

Unter dem bei *Häberle* besonders deutlichen Mangel leidet auch die vom Bundesverfassungsgericht praktizierte Wertabwägungslehre. Sie birgt die Gefahr einer Aufwertung einzelner Gesetze in den Rang von Verfassungsnormen. *Leisner* erkennt diesen neuralgischen Punkt; ein über den negativen Befund hinausgehender Vorschlag wird von ihm jedoch nicht unterbreitet[18]. Weil zumeist nicht vorauszusehen ist, welches Interesse oder welcher Wert für das Gericht den Ausschlag geben wird, bringt die Güterabwägungslehre eine unerträgliche Rechtsunsicherheit mit sich. Es ist jedoch das Anliegen des Verfassunggebers, die Vorrangigkeit bestimmter Interessen in vorläufig verbindlicher Weise festzulegen. Soweit dies geschehen ist, können die in den Grundrechten verankerten Resultate nicht erneut rechtlich relevanten Wertabwägungen unterworfen werden[19]. Würde eine Verfassungsnorm durch gerichtliche „Wertabwägungen" umgangen, dann wäre eine parakonstitutionelle Umbiegung der Verfassung zu beklagen. Der zur Verfassungsgesetzgebung unerläßliche Legitimationsstrom darf aber nicht durch das Einschleusen von Sonderinteressen in den Bereich der Rechtsprechung unterbrochen werden. Wegen der akuten Gefahr einer ideologischen Unterwanderung des Grundgesetzes ist die Güterabwägungslehre nicht geeignet, Grundrechtssphären und die allgemeine Rechtsordnung voneinander abzugrenzen. Richtungsweisend bei der Lösung dieser Frage ist vielmehr eine historisch-politische Analyse jener Konflikte, die durch die Verfassung gelöst werden sollen. Die als

---

[14] a.a.O., S. 45; ähnlich *Eike v. Hippel*, a.a.O., S. 46.
[15] a.a.O., S 179.
[16] a.a.O., S. 184.
[17] *Čopić*, Grundgesetz, S. 28.
[18] Für diesen Staatsrechtslehrer bleibt (von der Verfassungsmäßigkeit der Gesetze zur Gesetzmäßigkeit der Verfassung, S. 71) am Ende nur „ein letzter Selbststand, ein letztes Geheimnis um die Verfassung".
[19] *Carl Schmitt*, Verfassungslehre, S. 167 stellt zutreffend fest, ein Freiheitsrecht sei „kein Recht oder Gut, das mit anderen Gütern in eine Interessenabwägung eintreten könnte".

Resultat rückfallreicher und langwieriger Geschichtsprozesse herausgebildeten Grundrechte beruhen auf humanen Einsichten und Postulaten, die sich für eine mündige Gesellschaft als unverzichtbar erwiesen haben. Soweit verfassungsrechtlich gefestigte Ergebnisse errungen sind, können sie nicht mit Hilfe niederrangiger Normen durchkreuzt werden.

3. Die verbotsauslösenden Strafgesetze

Weil die grundrechtsneutrale Rechtsordnung zur Erzwingung des staatsbürgerlichen Gehorsams durchweg strafbewehrt ist, könnte der Wortlaut von Art. 9 Abs. 2 GG auf ein Verbot jeder gesetzeswidrig handelnden Vereinigung hindeuten. Selbst gelegentliche und geringfügige Rechtswidrigkeiten wären dann geeignet, einen Verband zu illegalisieren. Das damit bestehende Problem, welche Strafgesetze innerhalb der Kategorie „allgemeine" Normen ein Verbot auslösen, ist bisher kaum behandelt worden. Der zur Bestimmung von vereinsneutralen Rechtsvorschriften richtige Ansatz, Strafgesetze im Sinne von Art. 9 Abs. 2 GG als Normen zu kennzeichnen, die individuelles Verhalten ebenfalls unter Strafe stellen[20], reicht nicht aus, um den Kreis der verbotsauslösenden Strafgesetze zu bestimmen. Zusammenschlüsse, deren ausschließlicher Zweck darin besteht, kriminelle Handlungen zu ermöglichen, genießen den Schutz von Art. 9 Abs. 1 GG überhaupt nicht. Zu denken ist hierbei vor allem an Ringvereine, Ganovenklubs und die gemeinschaftliche Begehung von Straftaten[21]. In diesen Fällen haftet der Gesamttätigkeit eine für die Illegalität typische Unerträglichkeit an. Die kollektive Begehungsart stellt sich als ein bloßer Annex der kriminellen Handlung dar. Für den Anwendungsbereich der hierauf bezogenen Strafgesetze stellt Art. 9 Abs. 2 GG lediglich klar, daß die pönalisierten Handlungen keinen Grundrechtsschutz genießen.

Daneben übertreten politische Vereinigungen bisweilen allgemeine Strafnormen, ohne daß Ziele oder Methoden der Vereinstätigkeit von vornherein durch diese Delikte geprägt sind. Der Gesetzgeber hat diesem Sachverhalt nunmehr partiell Rechnung getragen, indem er Vereinigungen bei einem strafbaren Verhalten von „untergeordneter Bedeutung" in § 129 Abs. 2 StGB von der allgemeinen Strafandrohung

---

[20] So bereits *Krüger*, Grundgesetz und Kartellgesetzgebung, S. 25; ferner *Klein*, vMK, Anm. IV 4 zu Art. 9, S. 324; *Hamann*, a.a.O., Anm. B 3 zu Art. 9, S. 132; *v. Münch*, Rdnr. 61 zu Art. 9 und *Ekkehart Stein*, Lehrbuch des Staatsrechts, S. 141.

[21] Nach dem StGB kommen z. B. in Betracht: Die Verabredung zur Begehung von Kapitalverbrechen (§ 49 b); schwerer Hausfriedensbruch (§ 124); Landfriedensbruch (§ 125); bewaffnete Haufen (§ 127); Bandendiebstahl (§ 243 Ziff. 6) und schwerer Raub (§ 250 Abs. 1 Ziff. 2).

gegen kriminelle Zusammenschlüsse ausnimmt. Ein nur gelegentlich begangener Gesetzesverstoß bleibt für sich gesehen rechtswidrig. Die insoweit kriminelle Vereinstätigkeit wird des Grundrechtsschutzes nicht teilhaftig. Die eine gesetzeskonforme Zielsetzung nur beiläufig begleitende Kriminalität löst jedoch nicht das Verbotensein des gesamten Vereins aus.

II. Legalität oder Opportunität?

Betätigt sich eine politische Vereinigung verfassungsfeindlich, so erhebt sich die Frage, ob sie in jedem Fall verboten (Art. 9 Abs. 2 GG) oder für verfassungswidrig erklärt (Art. 21 Abs. 2 GG) werden muß. Ein Verwirkungsverdikt wäre zwingend vorgeschrieben, wenn die Repression von verfassungsfeindlichen Verbänden und Parteien nach dem im Strafrecht generell anzuwendenden Legalitätsprinzip[22] erfolgen müßte. Die Worte „sind verboten" in Art. 9 Abs. 2 GG lassen ebenso wie die imperativische Fassung des Art. 21 Abs. 2 Satz 1 GG von der Wortauslegung her eher auf eine Anwendbarkeit des Legalitätsprinzips schließen. Allerdings ist für Parteien von Belang, daß ein Verwirklichungsverfahren gemäß § 43 Abs. 1 BVerfGG nur in Gang kommen kann, wenn der Bundestag, der Bundesrat oder die Bundesregierung einen dahingehenden Antrag stellen. Das Bundesverfassungsgericht hat hervorgehoben, daß es im „politischen Ermessen" und unter der „ausschließlichen politischen Verantwortung" der Antragsberechtigten steht, ob sie von ihrer Befugnis Gebrauch machen[23]. Durch die Kann-Formel des § 43 BVerfGG ist bereits der Anstoß für ein Verfahren zur Festlegung der Verfassungswidrigkeit vom Legalitätsprinzip ausgenommen. Für das Verbot von Verbänden nach Art. 9 Abs. 2 GG fehlt eine entsprechende Regelung. Das im übrigen auf Perfektion hin angelegte Vereinsgesetz aus dem Jahre 1964 besagt ebenfalls nichts darüber, wann ein Verbot ausgesprochen werden muß, soll oder kann.

Die Frage, ob verfassungsfeindliche Vereinigungen zwingend aus dem politischen Ideenwettbewerb verdrängt werden müssen, kann nicht ohne einen Blick auf die praktische Handhabung der Verwirkungsnormen beantwortet werden. Das Bundesverfassungsgericht hat die

---

[22] Unter Abweichung von dem in § 152 StPO enthaltenen Grundsatz, prinzipiell jede strafbare Handlung zu verfolgen, sind im Bereich des politischen Strafrechts beträchtliche Zugeständnisse an das Opportunitätsprinzip gemacht worden. So kann nach Maßgabe von § 153 c StPO bei tätiger Reue von der Anklageerhebung abgesehen werden. Einige der in ihrer Verfassungsmäßigkeit umstrittenen Delikte sollen nach dem Achten Strafrechtsänderungsgesetz nur noch mit Ermächtigung der Bundesregierung verfolgbar sein; hierzu gehören die „Beschimpfung der Bundesrepublik" (jetzt § 90 b StGB) und der fahrlässige Landesverrat (§ 97 StGB).

[23] BVerfG, KPD-Urteil, bei *Pfeiffer-Strickert*, Dokumente, S. 583.

II. Legalität oder Opportunität?

Ansicht entwickelt, eine Entscheidung nach Art. 21 Abs. 2 GG sei „nach rein rechtlichen Gesichtspunkten zu treffen"; deshalb seien „politische Zweckmäßigkeitserwägungen" unzulässig[24]. Dieser Auffassung wäre allenfalls zuzustimmen, wenn die aus Art. 21 Abs. 2 und Art. 9 Abs. 2 GG resultierenden Entscheidungen im Wege der herkömmlichen Rechtsfindung, also im wesentlichen durch die Subsumtion eines feststehenden Tatbestandes unter Rechtssätze[25] zu gewinnen wären.

Willms vertritt die Ansicht, das staatliche Vorgehen gegen verfassungsfeindliche Gruppen habe ebenso nach dem Legalitätsgrundsatz zu erfolgen wie die Ahndung kriminellen Unrechts. Deshalb sei die zum Ausspruch eines Verbotes nach Art. 9 Abs. 2 GG befugte Instanz zu einem Vorgehen verpflichtet[26]. Bereits die Ermittlung jener Tatsachen, die eine nach Art. 9 Abs. 2 bzw. 21 Abs. 2 GG mögliche Verwirkungssanktion rechtfertigen können, erfolgt jedoch nicht ohne ermessenhafte politische Wertungen. Ob eine Partei oder ein Verband eine antidemokratische und daher verfassungswidrige Infrastruktur aufweisen, läßt sich im allgemeinen erst anhand eingehender Analysen des Organisationsgefüges ermitteln. An den Innenaufbau mitgliedstarker Monopolorganisationen sind strengere Anforderungen zu stellen als an die Struktur unbedeutender Clubs. Soweit es darum geht, ein nicht mehr verfassungskonformes Programm festzustellen, kann allein eine politikwissenschaftliche Analyse des mißbilligten Programms die Begründetheit des Vorwurfes erweisen. Zugleich muß in jedem Verwirkungsverfahren der demokratieerhaltende Effekt einer möglichst ungehinderten öffentlichen Diskussion bedacht werden.

Eine Verwirkung von individuellen Grundrechten nach Art. 18 GG ist nach überwiegender und zutreffender Ansicht nur dann auszusprechen, wenn die Abwehrmaßnahme wirklich unerläßlich ist[27]. In dem bisher einzigen Verwirkungsverfahren nach Art. 18 GG ist dieser Gesichtspunkt von entscheidender Bedeutung gewesen, denn das Bundesverfassungsgericht hat von einer Aberkennung wegen mangelnder Gefährlichkeit des betroffenen Grundrechtsträgers abgesehen[28]. Die

---

[24] BVerfG, ebenda.

[25] Daß es sich bei der richterlichen Rechtsgewinnung um einen vielfach durch — teils offene, teils verdeckte — Normhypothesen vermittelten, keineswegs als „en quelque facon nulle" zu bewertenden und im Interesse einer rationalen Durchdringung stets offenlegungsbedürftigen Vorgang handelt, legt *Kriele*, a.a.O., vor allem S. 218 ff. und 271 ff., eingehend dar.

[26] Staatsschutz im Geiste der Verfassung, S. 24.

[27] *Klein*, vMK, Anm. III 4 a zu Art. 18, S. 351, fordert mit Recht eine gewisse „Gefährlichkeit" des demokratiefeindlichen Handelns; ähnlich *Geiger*, a.a.O., S. 148; *Dürig*, MD, Rdnr. 41—43 zu Art. 18; *Čopić*, Grundgesetz, S. 85, betont, die in der Verfassung vorgesehenen Sicherungsmaßnahmen gegen Dissidenten seien „an die Voraussetzung der Erforderlichkeit gebunden".

[28] BVerfGE 11/282 f.

Erkenntnis von der Beschränkung der Repression auf gefährliche Dissidenten ist allerdings im Anwendungsbereich der Art. 9 Abs. 2 und 21 Abs. 2 GG noch nicht fruchtbar geworden. Bisher wurde angenommen, eine Partei könne selbst dann für verfassungswidrig erklärt werden, „wenn nach menschlichem Ermessen keine Aussicht darauf besteht, daß sie ihre verfassungswidrige Absicht in absehbarer Zukunft werde verwirklichen können"[29]. Unstreitig besteht der Sinn sämtlicher drei Verwirkungsnormen des Grundgesetzes darin, den demokratischen Kern der Verfassung vor zerstörerischen und damit gefährlichen Angriffen zu schützen. Maßnahmen zu diesem Zweck können sinnvoll nur ergriffen werden, wenn die Verfassungsordnung wirklich bedroht ist. Mit zunehmender Festigkeit des demokratischen Gesellschaftsgefüges verlieren verfassungsfeindliche Störaktionen an Gefährlichkeit. Umgekehrt kann eine Situation eintreten, in der „das freiheitliche demokratische Staatswesen schon so geschwächt ist, daß selbst geringfügige Angriffe gegen es eine akute Gefahr bedeuten"[30]. Da bei staatlichen Freiheitsverkürzungen schlechthin das Übermaßverbot[31] beachtet werden muß, hat die zum Ausspruch von Verwirkungsurteilen befugte Instanz in jedem Fall zu prüfen, ob es überhaupt erforderlich ist, die scharfe Waffe einer Aberkennung von Grundrechten anzuwenden. Solange eine politische Vereinigung nur unbedeutenden Widerhall in der Öffentlichkeit findet und ihre Aktivität auf einen kleinen Mitgliederkreis beschränkt, ist mangels einer akuten Gefahr für die Verfassungsordnung ein Verwirkungsverfahren nicht gerechtfertigt[32].

Der Gesichtspunkt des Übermaßverbotes muß für den Umfang der Restriktionsmaßnahmen ebenfalls gelten. Für individuelle Verwirkungsmaßnahmen sieht Art. 18 ausdrücklich vor, das „Ausmaß" der Grundrechtsverkürzung von Fall zu Fall zu bestimmen. Auf diese Weise ist eine unumgängliche Elastizität der Abwehr gewährleistet. Aus dem Übermaßverbot folgt, daß auch für die Verfahren nach Art. 9 Abs. 2

---

[29] BVerfGE 5/85 (143). In dem Urteil gegen die KP des Saarlandes (BVerfGE 6/300 ff.) fand sich das Gericht nicht dazu bereit, die konkrete Gefährlichkeit dieser Partei zu überprüfen.

[30] *Klein*, vMK, Anm. III 4 a zu Art. 18, S. 532. Nur in einer derartigen Grenzsituation könnte, wie Klein (ebenda) hervorhebt, das Einschreiten gegen „bloße ‚Nadelstiche'" gerechtfertigt sein.

[31] Das Bundesverfassungsgericht sieht Art. 2 Abs. 1 GG als sedes materiae dieses Rechtsgrundsatzes an. Das Gericht führt aus (BVerfGE 17/306, 317), „je mehr der gesetzliche Eingriff elementare Äußerungsformen der menschlichen Handlungsfreiheit" tangiere, desto sorgfältiger müßten „die zur Rechtfertigung vorgebrachten Gründe gegen den grundsätzlichen Freiheitsanspruch des Bürgers abgewogen werden".

[32] So wäre es beispielsweise unzulässig, einen für die Restauration der Monarchie und ihrer Prärogativrechte plädierenden, aber völlig bedeutungslosen Verein nach Maßgabe von Art. 9 Abs. 2 GG zu illegalisieren. Das gleiche muß für studentische Gruppen gelten, wenn sie — ohne gefährliche Resonanz — für eine Diktatur minoritärer Gruppen eintreten sollten.

II. Legalität oder Opportunität?

und Art. 21 Abs. 2 GG eine den Grundsatz der Verhältnismäßigkeit der Mittel wahrende Abstufung der Repression geboten ist. So ist es z. B. denkbar, gegen einen Verband ein auf sein tatsächlich verfassungsfeindliches Verhalten beschränktes Verbot zu verhängen. Soweit die Infrastruktur dem Gebot des demokratischen Aufbaus nicht gerecht wird, kann zunächst eine Änderungsauflage am Platze sein. Setzt sich das Programm einer Vereinigung aus verfassungskonformen und verfassungsfeindlichen Teilen zusammen, so wird ein partielles Betätigungsverbot in Betracht kommen. In jedem Fall bedarf es einer Prognose über die mutmaßliche Gefährlichkeit des unerwünschten Verhaltens, die nur aufgrund einer Gesamtbeurteilung der politisch relevanten Momente möglich ist.

Die auf wenige Anhaltspunkte beschränkten Tatbestände der Art. 9 Abs. 2 und 21 Abs. 2 GG stecken im Ergebnis für die Verwirkung politischer Grundrechte lediglich einen verfassungsrechtlichen Rahmen ab. Sie liegen „an der Grenze der Justiziabilität"[33]. Als „weitgefaßte Formeln" weisen sie die zur Handhabung befugten Instanzen an, jeweils eine Entscheidung zu suchen, die dem „politischen Sinngehalt der Verfassung gerecht wird"[34]. Erst durch die im Einzelfall gebotene Dezision erfahren die Verwirkungstatbestände eine inhaltliche Konkretisierung. Dieser Befund ist nicht mit dem Hinweis auf eine angebliche Lückenhaftigkeit der Normen zu erklären[35], denn die Weite der Verwirkungsdelikte trägt dazu bei, die Freiheitlichkeit der demokratischen Verfassung zu erhalten. Sie stellt also keinen inhaltsarmen Formelkompromiß dar, sondern gewährleistet die Existenz eines prinzipiell von staatlichen Eingriffen freien Betätigungsraumes.

Der hochpolitische und deshalb nicht an der Elle der allgemeinen richterlichen und exekutivischen Rechtsanwendung zu messende Charakter eines Verwirkungsspruches könnte es nahelegen, das nach Art. 18, 9 Abs. 2 und 21 Abs. 2 GG mögliche Verdikt im materiellen Sinne als einen Regierungsakt anzusehen[36]. Tatsächlich liegt aber wegen des normativ grundrechtsverkürzenden Charakters eher eine gesetzesähnliche Maßnahme vor.

Den für einen Ausspruch der Schutzsanktion zuständigen Instanzen ist es aufgetragen, die Elastizität der Verwirkungstatbestände bestmöglich im Sinne der für die Demokratie unentbehrlichen Freiheitlich-

---
[33] *Geiger*, a.a.O., S. 160, in bezug auf Art. 21 Abs. 2 GG.
[34] *Klein*, Bundesverfassungsgericht und richterliche Beurteilung politischer Fragen, S. 15.
[35] So aber *Klein*, a.a.O., S. 30/31, der die „Lücken" in der Verfassung aus dem „latenten Konflikt zwischen Politik und Recht" zu deuten versucht; dabei soll es „dem Politischen" nicht gelingen, sich „der Umklammerung durch das Recht zu entziehen".
[36] So *Klein*, a.a.O., S. 15.

keit nutzbar zu machen. Es muß deshalb in jedem zur Entscheidung stehenden Fall sorgsam vermieden werden, die zu bewahrende Grundgesetzordnung durch eine zwecks Abwehr demokratiefeindlicher Kräfte angesetzte Radikaltherapie in ein unerträgliches Freiheitsdefizit zu treiben.

III. Die Kompetenzfrage

1. Ungeschriebene Zuständigkeit der Bundesexekutive?

Weil bei jedem Verbot einer Vereinigung ein Teil der bis dahin bestehenden Betätigungsfreiheit verlorengeht, ist es besonders wichtig, die Frage nach der Zuständigkeit für derart einschneidende Maßnahmen zu klären. Während für Parteien nach Art. 21 Abs. Satz 2 GG an der Kompetenz des Bundesverfassungsgerichts kein Zweifel besteht, ist die Rechtslage im Hinblick auf Verbände verwickelter. Art. 9 GG behandelt „die Frage, wer diese Feststellung treffen kann, überhaupt nicht"[37].

Aus dem Schweigen des Grundgesetzes im Bereich des Art. 9 GG wurde zunächst auf eine Zuständigkeit der Exekutive geschlossen. Um deren Verbotskompetenz auszufüllen, griffen Rechtsprechung und ein Teil der Lehre auf das Vereinsgesetz aus dem Jahre 1908 zurück[38]. Dieses von der monarchischen Obrigkeit gegen aufbegehrende Untertanen angewandte Gesetzeswerk war jedoch bereits durch den Aufruf des Rates der Volksbeauftragten[39] für hinfällig erklärt worden. Nach § 129 StGB in der Fassung des Ersten Strafrechtsänderungsgesetzes sollte es zugleich zulässig sein, das Verbot nach Art. 9 Abs. 2 GG in einem verwaltungsgerichtlichen Verfahren zu konkretisieren und damit strafbewehrt zu machen[40]. Die nunmehr im Vereinsgesetz aus dem Jahre 1964 enthaltene Zuweisung der Verbotskompetenz läßt das

---

[37] BVerfGE 13/174 (177).

[38] BVerfGE 4/188 (189); 6/333 (334); ebenso *Füßlein*, Vereins- und Versammlungsfreiheit, S. 439; *Seifert*, Probleme des öffentlichen Vereinsrechts, S. 355 und *Pfeiffer*, a.a.O., S. 98.

[39] Vgl. hierzu oben S. 27.

[40] Das Bundesverwaltungsgericht hatte auf Antrag der Bundesregierung (das oberste Verwaltungsgericht auf Antrag der Landesregierung) darüber zu befinden, ob ein Verband zu illegalisieren war. Erst nach rechtskräftiger Entscheidung hierüber konnten einfache Vereinsmitglieder wegen Ungehorsams bestraft werden. Personen, die eine verbotene Vereinigung als „Rädelsführer" oder „Hintermann" gefördert hatten, sollten allerdings nach § 90 a StGB dem unmittelbaren Zugriff des Strafrichters ausgesetzt sein. Diese direkte Strafandrohung war mit der Grundrechtskomponente des Art. 9 Abs. 2 GG nicht vereinbar. Nachdem die Verfassungswidrigkeit des § 90 a StGB teilweise aufgedeckt worden war (BVerfGE 12/296 ff.), wurde die Anwendbarkeit dieser Strafnorm auch im Bereich von Art. 9 Abs. 2 GG unhaltbar. Das neue Vereinsgesetz hob schließlich § 90 a StGB ersatzlos auf.

III. Die Kompetenzfrage

Bemühen des Gesetzgebers erkennen, von der Zweispurigkeit der bisherigen Regelung loszukommen. Aus dem Hinweis der Gesetzesinitiatoren, es müsse in Zukunft ein „schneller und reibungsloser" Ablauf des Verbotsverfahrens sichergestellt werden[41], wird die Absicht deutlich, eine straff zu handhabende Abwehrwaffe zu schmieden.

Die Neuregelung zeichnet sich zunächst durch eine ungewöhnliche Zentralisierung aus[42]. Sie ist aus diesem Grunde als besonders zweckmäßig angesehen worden. So feiert *Seifert* das neue Gesetz mit dem Hinweis, es trage den „Notwendigkeiten eines modernen Staatsschutzes" Rechnung[43]. *Willms* meint, die Zentralisation der Verbotskompetenz beim Bundesminister des Innern sei ein „bemerkenswerter Fortschritt"[44]. Weil das Grundgesetz in Art. 83 GG die Ausführung von Bundesgesetzen generell den Ländern überträgt, einer der ausdrücklich geregelten Ausnahmefälle nicht vorliegt, erheben sich bereits gegen die Konzentration der Verbotsbefugnisse bei einem Bundesminister starke Bedenken. Der Gesetzgeber hat hierzu geltend gemacht, die Bundeskompetenz sei im Interesse einer einheitlichen Abwehr von verfassungsfeindlichen Verbänden gerechtfertigt[45]. Die damit aus Zweckmäßigkeitsgründen in Anspruch genommene „ungeschriebene" Verwaltungskompetenz des Bundes wird von einem Teil der Lehre bejaht[46]. Das Bundesverfassungsgericht hat diese Ansicht jedoch aus gutem Grund nicht geteilt. Das Gericht hält es lediglich für denkbar, daß der Zweck eines Bundesgesetzes „durch das Verwaltungshandeln eines Landes überhaupt nicht erreicht werden" kann; nur in einem solchen Fall soll es zulässig sein, eine Bundesexekutive einzurichten[47]. Die Verfasser des Grundgesetzes haben durch die Verwaltungszuständigkeit der Länder

---

[41] Bericht des Bundestagsausschusses für Inneres über den (Regierungs-) Entwurf des Vereinsgesetzes (BT-Drucksache IV/2145, S. 2).

[42] Als Verbotsbehörde sollen nach § 3 Abs. 2 Ziff. 2 VereinsG (BGBl. I 1964, S. 593) „für Vereine und Teilvereine, deren Organisation oder Tätigkeit sich über das Gebiet eines Landes hinaus erstreckt", der Bundesminister des Innern, in den übrigen Fällen der jeweilige Landesinnenminister fungieren.

[43] Das neue Vereinsgesetz, S. 690; ähnlich *Petzold*, a.a.O., S. 2282.

[44] Der strafrechtliche Staatsschutz nach dem neuen Vereinsgesetz, S. 88. Das Festhalten an einer Exekutivkompetenz der Bundesländer soll nach einer früher geäußerten Ansicht von *Willms* (Das Vereinsverbot des Art. 9 Abs. 2 GG und seine Vollziehung, S. 1619) auf einer „Verkennung des vernünftig verstandenen föderalen Prinzips" beruhen.

[45] BT-Drucksache IV/430, S. 14 ff. und IV/2145, S. 2.

[46] Vgl. E. R. *Huber*, Wirtschaftsverwaltungsrecht, II, S. 326 f.; *Füßlein*, Mischverwaltung oder Mitverwaltung?, S. 3; *v. Mangoldt*, a.a.O., Anm. 2 zu Art. 83 und *Kölble*, Zur Lehre von den — stillschweigend — zugelassenen Verwaltungszuständigkeiten des Bundes, S. 660 ff.

[47] BVerfGE 11/6 (17) — „Dampfkesselfall". Die im Fernsehurteil (BVerfGE 12/205, 250 f.) erörterte Möglichkeit, speziell für das Ausland hergestellte Rundfunkprogramme wegen der Bundeszuständigkeit für auswärtige Angelegenheiten durch den Bund zu verwalten, berührt die (bundesinterne) Exekutivgewalt der Länder nach Art. 83 GG nicht.

etwa entstehende „Reibungsverluste" bewußt in Kauf genommen. Das Grundgesetz enthält für eventuell auftretende Unregelmäßigkeiten ein sorgfältig abgestuftes Instrumentarium der Bundesaufsicht. Es ist verfassungsrechtlich unzulässig, dieses föderalistische System unter Hinweis auf angebliche Unzweckmäßigkeiten im Wege der einfachen Gesetzgebung auszuhöhlen[48]. Die in Art. 83 GG eingerichtete Länderexekutive ist nicht als eine Renaissance staatenbündischer Strukturen anzusehen. Der demokratische Föderalismus der Gegenwart erfüllt vielmehr eine „gewaltentrennende und damit rechtsstaatliche und freiheitlich-demokratische (...) Primärfunktion"[49]. Wenn daher die Länderministerien bei der Ausführung von Verbotsgesetzen mit unterschiedlicher Stärke vorgehen, so wirken sich die hierdurch auftretenden regionalen Unterschiede in durchaus verfassungskonformer Weise freiheitsbewahrend aus. Es besteht nämlich die Möglichkeit, daß ein besonders forsches Einschreiten durch die größere Zurückhaltung in einem anderen Bundesland ausgeglichen werden kann. Wer eine machtvolle und straffe Zentralgewalt befürwortet, wird das im Grundgesetz verankerte System der Machtbalancen kaum schätzen. Die durch eine Länderexekutive sichergestellte vertikale Gewaltenhemmung ist aber nach geltendem Verfassungsrecht verbindlich. Die in § 3 des Vereinsgesetzes vorgesehene Exekutivkompetenz des Bundesinnenministers ist daher verfassungswidrig.

2. Ist die Exekutive überhaupt zuständig?

Gegen die im Vereinsgesetz vorgesehene Ermächtigung der Exekutive ergeben sich noch weitere Bedenken. Die neue Regelung soll praktisch den jeweils Regierenden ein Recht des ersten Zugriffs gegen ihre politischen Widersacher verschaffen. Da die Regierenden dazu neigen, scharf opponierende Gruppen auch mit rechtlichen Mitteln zu bekämpfen, ist die Exekutive bei der Wahrnehmung von Verbotskompetenzen in freiheitsgefährdender Weise befangen. Ist die jeweilige Regierung befugt, die nach Art. 9 Abs. 2 GG zulässigen Verbote gegen verfassungsfeindliche Verbände auszusprechen, dann gerät jede auf tiefgreifende Änderungen drängende Opposition in Gefahr, durch exekutive Verbotsverfügungen in die Illegalität gedrängt zu werden. Da nach § 3 Abs. 4 VereinsG ein Verbot bereits mit seiner Zustellung wirksam und vollziehbar sein soll, sieht sich ein davon betroffener Verband in der Regel

---

[48] So zutreffend *Bullinger*, a.a.O., S. 231 ff.; gegen ungeschriebene Bundeskompetenzen auch *Hamann*, a.a.O., Anm. B 5 zu Art. 83; *Maunz*, MD, Rdnr. 31 zu Art. 83; ferner speziell im Hinblick auf das neue Vereinsgesetz *Ridder*, Von Ursachen und Folgen föderalistischer Mißverständnisse, S. 515 ff., *Piepenstock*, a.a.O., S. 142; *v. Feldmann*, a.a.O., S. 31 ff. u. *Ćopić*, Grundgesetz, S. 70 ff.

[49] *Ridder*, Von Ursachen und Folgen föderalistischer Mißverständnisse, S. 521.

III. Die Kompetenzfrage

sogleich einschneidenden Vollzugsmaßnahmen ausgesetzt[50]. Weil nach § 6 Abs. 2 VereinsG weder der Widerspruch noch eine Anfechtungsklage aufschiebbare Wirkung entfalten sollen, ist der zunächst vor „vollendete Tatsachen" gestellte Verband gezwungen, den Vollzug eines Verbotes nach § 80 VwGO durch das Verwaltungsgericht aussetzen zu lassen. Dieses Verfahren läuft praktisch auf eine Umkehr der Darlegungslast hinaus, denn der illegalisierte Verein muß ausführen, warum sein Verhalten für noch verfassungskonform angesehen werden kann.

Gegen diese Regelung läßt sich anführen, daß aus Art. 9 Abs. 1 GG eine Vermutung für den Grundrechtsschutz des kollektiven Handelns folgt. Die Mitglieder jedes Verbandes können sich gegenüber der Staatsgewalt darauf berufen, von ihrem Freiheitsrecht Gebrauch zu machen. Da der Staat durch das Verbot nach Art. 9 Abs. 2 GG in die Freiheitssphäre der betroffenen Bürger eingreift, muß *er* die Rechtmäßigkeitsvoraussetzungen seines Handelns dartun[51]. Ist umstritten, ob ein Verband verfassungsfeindlich agitiert oder nicht, dann bewirkt die im Vereinsgesetz vorgesehene sofortige Vollziehbarkeit des Verbotes eine Illegalisierung, bevor noch über die Rechtmäßigkeit dieser Maßnahme verbindlich entschieden ist. Dieser Eingriff in die Grundrechtssphäre ist um so unerträglicher, als im Falle einer späteren Aufhebung des Verbotsspruches durch das angerufene Verwaltungsgericht der zwischenzeitlich eingetretene Diffamierungsschaden irreparabel bleibt. Solange über die Verwirkung der Vereinigungsfreiheit nicht verbindlich entschieden ist, steht es dem betroffenen Verband wegen der aus Art. 9 Abs. 1 GG folgenden Vermutung für den Grundrechtsschutz zu, von dem noch nicht verwirkten Grundrecht weiterhin Gebrauch zu machen. Die in jedem Fall eine sofortige Vollziehbarkeit des Verbotes anordnende Vorschrift des § 3 Abs. 4 VereinsG ist daher nicht mit Art. 9 Abs. GG vereinbar.

Die Befugnis, die Verbotskompetenz im Anwendungsbereich des Art. 9 Abs. 2 GG der Exekutive zuzuweisen, steht dem Gesetzgeber nur dann zu, wenn andere Grundrechtsnormen keine Sperrwirkung gegen eine Zuständigkeit der Exekutive entfalten. Da die Vereinigungsfreiheit nach Art. 18 GG durch ein Urteil des Bundesverfassungsgerichts verwirkt werden kann, erhebt sich die Frage, ob dieses Gericht nicht ebenfalls für Vereinsverbote nach Art. 9 Abs. 2 GG zuständig ist. Tatsächlich wird Art. 18 GG von einigen Autoren als die speziellere

---

[50] Sie bestehen vor allem in der Beschlagnahme und der Einziehung des Vereinsvermögens (§ 3 Abs. 1 VereinsG).

[51] Es ist unbestrittene Verwaltungsgerichtspraxis, daß es zu Lasten der Behörde geht, wenn die tatsächlichen Voraussetzungen für ein staatliches Eingreifen nicht erwiesen sind. Die objektive (materielle) Beweislast trägt der Staat; vgl. OVG Lüneburg 10/502; BVerfG DVBl. 1964, 795; *Wolff*, Verwaltungsrecht III, S. 408 u. *Eyermann-Fröhler*, a.a.O., Rdnr. 6 zu § 86.

und auch im Bereich von Art. 9 Abs. 2 GG anwendbare Kompetenznorm angesehen[52]. *Ridder* schlägt vor, die „Defektivität" des Art. 9 GG durch eine „politisch problemwache Interpretation der Lehre" und „die rechtsschöpferische Tätigkeit hoher Gerichte" zu beheben[53]. Allerdings gibt er zu bedenken, eine „proteische Vielgestaltigkeit" des Vereinslebens könne für die Notwendigkeit eines exekutivischen Zugriffes sprechen[54]. Zugleich zeichneten sich die Parteien durch eine relativ stabile Struktur aus, während eine individuelle politische Betätigung wegen ihrer geringen Wirksamkeit „ungefährlich" erscheinen könne[55]. Der Verfassunggeber hat jedoch einerseits die Abwehr gefährlicher Angriffe auf die Verfassungsordnung, sofern sie mit dem Ziel einer direkten Übernahme der Staatsmacht verbunden sind, nach Art. 21 Abs. 2 GG dem Bundesverfassungsgericht überlassen. Da nach Art. 18 GG auch individuellen Verfassungsfeinden diese Regelung zuteil wird, kann hierbei nicht von einer Privilegierung der Parteien die Rede sein. Andererseits erwächst aus einer individuellen Tätigkeit im allgemeinen erst innerhalb des Verbandes die für einen Verwirkungsausspruch unerläßliche Gefährlichkeit. Das Auftreten eines politischen Einzelgängers enthält so gut wie nie eine Gefahr für die verfassungsmäßige Ordnung.

Wenn der Verfassunggeber die Wichtigkeit politischer Verbände für die Willensbildung des Volkes auch nur unzureichend erkannt hat, so läßt sich aus diesem Mangel noch nicht folgern, das Grundgesetz gebe den Weg frei für eine exekutivische Verbotskompetenz. Immerhin ist die in Art. 18 GG festgelegte Zuständigkeit des Bundesverfassungsgerichts nach § 39 Abs. 2 BVerfGG auch für ein Verwirkungsverfahren gegen juristische Personen gegeben. Das Bundesverfassungsgericht ist demnach befugt, Vereinigungen mit eigener Rechtspersönlichkeit aufzulösen. Da die juristische Selbständigkeit eines politischen Verbandes für seine aus Art. 9 Abs. 1 GG folgende Schutzwürdigkeit ohne Belang ist, liegt es nahe, Art. 18 GG in Verbindung mit § 39 Abs. 2 BVerfGG auf sämtliche Vereinigungen anzuwenden. Das Bundesverfassungsgericht hat von dieser Möglichkeit bisher keinen Gebrauch gemacht. Es hat die Auffassung vertreten, aus den Art. 18 und 21 Abs. 2 GG könne für die Verbotskompetenz im Bereich von Art. 9 Abs. 2 GG „nichts hergeleitet werden"; das Vereinsverbot sei vielmehr „selbständig zu handhaben"[56]. Diese Selbständigkeit wird von einigen Autoren mit dem Hinweis verteidigt, ein Vereinsverbot treffe lediglich den Verband „als solchen", während Art. 18 GG das Monopol des Bundesverfassungsgerichts

---

[52] So von *Pfeiffer*, a.a.O., S. 158; *E. R. Huber*, Wirtschaftsverwaltungsrecht I, S. 254/55 und *Klein*, vMK, Anm. VII 5 zu Art. 18, S. 519.
[53] „Sühnegedanke", S. 326.
[54] Ebenda, S. 324.
[55] Ebenda, S. 324.
[56] BVerfGE 13/174 (177).

III. Die Kompetenzfrage

auf individuelle Verwirkungen beschränke[57]. Diese Argumentation hätte Gewicht, wenn die Grundrechtspositionen der Vereinsmitglieder durch ein Verbot nach Art. 9 Abs. 2 GG gar nicht oder nur reflexartig getroffen würden. Die Tätigkeit eines Vereins ist jedoch von den Grundrechtsausübungen seiner Mitglieder nicht zu trennen. Das Vereinsleben besteht aus der Inanspruchnahme der Vereinigungsfreiheit durch eine Vielzahl von Grundrechtsträgern. Das Verbot eines Verbandes vernichtet daher in unvermeidbarer Weise individuelle Grundrechtspositionen.

Die Kongruenz von Art. 9 Abs. 2 GG und Art. 18 GG wird weiter durch den Grundrechtsgehalt der in Art. 18 GG enthaltenen Kompetenzklausel angewiesen. Dem politisch tätigen Bürger ist nämlich zugesichert, seines Grundrechtes, Vereine und Gesellschaften zu bilden und in Gemeinschaft mit anderen tätig zu sein, erst durch den Ausspruch des dem politischen Tageskampf entrückten Verfassungsgerichts verlustig zu gehen. Würde die Inanspruchnahme der Vereinigungsfreiheit bereits durch exekutivische Verbote unterbunden, so wäre die Grundrechtskomponente des Art. 18 GG hinfällig.

Dieses Dilemma kann allein durch eine die freiheitssichernde Funktion der Art. 18, 9 Abs. 2 und 21 Abs. 2 GG bewahrende Interpretation des Vereinsverbotes überwunden werden. Zu diesem Zweck müßte allerdings das die Verbände diskriminierende Verständnis der Verwirkungstatbestände aufgegeben werden. Eine zutreffende Würdigung des Zusammenhanges der Verwirkungstrias würde die Grundrechtskomponenten der Abwehrnormen zur Geltung bringen. Eine Neuorientierung der Verfassungsinterpretation, wie sie in den USA wiederholt stattgefunden hat[58], ist dem Bundesverfassungsgericht umso weniger verwehrt, als es autorisiert ist, den normativen Gehalt der demokratischen Grundordnung zu entfalten und behutsam „zur Fortentwicklung des Verfassungsrechts" beizutragen[59].

Bei einer Deutung der Verwirkungsnormen kann die inzwischen gesicherte Erkenntnis verwertet werden, daß die dem Schutz des Bundesverfassungsgerichts anvertrauten Parteien ebenfalls gesellschaftliche Vereinigungen sind[60]. Schließlich kann die tatsächliche Entwick-

---

[57] So *Walter Schmidt*, Das neue Vereinsgesetz und Art. 9 Abs. 2, 18 GG, S. 425; *Dürig*, MD, Rdnr. 86 zu Art. 18 und *Schnorr*, a.a.O., S. 45.

[58] Zu der — durch die Bekanntgabe von dissenting opinions erleichterten — Praxis des Supreme Court, präjudizielle Urteile abzuändern vgl. *Kriele*, a.a.O., S. 228 ff. und *Thierfelder*, a.a.O., S. 272 ff.

[59] BVerfGE 6/222 (240). Das Bundesverfassungsgericht hat seine Aufgabe „die verschiedenen Funktionen einer Verfassungsnorm, insbesondere eines Grundrechts zu erschließen" — so BVerfGE 6/55 (72) — zutreffend hervorgehoben. *Maunz*, Kommentar zum Bundesverfassungsgerichtsgesetz, Rdnr. 16 der Vorbem., erläutert, das Gericht habe die Befugnis, die Verfassung „auch zu entwickeln, fortzubilden und zu verfeinern".

[60] Vgl. hierzu vor allem BVerfGE 20/56 (101).

5. Teil: Das Verbot von Vereinigungen

lung der Parteien in der Bundesrepublik bei der Interpretation der Abwehrnormen nicht unberücksichtigt bleiben. Je mehr die Parteien dazu übergehen, der politischen Gesellschaft auf bloße Leerformeln reduzierte Scheinprogramme anzubieten, desto unerläßlicher wird es, die für eine Meinungs- und Willensbildung der Aktivbürgerschaft unentbehrlichen Verbände vor unmittelbaren Zugriffen der Exekutive zu bewahren.

IV. Die Bannkraft von Verdikten

1. Die unmittelbaren Rechtsfolgen

a) Impliziert Art. 21 Abs. 2 GG ein Parteiverbot?

Das Bundesverfassungsgericht entscheidet in einem Verfahren nach Art. 21 Abs. 2 GG, wie der Wortlaut dieser Vorschrift ausweist, über die Verfassungswidrigkeit einer Partei. Dieses Feststellungsurteil schließt noch nicht die Auflösung der betroffenen Partei ein[61]. Vielmehr wird für die als verfassungswidrig gebrandmarkte Partei der Grundrechtschutz der Art. 9 Abs. 1 und 21 Abs. 1 GG aufgehoben[62]. Es ist zweifelhaft, ob § 46 BVerfGG das Bundesverfassungsgericht zwingt, in jedem Fall Verbot und Auflösung der für verfassungswidrig erklärten Partei anzuordnen. Nachdem die Grundrechtschranke beseitigt ist, werden Verbotsanordnungen zulässig. Das Bundesverfassungsgericht hat die Auflösungsanordnung als eine „normale, typische und adäquate Folge der Feststellung der Verfassungswidrigkeit" bezeichnet[63]. Diese Ansicht wäre haltbar, wenn die in einem Feststellungsurteil als verfassungsfeindlich gekennzeichnete Partei sich nur noch in rechtswidriger und daher verbotener Weise betätigen würde. Dies trifft jedoch nur zu, soweit durch das Urteil gegen eine undemokratische Infrastruktur oder gegen ein völkerverständigungsfeindliches Verhalten vorgegangen wird. Eine geistig-friedliche Werbung für verfassungswidrige Endziele stellt keine rechtswidrige Aktion dar[64]. Das Bundesverfassungsgericht

---

[61] So aber *Seifert*, Die Rechtsstellung der politischen Parteien, S. 86, nach dessen Ansicht durch das Verdikt nicht nur die „bevorzugte Rechtsstellung der Partei" entzogen wird, sondern „grundsätzlich überhaupt die Anerkennung durch die Rechtsordnung"; ähnlich *Lechner*, a.a.O., S. 228, der meint, das Feststellungsurteil verwandle die betroffene Partei in eine „nicht mehr aktionsfähige Organisation".

[62] *Ridder*, Aktuelle Rechtsfragen des KPD-Verbots, S. 53, nimmt an, durch ein Urteil nach Art. 21 Abs. 2 GG werde „die Parteiorganisation (...) vor dem Grundgesetz ihres Parteicharakters entkleidet" und könne aufgelöst werden. *Ćopić*, Grundgesetz, S. 150, erläutert, es trete „eine ähnliche Folge ein wie im Verwirkungsverfahren nach Art. 18".

[63] BVerfGE 5/85 (392).

[64] Vgl. oben S. 66 ff.

IV. Die Bannkraft von Verdikten

ermittelt in diesen Fällen lediglich, daß die betroffene Partei für ein nicht mehr verfassungskonformes Staats- und (oder) Gesellschaftsmodell eintritt.

Daß eine verfassungsfeindliche Parteiorganisation notwendigerweise aufgelöst werden müßte, ließe sich allenfalls bei einer unlösbaren Verflechtung des Feststellungsausspruches mit dem sofortigen Verbot annehmen. Gegen ein striktes Verbot spricht jedoch außer dem Wortlaut von Art. 21 Abs. 2 Satz 2 GG der auch beim Vollzug von Verwirkungssprüchen geltende Grundsatz des Übermaßverbotes. Das bei jeder Grundrechtsverwirkung zu beachtende Ziel — Schutz der demokratischen Verfassungsordnung — kann nur erreicht werden, wenn nach dem Feststellungsurteil überprüft wird, ob Verbotsmaßnahmen wirklich erforderlich sind. Wird eine Partei aufgelöst, obwohl eine Gefahr für die Verfassungsordnung nicht mehr gegeben ist, so wird die Organisations- und Programmfreiheit der Gesellschaft in einer durch den Zweck der Verwirkungsnormen nicht mehr gerechtfertigten Weise verkürzt. Ein Verbot jeglicher Parteitätigkeit verstößt vor allem dann gegen das Übermaßverbot, wenn eine Partei nur partiell verfassungsfeindliche und nach dem Erlaß des Urteils nach Art. 21 Abs. 2 GG unverzüglich aufgegebene Ziele verfolgt hat. Der in einem Verfahren nach Art. 21 Abs. 2 erstrebte Schutz der Verfassungsordnung kann womöglich schon erreicht werden, wenn der Öffentlichkeit die verfassungsfeindlichen Absichten einer Partei vor Augen gestellt werden. Wird dem Staatsvolk dieses Warnlicht gezeigt, dann können alle zur Verteidigung des Grundgesetzes entschlossenen Wähler der als verfassungsfeindlich stigmatisierten Partei eine deutliche Wahl-Absage erteilen. Damit kann die Gefahr für die Verfassungsordnung bereits gebannt sein.

Ein mit dem Verwirkungsausspruch zwingend gekoppeltes Auflösungsurteil birgt schließlich die Gefahr, eine „fast gesetzesgleiche Dauerwirkung"[65] zu entfalten. Da sich das Verwirkungsurteil jedoch auf eine bestimmte historisch-politische Gesamtlage und auf eine konkrete Parteiorganisation bezieht, ist eine derartige Verbots-Automatik nicht gerechtfertigt.

Zu Unrecht wird nunmehr in § 84 Abs. 1 StGB eine Ungehorsamsstrafe schon an ein Zuwiderhandeln gegen das Feststellungsurteil geknüpft. Allein konkrete, im Ermessen des Bundesverfassungsgerichts stehende Auflösungsbefehle können durch Straftatbestände abgesichert werden.

---

[65] *Seifert*, Die Rechtsstellung der politischen Parteien, S. 88. Kritisch hierzu *Ridder*, Aktuelle Rechtsfragen des KPD-Verbots, S. 57.

b) Ist eine Vermögenskonfiskation zulässig?

Problematisch in den Verfahren nach Art. 21 Abs. 2 und nach Art. 9 Abs. 2 GG ist ferner die Vermögensbeschlagnahme. Sie ist für Parteien in § 46 Abs. 3 BVerfGG fakultativ und für Verbände in § 3 Abs. 2 Satz 2 VereinsG „in der Regel" vorgesehen. Als Grund für den Vermögensentzug wird geltend gemacht, eine erneute Verwendung der Sachmittel einer verfassungswidrig erklärten bzw. verbotenen Vereinigung müsse verhindert werden[66]. Zugleich wird der Vermögenseinziehung der Charakter einer „Sühnemaßnahme" beigemessen[67]. Weil jedoch eine für verfassungswidrig erklärte Partei und ein verbotener Verein sich bei einer Werbung für verfassungsfeindliche Endziele nicht rechtswidrig betätigt haben, kann eine entschädigungslose Konfiskation nicht mit diesem Argument begründet werden. Soweit die Vereinigung antidemokratisch strukturiert war, darf die Sanktion ebenfalls keinen „Sühnecharakter" haben, denn die Abwehrnormen enthalten keine moralische Diskriminierung; sie sind vielmehr darauf beschränkt, die sozialethisch neutrale Abwehr von Verfassungsfeinden zu ermöglichen. Eine Strafsanktion wäre allenfalls bei völkerverständigungswidrigem Verhalten möglich, denn Art. 26 Abs. 1 Satz 2 GG sieht in diesen Fällen eine Strafandrohung vor. Insoweit ist allerdings eine Vermögenskonfiskation nur bei hinreichender Bestimmtheit des pönalisierten Verhaltens zulässig. Diesem Erfordernis werden aber § 46 Abs. 3 BVerfGG und § 3 Abs. 2 Satz 2 VereinsG nicht gerecht. Es kann auch keine Rede davon sein, daß ein Schutz des Vereinsvermögens für verfassungsfeindliche Vereinigungen von vornherein ausgeschlossen sei[68]. Wer einwendet, das Vermögen einer illegalisierten Vereinigung werde wahrscheinlich doch wieder zu verfassungsfeindlichen Zwecken eingesetzt, wenn man es nicht einziehe, übersieht, daß eine ordnungsmäßige Liquidation im allgemeinen ohne Schwierigkeit durchgeführt werden kann. Das Bundesverfassungsgericht hat die Einziehung eines Parteivermögens immerhin dann für entbehrlich gehalten, wenn „die vermögensrechtlichen Verhältnisse so klar liegen, daß eine Auseinandersetzung in kürzester Frist möglich erscheint"[69]. Leider ist im Vereinsgesetz diese Möglichkeit lediglich als eine in das Ermessen der Exekutive gestellte Ausnahmeregelung vorgesehen[70]. Entscheidend fällt ins Ge-

---

[66] BVerfGE 5/85 (393); ähnlich *Franz Klein*, a.a.O., Rdnr. 1 zu § 46 und *Schnorr*, a.a.O., S. 191.
[67] *Schnorr*, a.a.O., S. 191.
[68] So aber *Schnorr*, a.a.O., 109, der den Entzug des Vereinsvermögens nach den §§ 3 und 11 VereinsG mit der Konstruktion einer in Art. 9 Abs. 2 GG gesehenen „systematischen Gewährleistungsschranke" rechtfertigen will.
[69] BVerfGE 5/85 (392).
[70] Nach § 11 Abs. 4 VereinsG kann die Verbotsbehörde von der Einziehung absehen, wenn keine Gefahr besteht, daß die Vermögenswerte erneut zur Förderung verfassungsfeindlicher Zwecke eingesetzt werden oder daß die Auseinandersetzung zur Fortsetzung des Vereins benutzt wird.

IV. Die Bannkraft von Verdikten   131

wicht, daß die Geldmittel einer noch nicht verbotenen Vereinigung auf legale Weise zusammengetragen werden. Ihre Einziehung stellt deshalb einen rechtswidrigen Eingriff in eine nicht mit Makel der Rechtswidrigkeit behaftete Vereinstätigkeit dar. Bei verfassungskonformer Handhabung der §§ 46 Abs. 3 BVerfGG und 3 Abs. 2 Satz 2 VereinsG darf den für aufgelöst erklärten Vereinigungen die Selbstabwicklung ihrer Vermögensmasse daher nicht vorenthalten werden.

c) Automatischer Mandatsverlust?

Einer kritischen Nachprüfung bedarf ferner die zunächst vom Bundesverfassungsgericht eingeführte Praxis, einen Verlust jener Parlamentsmandate zu verfügen, die von den Mitgliedern einer für verfassungswidrig erklärten Partei wahrgenommen werden. Das Gericht begründet sein Vorgehen damit, es sei das Ziel eines Ausspruches nach Art. 21 Abs. 2 GG, die von einer verfassungsfeindlichen Partei vertretenen Ideen „selbst aus dem Prozeß der politischen Willensbildung auszuscheiden"[71]. Weil jedoch mit dem Feststellungsurteil nach Art. 21 Abs. 2 GG eine Verbannung politischer Ideen nicht verbunden ist, bestehen gegen eine weitere Zugehörigkeit der Abgeordneten zum Parlament keine durchschlagenden Bedenken. Da Art. 21 Abs. 2 GG lediglich die Befugnis freigibt, die Verfassungswidrigkeit einer Partei festzustellen, kann der Entzug von Parlamentsmandaten nicht auf diese Verfassungsnorm gestützt werden. Der Versuch, die Entziehungspraxis des Bundesverfassungsgerichts gesetzlich zu verankern[72], überschreitet die durch Art. 21 Abs. 2 GG für den einfachen Gesetzgeber gezogene Grenze. Wegen der in Art. 38 festgelegten rechtlichen Unabhängigkeit der Abgeordneten gegenüber dem Apparat ihrer Partei ergeben sich aus einem Verwirkungsurteil keine die Parlamentsarbeit in rechtlich relevanter Weise beeinträchtigenden Folgen. Eine Vernichtung wirksam erteilter Mandate durchlöchert in unzulässiger Weise die durch vorangegangene Wahlen vermittelte Repräsentation des Volkes.

d) Sofortige Vollziehbarkeit von Vereinsverboten?

Ist eine gefährliche Verfassungsfeindlichkeit eines Verbandes festgestellt, so muß wegen des insoweit klaren Verfassungsbefehls ein Verbot oder Teilverbot der betroffenen Organisation verfügt werden. Auf dem Boden des rechtsstaatlichen Erfordernissen hierdurch entgegenkommenden Vereinsgesetzes sollen die Verwaltungsgerichte darüber angerufen werden können, ob eine Auflösungsverfügung sich inner-

---
[71] BVerfGE 2/1 (73); 5/85 (292).
[72] In § 49 des Bundeswahlgesetzes vom 7. Mai 1956 (BGBl. I, S. 38 ff.) wird bestimmt, daß die Abgeordneten einer für verfassungswidrig erklärten Partei ihr Mandat verlieren. Bedenken gegen diesen Automatismus äußert *Friesenhahn*, Parlament und Regierung im modernen Staat, S. 23.

halb der durch Art. 9 Abs. 2 GG normierten Grenzen hält. Dem von einem Verbots- und Auflösungsbefehl betroffenen Verein muß hiernach die Möglichkeit offenbleiben, gerichtlichen Rechtsschutz in Anspruch zu nehmen. Im Hinblick auf eine zu diesem Zweck erforderliche Sammlung und Vorlage von entlastendem Tatsachenmaterial sowie zur Prozeßführung kann es dem von einer Illegalisierungsverfügung betroffenen Verband vor Erlaß eines rechtskräftigen Gerichtsurteils nicht verwehrt werden, seinen organisatorischen Zusammenhalt aufrechtzuerhalten.

Der gegen eine Grundrechtsverwirkung vorgesehene Rechtsschutz wäre praktisch hinfällig, wenn bereits nach dem Erlaß eines exekutivischen Verbotsspruches jede Vereinstätigkeit unterbleiben müßte. Die dem von einer Illegalisierung bedrohten Verein verbleibende Befugnis, eine gerichtliche Kontrolle des Verbotes durchzusetzen, ist ein Bestandteil der in Art. 19 Abs. 4 GG enthaltenen Rechtsweggarantie. Angesichts dieses Befundes ist es erstaunlich, daß nach § 20 Abs. 1 Ziff. 1 VereinsG nach dem Ausspruch eines nur vollziehbaren, d. h. dem Verein zugestellten oder im Bundesanzeiger bekanntgemachten Verbotes, jedwede Vereinstätigkeit strafbedroht sein soll. Die Unvereinbarkeit dieser Strafvorschrift mit dem Grundgesetz wird offenkundig, wenn man bedenkt, daß nach § 20 VereinsG selbst das vergebliche Bemühen der Vereinsmitglieder, eine Aussetzung des Verbotes nach § 80 VwGO zu erwirken, den Tatbestand der Strafnorm erfüllt. Würde diese Strafnorm derart restriktiv interpretiert, daß die zur Anfechtung des Verbotes unternommene Tätigkeit straffrei bliebe, so wäre das Dilemma noch nicht behoben. Es muß dem betroffenen Verein z. B. auch freistehen, die während des Verbotsverfahrens entstehenden Unkosten durch die Beiträge neuer Mitglieder zu decken; dies wiederum ist nicht ohne eine Fortsetzung des organisatorischen Zusammenhaltes denkbar. Es ist daher praktisch unmöglich, die Vereinstätigkeit auf bloße Prozeßhandlungen zu beschränken.

e) Die Erzwingung von Verboten

Auflösungsanordnungen nach Art. 9 Abs. 2 GG und nach Art. 21 Abs. 2 GG in Verbindung mit § 46 BVerfGG können selbstverständlich nicht ohne Ungehorsamsanktionen bleiben. Es bestehen daher keine grundsätzlichen Bedenken gegen Straftatbestände, die ein Zuwiderhandeln gegen Verbotsanordnungen pönalisieren. Hierbei muß allerdings eine Beschränkung der Deliktstatbestände auf das tatsächlich illegalisierte Verhalten sichergestellt sein. Gemeinsames Kennzeichen der untersagten Vereins- und Parteitätigkeit ist das *organisierte* Handeln. Art. 9 Abs. 2 und 21 Abs. 2 GG legalisieren die Möglichkeit, kollektives verfassungsfeindliches Verhalten zu unterbinden. Die höchstrichterliche Rechtsprechung hat dieses Merkmal weitgehend außer acht gelassen und auch ein individuelles Handeln als Ungehorsam gegen Organisationsverbote gewertet[73]. Diese Gerichtspraxis sprengt den durch Art. 9 Abs. 2 und 21 Abs. 2 GG auf ein kollektives Wirken beschränkten Rahmen von Ungehorsamsdelikten. Nunmehr hat es der Gesetzgeber sogar ausdrücklich unternommen, auch das unorganisierte Werben für einen verbotenen Verband oder eine für verfassungswidrig erklärte Partei mit Strafe zu bedrohen[74]. Auf eine Fortsetzung des organisatorischen Zusammenhaltes soll es nicht ankommen. Damit läuft die Strafandrohung des § 86 StGB auf eine Aushöhlung der in Art. 5 Abs. 1 Satz 1 GG gewährleisteten Kommunikationsfreiheit hinaus. Mit Hilfe dieses reinen Individualdeliktes ist es möglich, die Verbreitung des Gedankengutes einer verfassungsfeindlichen Vereinigung zu unterbinden. Die Art. 9 Abs. 2 GG und 21 Abs. 2 GG erlauben es den staatlichen Verbotsinstanzen jedoch keineswegs, individuelle Bekenntnisse für eine politische Idee zu verbieten[75]. Den Mitgliedern einer für verfassungswidrig erklärten Partei oder einer verbotenen Vereinigung bleibt es unbenommen, als nicht organisierte Staatsbürger die in dem Programm der von ihnen gebildeten Vereinigung enthaltenen Ideen weiter zu vertreten. Allein im Wege eines Verwirkungsverfahrens nach Art. 18 GG könnte diese Befugnis beschränkt werden. Auch dann wären aber die unerwünschten Ideen nicht aus der Öffentlichkeit verdrängt, denn es stünde jedermann frei, die Vorstellungen der illegalisierten Vereinigung wieder aufzugreifen und individuell zu vertreten. Die in § 86 StGB enthaltene Strafandrohung gegen unorganisierte Propaganda verletzt somit die in den Art. 5 Abs. 1 und 18 GG geschützten Grundrechtspositionen der Aktivbürger.

2. Ersatzorganisationen

Eine kritische Situation tritt nach dem Verbot einer Partei und nach der Auflösung eines Verbandes ein, wenn sich eine neue Partei

---

[73] Eine verhängnisvolle Rolle spielte hierbei die vom BGHSt entwickelte Ansicht, zur Fortsetzung einer verbotenen Partei reiche es aus, ihren „gesetzeswidrige Wirksamkeit" zu fördern. Nach BGHStE 1/153 sollte selbt „ein Außenstehender, der (...) aus eigenem Entschluß als ‚Einzelkämpfer' gehandelt hat", gegen das KPD-Verbot verstoßen können. Vgl. ferner zu dieser den Rahmen der Ungehorsamsdelikte sprengenden Rechtsprechung BGHStE 18/296 (298); *Posser*, a.a.O., S. 21 ff., *Lehmann*, a.a.O., vor allem S. 190 ff. und *Copić*, Grundgesetz, S. 149 ff.
[74] Nach § 86 StGB in der Fassung nach dem Achten Strafrechtsänderungsgesetz (BGBl. I 1968, S. 741 ff.) soll mit Gefängnis bis zu drei Jahren bestraft werden, „wer Propagandamittel" einer für verfassungswidrig erklärten Partei oder eines verbotenen Vereins „verbreitet (...), herstellt, vorrätig hält oder (...) einführt".
[75] Deshalb war es, wie *Arndt*, Ideologischer Ungehorsam gegen das KPD-Verbot (§§ 90 a, 90 b StGB)?, S. 431, zutreffend hervorhebt, nach der Illegalisierung der PKD zu keinem Zeitpunkt untersagt, „Kommunist zu sein".

bzw. ein neuer Verband mit dem Ziel konstituiert, das Programm der illegalisierten Vereinigung wiederaufzunehmen. Wenn zwischen dem Verbotsausspruch und der Neugründung ein zeitliches Intervall tritt, kann eine neu gebildete Vereinigung nicht mehr mit der inzwischen aufgelösten identisch sein. Der neue Zusammenschluß tritt allenfalls an die Stelle des alten. Der in den §§ 47 und 42 BVerfGG, mit der Auflösung einer Partei zugleich die Bildung von Ersatzorganisationen unter Strafe zu stellen, war insoweit verfassungsrechtlich bedenklich, als der Begriff der Ersatzorganisation vom Gesetzgeber nicht näher definiert war. Die Strafvorschrift genügte daher den Anforderungen des rechtsstaatlichen Bestimmtheitsgebotes für Strafnormen nicht. Die höchstrichterliche Rechtsprechung entwickelte zu diesem weitgehend unbestimmten Tatbestandsmerkmal außerordentlich freiheitseinschränkende Ansichten[76]. Weil nicht abzusehen war, wann eine Vereinigung die Merkmale einer Ersatzorganisation erfüllte, entstand eine im Hinblick auf den in Art. 103 Abs. 2 GG verankerten Grundsatz „nulla poena sine lege" unerträgliche Rechtsunsicherheit. Sie ließ die Beschäftigung mit scharf oppositionellem Gedankengut fast unvermeidlich in die nur vage erkennbare Zone strafrechtlich relevanten Verhaltens geraten. Immerhin hatte selbst der im Kampf gegen unerwünschte Dissidenten noch etwas unbeholfene Reichsgesetzgeber der Bismarck-Ära als Ersatzorganisation der vorübergehend illegalisierten Sozialdemokratischen Partei „jeden vorgeblich neuen Verein, welcher rechtlich als der alte sich darstellt" definiert[77]. Weil der Terminus „Ersatzorganisation" einen außerordentlich diffusen Begriffshof aufwies, konnte es geschehen, daß keineswegs parteitypische Verhaltensweisen nach den auf Parteiverbote zugeschnittenen §§ 47 und 42 BVerfGG geahndet wurden[78]. Diese Tendenz stand in deutlichem Widerspruch zu der vom Bundesverfassungsgericht entwickelten restriktiven Interpretation des Ungehorsamstatbestandes[79]. Richtigerweise kann ein Zusammen-

---

[76] So sollte nach Ansicht des Bundesgerichtshofes (BGHStE 16/264) als Ersatzorganisation einer Partei jeder „Zusammenschluß von Personen" gelten, „der an Stelle der aufgelösten Partei deren verfassungsfeindliche Nah-, Teil- oder Endziele ganz oder teilweise, kürzere oder längere Zeit, örtlich oder überörtlich, offen oder verhüllt weiterverfolgt". Kritisch zu dieser Judikatur *Posser*, a.a.O., S. 21 f. und eingehend *Ćopić*, Grundgesetz, S. 157 ff.

[77] RGBl. 1878, S. 352. Diese Eingrenzung hinderte allerdings die Exekutive nicht, gegen die Träger des unerwünscht erscheinenden Gedankengutes auch dann vorzugehen, wenn eine Parteitätigkeit nicht vorlag. Nach *Mehring*, a.a.O., S. 202, trat als Folge des Verbotes ein „Wolkenbruch von Verfolgungen" ein.

[78] So verurteilte der Bundesgerichtshof (BGHStE 17/28 ff.) die Herausgeber einer Zeitschrift wegen Fortsetzung der illegalen KPD; ferner wurde die Organisation von Kinder-Ferienfahrten in die DDR als Ungehorsam gegen das Parteiverbot gewertet (BGHStE 18/246 ff.). Weitere Beispiele dieser ausufernden Judikatur führen *Posser*, a.a.O., S. 22, *Lehmann*, a.a.O., S. 190 ff. und *Ćopić*, Grundgesetz, S. 167 ff. auf.

[79] In dem gegen die KPD des Saarlandes gerichteten Urteil wird zutreffend

IV. Die Bannkraft von Verdikten 135

schluß nur dann eine Partei surrogieren, wenn seine Mitglieder die für eine Partei charakteristischen Ziele verfolgen. Für die Ersatzorganisation einer Partei ist es daher unentbehrlich, daß sie eine Wahlkandidatur sowie die unmittelbare Teilhabe an der Staatsregierung anstrebt[80]. Der Sinn des Verwirkungsverfahrens nach Art. 21 Abs. 2 GG bestätigt diesen Befund: Weil die Absicht einer direkten Übernahme von staatlichen Machtfunktionen einen wichtigen Faktor bei der Gefährlichkeitsdiagnose einer verfassungsfeindlichen Partei darstellt, kann nicht jeder das Programm der schließlich verbotenen Partei aufgreifende Verein bereits als Ersatzorganisation illegalisiert sein. Vielmehr unterliegt eine nicht parteitypisch agierende Nachfolgeorganisation dem Verwirkungsverfahren nach Art. 9 Abs. 2 GG und den dort geltenden Bewertungsmaximen.

Zu den Kennzeichen einer Ersatzorganisation gehört es ferner, daß sie *an die Stelle* der zuvor illegalisierten Vereinigung tritt[81]. Die hiermit angesprochene Funktionsnachfolge muß jeweils anhand mehrerer Gesichtspunkte überprüft werden. Neben einer Zielidentität müssen die personelle Zusammensetzung, die Organisationsbasis und der zeitliche Zusammenhang dafür sprechen, daß ein Surrogat der verbotenen Vereinigung vorliegt[82]. „Anstelle" einer illegalisierten Vereinigung wird eine neue Organisation nicht schon dann tätig, wenn sie eine von der verbotenen Organisation ebenfalls vertretene Idee erneut propagiert. Vielmehr muß die neue Vereinigung, um als Ersatzorganisation angesehen werden zu können, den von der aufgelösten Vereinigung zuvor innegehabten Platz im Gefüge der politischen Gesellschaft wiedereinnehmen.

Die komplizierte Feststellung darüber, ob eine Vereinigung als Ersatzorganisation angesehen werden pann, sprengt den Rahmen einer strafrechtlichen Subsumtion. Es ist für den Bürger nur selten klar erkennbar, daß eine Vereinigung die Merkmale einer Ersatzorganisation erfüllt. Ohne das Wissen um diese Eigenschaft ist es jedoch unmöglich, die für eine Ungehorsamsstrafe erforderliche Absicht zu haben, ein

---

ausgeführt (BVerfGE 6/300), es gehöre zu den Kriterien einer die Parteiarbeit ersetzenden Organisation, daß die neue Vereinigung „in der Art ihrer Betätigung (Teilnahme an der politischen Willensbildung des Volkes, Beteiligung an politischen Wahlen usw.) ... die verbotene Partei zu ersetzen bestimmt" sei.

[80] Nach dem Bericht der Parteienrechtskommission soll (a.a.O., S. 138) eine Ersatzorganisation hingegen nicht von den Merkmalen einer Partei her zu definieren sein; ähnlich *Maunz*, MD, Rdnr. 2 zu Art. 21; *Henke*, Das Recht der politischen Parteien, S. 207 und BVerwGE 6/333 (335).

[81] So jetzt zutreffend § 8 Abs. 1 VereinsG, wonach es verboten ist, Organisationen zu bilden, die verfassungswidrige Bestrebungen eines aufgelösten Vereins „an dessen Stelle weiterverfolgen".

[82] In diesem Sinne auch BVerfGE 6/307.

Vereinigungsverbot zu mißachten. Die lediglich an den Terminus selbst anknüpfende Strafandrohung[83] ist nunmehr durch eine der Strafandrohung wegen Ungehorsams zwingend vorangehenden Feststellung des komplexen Tatbestandes[84] entschärft worden.

3. Aufhebung und Selbstverzehr von Verwirkungsverdikten

Ist eine politische Vereinigung illegalisiert, so erhebt sich die Frage, ob es rechtlich möglich ist, die ungeschmälerte Vereinigungsfreiheit durch einen actus contrarius wiederherzustellen. Soweit das in Art. 9 Abs. 1 GG verbürgte Grundrecht nach Art. 18 GG verwirkt ist, kann gemäß § 40 BVerfGG die verhängte Sanktion auf Antrag des Betroffenen wieder aufgehoben werden. Folgert man aus den Art. 18 und 21 Abs. 2 GG eine Zuständigkeit des Bundesverfassungsgerichtes auch für das Verbot von Verbänden, so kommt ein Aufhebungsspruch durch dieses Gericht analog § 40 BVerfGG in Betracht. Fraglich ist, ob sich auch nach einem exekutivischen Vereinsverbot sowie nach einem Parteienverbot die Möglichkeit zur Revision des Verdiktes ergibt.

Die Notwendigkeit, einer verbotenen Vereinigung die verwirkte Betätigungsfreiheit zurückzugeben, kann sich einmal nach einer Änderung der politischen Situation ergeben. Entspannt sich die zum Zeitpunkt des Verbotes als freiheitsbedrohend angesehene politische Gesamtlage, so kann die durch eine verfassungsfeindliche Vereinigung zunächst hervorgerufene Gefahr schwinden. Wächst ferner die Bereitschaft der Nation, dissentierende Gruppen zu respektieren, so ist es denkbar, daß ein erneutes Urteil über die Verbotswürdigkeit zugunsten der Vereinigung ausgeht. Schließlich drängt sich die Überprüfung eines Verbotes auf, wenn die mit ihm verbundene Verkürzung des Meinungsspektrums selbst zu einer Gefahr für den Fortbestand der demokratischen Verfassungsordnung wird. Die Verwirkung von Grundrechten, so hebt *Geiger* zutreffend hervor, darf „nicht länger aufrechterhalten werden (...), als es zum Schutze des Staates und zur Abwehr eines Angriffes auf die freiheitliche Demokratische Grundordnung erforderlich ist"[85] *Lechner* hält die Revision eines Verwirkungsspruches auch dann

---

[83] Nach dem für Ersatzorganisationen von Parteien geltenden Vorbild (§§ 47 und 42 BVerfGG) wurde durch § 90 b StGB in der Fassung nach dem Vereinsgesetz vom 12. August 1964 (BGB. I, S. 593 ff.) unmittelbar mit einer Gefängnisstrafe bedroht, wer „eine Ersatzorganisation schafft".

[84] Nach den §§ 84 und 85 StGB in der Fassung nach dem Achten Strafänderungsgesetz (BGBl. I 1968, S. 741 ff.) kann eine Strafe wegen Beteiligung an einer Ersatzorganisation nur noch verhängt werden, wenn vor der Tat durch das Bundesverfassungsgericht oder durch die Verbotsbehörde festgestellt war, daß eine Ersatzorganisation bestand.

[85] a.a.O., S. 351; allerdings hält *Geiger* (ebenda) die Aufhebung eines Verwirkungsurteils nicht für zulässig, wenn das Gericht lediglich den Sachverhalt „anders, insbesondere milder beurteilt".

IV. Die Bannkraft von Verdikten

für zulässig, wenn „Veränderungen der allgemeinen Rechtsanschauung und der politischen Verhältnisse eintreten"[86].

Wer im Bereich von Art. 9 Abs. 2 GG eine exekutivische Verbotssanktion für zulässig erachtet, wird im Hinblick auf eine Beseitigung der Verbotsverfügung die Regeln der Widerrufslehre für Verwaltungsakte anwenden können. Eine Verbotsbehörde ist danach befugt, eine belastende Maßnahme aufzuheben, wenn die tatsächlichen Grundlagen eines belastenden Verwaltungsaktes mit Dauerwirkung fortgefallen sind[87]. Zugleich steht in einem solchen Fall dem Betroffenen das im Wege der verwaltungsgerichtlichen Vornahmeklage erzwingbare Recht zu, eine Aufhebung der Verfügung zu verlangen[88]. Hierbei erhebt sich allerdings die Frage, ob das angerufene Gericht der Verbotsbehörde einen Beurteilungsspielraum zubilligen muß, so daß die Verbotsverfügung in zweifelhaft bleibenden Fällen nicht aufgehoben würde. In einem Aufhebungsverfahren geht es jedoch — anders als etwa in einem strafrechtlichen Wiederaufnahmeprozeß — nicht darum, im Interesse des Rechtsfriedens und der Rechtssicherheit von einer früheren Entscheidung nur bei gravierenden Rechtsverletzungen abzuweichen. Vielmehr darf die Verkürzung politischer Grundrechte wegen des mit ihr verbundenen Verlutes an demokratischer Freiheitlichkeit nur so lange aufrechterhalten werden, wie dies zur Gefahrenabwehr nachweisbar erforderlich ist. Kann eine für die Eliminierung eines Verbandes zu einem früheren Zeitpunkt vorhanden gewesene Bedrohung der Verfassungsordnung nicht mehr dargetan werden, so ist die Verbotsverfügung aufzuheben.

Schließlich fragt es sich, ob das Bundesverfassungsgericht ähnlich wie in Verwirkungsverfahren nach Art. 18 GG auch nach einem Parteiverbot befugt ist, die Neugründung der Partei zu gestatten. Einem derartigen Schritt könnte eine „Rechtskraft" des Verwirkungsurteils entgegenstehen[89]. Zu den Merkmalen der dem Rechtsfrieden dienenden Rechtskraft gehört es allerdings, daß sie „inter partes" wirkt und auf einen konkreten Streitgegenstand bezogen ist[90]. Jede nach einem Parteiverbot mit zeitlichem Abstand gegründete neue Vereinigung ist jedoch weder Prozeßpartei des Verbotsverfahrens gewesen, noch ist

---

[86] a.a.O., S. 199.
[87] Zur allgemein anerkannten („freien") Widerrufbarkeit eines belastenden Verwaltungsaktes vgl. *Wolff*, Verwaltungsrecht I, § 53 III 2, S. 359.
[88] Bereits nach § 43 des Preußischen Polizeiverwaltungsgesetzes aus dem Jahre 1931 honnte der Belastete auf Widerruf dringen. *Wolff*, Verwaltungsrecht III, § 173 II, S. 412, erwähnt zutreffend, mit der verwaltungsgerichtlichen Untätigkeitsklage könne auch geltend gemacht werden, daß eine Behörde es unterlassen habe, den belasteten Bürger erneut zu bescheiden.
[89] So *Nollau*, a.a.O., S. 12.
[90] Vgl. *Eyermann-Fröhler*, a.a.O., Anm. 11 zu § 121; *Schunck — de Clerk*, a.a.O., Anm. 3 b zu § 121 und *Klinger*, a.a.O., Anm. D 2 zu § 121.

ihre neue Tätigkeit mit dem auf eine konkrete historisch-politische Situation bezogenes Handeln der illegalisierten Partei zu identifizieren. Neu gegründete Parteien stellen daher ein aliud gegenüber der früheren Partei dar. Mit dem auf abgeschlossene Lebenssachverhalte zugeschnittenen Institut der Rechtskraft lassen sich die Rechtsfolgen eines Verwirkungsurteils daher nicht erfassen. Die in § 31 Abs. 1 BVerfGG angeordnete Bindungswirkung von Entscheidungen des Bundesverfassungsgerichts ist nicht als Rechtskraft zu deuten[91]. Das Prinzip, daß ein Dauerfolgen zeitigendes Urteil nach einer Veränderung des Sachverhaltes erneut einer gerichtlichen Überprüfung unterworfen werden kann, ist, wie ein Blick auf die in § 323 ZPO geregelte Abänderungsklage zeigt, sogar innerhalb der herkömmlichen Rechtskraftlehre anerkannt. Die Feststellungswirkung sui generis nach § 31 Abs. 1 BVerfGG wird vom Bundesverfassungsgericht zutreffend nicht als Hindernis für eine erneute und potentiell anderslautende Entscheidung angesehen[92]. So hält es das Gericht für zulässig, „das Ausmaß" eines Parteiverbotes zu verringern und einer Neuzulassung den Weg zu ebnen[93]. Man wird es als unbedenklich ansehen müssen, daß die Mitglieder einer verbotenen Partei gegen eine womöglich nicht mehr gerechtfertigte Grundrechtsverkürzung im Wege der Verfassungsbeschwerde nach § 90 BVerfGG vorgehen[94]. Hat sich die politische Gesamtsituation gewandelt, oder ist eine beträchtliche Zeit seit dem Verbot verstrichen, so spricht eine Vermutung für die Hinfälligkeit des Verwirkungsspruches. Wenn es darum geht, über Fortbestand oder Erlöschen eines Verbotes Gewißheit zu erlangen, kann den Antragstellern nich das Risiko einer Kollision mit Ungehorsamsdelikten aufgebürdet werden. Es ist vielmehr die Aufgabe des Bundesverfassungsgerichts, den Ablauf eines Nachprüfungsverfahrens — notfalls durch den Erlaß von einstweiligen Anordnungen nach § 32 BVerfGG — von einem durch Strafandrohungen bewirkten Druck freizuhalten.

Schließlich kann es geboten sein, ein Verwirkungsurteil von Amts wegen aufzuheben, wenn die ihm zugrundeliegende Gefahrenlage für die freiheitliche demokratische Ordnung fortgefallen ist. Das die Be-

---

[91] *Kriele*, a.a.O., S. 294, weist zutreffend darauf hin, daß eine Übertragung der Rechtskraftlehre in das Verfassungsrecht „keinen Sinn ergibt". Das Anerkennen einer Rechtskraft würde (a.a.O., S. 296) „ein sinnloses Korrekturverbot bedeuten"; im Ergebnis ähnlich *Lechner*, a.a.O., S. 193.

[92] BVerfGE 4/30 (38) und 20/56 (87).

[93] BVerfGE 5/85 (393), wobei das Gericht — was nur exemplarisch gilt — auf die in Art. 146 GG vorausgesetze Vorbereitung von gesamtdeutschen Wahlen Bezug nimmt.

[94] Diese Möglichkeit wird im Bericht der Parteienrechtskommission (a.a.O., S. 232) angedeutet, denn seine Verfasser halten es für denkbar, daß eine verbotene Partei sich durch eine Verfassungsbeschwerde den Weg zum Bundesverfassungsgericht wieder eröffnen kann.

IV. Die Bannkraft von Verdikten

fugnisse des Bundesverfassungsgerichts nicht abschließend aufzählende[95] BVerfGG enthält hierzu zwar keine besonderen Verfahrensvorschriften, das zum Hüter der Verfassung berufene Gericht ist jedoch ohnehin „Herr und Gestalter"[96] des Verfahrens nach Art. 21 Abs. 2 GG. Erwächst aus einem Parteiverbot eine nicht mehr gerechtfertigte Beeinträchtigung der demokratischen Willensbildung in der Bundesrepublik, so muß das mit dem Schutz des Grundgesetzes beauftragte Gericht von sich aus tätig werden, um die ungeschmälerte Vereinigungsfreiheit wiederherzustellen.

Letztlich kann ein Verwirkungsverdikt auch ohne ein neues Urteil des Bundesverfassungsgerichts hinfällig werden, wenn es infolge beträchtlicher Wandlungen des politischen Gesamtklimas praktisch unmöglich wird, eine neu gegründete Vereinigung noch als Ersatzorganisation anzusehen. Durch derartige Ereignisse wird der geschichtliche Rahmen eines Verbotes gesprengt. Zugleich verzehrt sich ein Verbot durch den bloßen Zeitablauf, denn eine neue Vereinigung tritt nicht mehr an die Stelle einer anderen, wenn das zeitliche Intervall so groß wird, daß eine Surrogation als ausgeschlossen angesehen werden muß.

---

[95] Vgl. *Geiger*, a.a.O., Anm. 2 vor § 17, S. 63.
[96] *Ridder*, Aktuelle Rechtsfragen des KPD-Verbots, S. 47.

Literaturverzeichnis

Abendroth, Wolfgang: Zum Begriff des demokratischen und sozialen Rechtsstaates im Grundgesetz der Bundesrepublik, in: Bürokratischer Verwaltungsstaat und soziale Demokratie, Hrsg. Herbert Sultan und Wolfgang Abendroth, Hannover und Frankfurt a. M. 1955, S. 81 ff.

— Innerparteiliche und innerverbandliche Demokratie, in: PVS 1964, S. 307 ff.

— Sozialgeschichte der europäischen Arbeiterbewegung, Frankfurt a. M. 1965 (zit.: Sozialgeschichte)

Anschütz, Gerhard: Die Verfassung des Deutschen Reichs vom 11. August 1919, Neudruck der 14. Aufl. von 1933, Heppenheim 1960

Apelt, Willibalt: Geschichte der Weimarer Verfassung, 2. Aufl., München und Berlin 1964

Arendt, Hannah: Das Phänomen der Revolution, in: PVS 1964, S. 116 ff.

Arndt, Adolf: Das Geheimnis im Recht, in: NJW 1960, S. 2040 ff.

— Ideologischer Ungehorsam gegen das KPD-Verbot (§§ 90 a, 90 b StGB)?, in: NJW 1965, S. 430 ff.

Babeuf, François-Noël: Précis du grand Manifeste à proclamer pour rétablir l'Egalité de fait (1795), in: Babeuf, Textes choisis, Hrsg. Claude Mazauric, Paris 1965, S. 205 ff.

Badura, Peter: Erläuterungen zu Art. 38 GG, in: Bonner Kommentar, Hamburg 1950 ff.
(zit.: BK)

— Stichwort „Verfassung", in: Evangelisches Staatslexikon, Stuttgart und Berlin 1966, Sp. 2343 ff.

Bachof, Otto: Verfassungswidrige Verfassungsnormen?, Tübingen 1951

Bäumlin, Richard: Stichwort „Demokratie", in: Evangelisches Staatslexikon, Stuttgart und Berlin 1966, Sp. 278 ff.

Bakunin, Michail: Vier Reden, gehalten auf dem Kongreß der Friedens- und Freiheitsliga in Bern (1868), in: Sozialpolitischer Briefwechsel mit Alexander Herzen und Orgarjow, deutsch von Boris Minzès, Stuttgart 1895, S. 314 ff.

Barnard, Chester J.: Organizations as Systems of Cooperation, in: Complex Organizations, Hrsg. Amitai Etzioni, New York, Chicago, San Franzisco 1964, S. 14 ff.

Barth, Karl: Christengemeinde und Bürgergemeinde, Stuttgart 1946

Baumgarten, Eduard: Stichwort „Öffentliche Meinung", in: Staatslexikon, hrsg. von der Görres-Gesellschaft, 6. Aufl., 5. Bd., Freiburg 1960, Sp. 1184 ff.

Benedict, Hans-Jürgen: Schöne Worte jenseits der Fronten?, in: Weltfrieden und Revolution, Neun politisch-theologische Analysen, Hrsg. Hans-Eckehard Bahr, Reinbek 1968, S. 237 ff.

Bergsträsser, Ludwig: Geschichte der politischen Parteien in Deutschland, 9. Aufl., München 1955

Bericht über den Verfassungskonvent auf Herrenchiemsee vom 10. bis 23. August 1948, hrsg. vom Verfassungsausschuß der Ministerpräsidentenkonferenz der westlichen Besatzungszonen, München 1948

Besson, Waldemar: Stichwort „Politik", in: Evangelisches Staatslexikon, Stuttgart und Berlin 1966, Sp. 1547 ff.

v. Bethusy-Huc, Viola: Demokratie und Interessenpolitik, Wiesbaden 1962

v. Beyme, Klaus: Interessengruppen in der Demokratie, München 1969

Blanc, Jean Joseph Louis: Organisation du Travail (1839), 4. Aufl., Paris 1845

— Rede in Luxembourg, gehalten am 20. Mai 1848, in: Der Frühsozialismus. Ausgewählte Quellentexte, Hrsg. Thilo Ramm, Stuttgart 1956, S. 364 ff.

Bloch, Ernst: Widerstand und Friede. Rede, gehalten anläßlich der Verleihung des Friedenspreises des Deutschen Buchhandels, in: Frankfurter Rundschau vom 19. Oktober 1967, S. 19

Bluntschli, Johann Kaspar: Stichwort „Staat", in: Deutsches Staatswörterbuch, 9. Bd., Stuttgart und Leipzig 1865, S. 612 ff.

Bracher, Karl Dietrich: Die Auflösung der Weimarer Republik. Eine Studie zum Problem des Machtverfalls in der Demokratie, 3. Aufl., Villingen 1960

Bracher, Karl Dietrich, Wolfgang *Sauer* und Gerhard *Schulz*: Die nationalsozialistische Machtergreifung. Studien zur Errichtung des totalitären Herrschaftssystems in Deutschland 1933/34, Köln und Opladen 1960

Braunthal, Gerard: Wirtschaft und Politik. Der Bundesverband der Deutschen Industrie, in: PVS 1963, S. 349 ff.

Brecht, Arnold: Vereins- und Versammlungsrecht, in: Verwaltungsgesetze für Preußen, Hrsg. Bill Drews und Gerhard Lassar, 2. Bd., 22. Aufl., Berlin 1932, S. 259 ff.

Breitling, Rupert: Offene Partei- und Wahlfinanzierung. Kritische Betrachtungen zum Parteiengesetz von 1967, in: PVS 1968, S. 223 ff.

— Die Verbände in der Bundesrepublik. Ihre Arten und ihre politische Wirkungsweise, Meisenheim 1955

Buchheim, Karl: Militarismus und ziviler Geist. Die Demokratie in Deutschland, 2. Aufl., München 1964

Buchholz, Edwin H.: Interessen, Gruppen, Interessengruppen. Elemente einer wirtschaftssoziologischen Organisationslehre — unter besonderer Berücksichtigung der deutschen Verbandsforschung (Diss. Tübingen), Reutlingen—Sendelfingen 1964

Bullinger, Martin: Der überregionale Verwaltungsakt, in: JuS 1964, S. 228 ff.

Burdeau, Georges: Einführung in die politische Wissenschaft (1959), übersetzt von Rudolf und Maria Stich, Neuwied 1964

— Les Libertés Publiques, Paris 1961

Burke, Edmund: Speech to the Electors of Bristol (1774), in: The Works of the right honourable Edmund Burke, 3. Bd., London 1815, S. 11 ff.

Chafee, Zechariah: Documents on fundamental Human Rights, 1. Bd., Harvard 1954

Ćopić, Hans: Berufsverbot und Pressefreiheit, in: JZ 1963, S. 494 ff.
— Grundgesetz und politisches Strafrecht neuerer Art. Untersuchungen zur Problematik der Verfassungsmäßigkeit der Tatbestände und Deliktsfolgen der §§ 88—98 (incl. § 86), 100 d II, 100 d III i. V. m. II, 128, 129 StGB, § 20 VereinsG und der Deliktsfolgen gem. §§ 31—34, 37, 42 e, 42 m, 42 l StGB im Falle ihrer Verknüpfung mit den vorgenannten politischen Straftatbeständen, Tübingen 1967
(zit.: Grundgesetz)

Corman, Gilbert: Katholische Soziallehre, in: Menschenwürdige Gesellschaft, Hrsg. Landesarbeitsgemeinschaft für politische und soziale Bildung — Arbeit und Leben — Nordrhein-Westfalen und Staatsbürgerliche Bildungsstelle des Landes Nordrhein-Westfalen, Düsseldorf 1960, S. 9 ff.

Dahrendorf, Ralf: Die angewandte Aufklärung. Gesellschaft und Soziologie in Amerika, München 1963
— Für eine Erneuerung der Demokratie in der Bundesrepublik, München 1968
— Gesellschaft und Freiheit. Zur Soziologischen Analyse der Gegenwart, München 1965
— Soziale Klassen und Klassenkonflikt in der industriellen Gesellschaft, Stuttgart 1967

Dechamps, Bruno: Macht und Arbeit der Ausschüsse. Der Wandel der parlamentarischen Willensbildung, Meisenheim 1954

Denker, Rolf: Steuerung der Aggression, in: Aggression und Revolution, Hrsg. Reinhard Schmid, Stuttgart 1968, S. 11 ff.

Dietz, Rolf: Die Koalitionsfreiheit, in: Die Grundrechte. Handbuch der Theorie und Praxis der Grundrechte, Hrsg. Karl August Bettermann, Hans Carl Nipperdey und Ulrich Scheuner, Bd. 3/1, Berlin 1958, S. 417 ff.

v. Doemming, Klaus Berto, Rudolf Werner Füßlein und Werner Matz: Entstehungsgeschichte der Artikel des Grundgesetzes, in: Jahrbuch des öffentlichen Rechts der Gegenwart (neue Folge), 1. Bd., Tübingen 1951

Dübber, Ulrich: Parteienfinanzierung in Deutschland. Eine Untersuchung über das Problem der Rechenschaftslegung in einem zukünftigen Parteigesetz (Diss. Bonn), Köln und Opladen 1962

Dürig, Günter und Theodor Maunz: Grundgesetz. Kommentar, München und Berlin
(zit.: MD)

Duverger, Maurice: Les Partis politiques, Paris 1951

Ebert, Friedrich: Antrittsrede vor dem Reichstag, gehalten am 11. Februar 1919, wiedergegeben in: Proklamationen der Freiheit, Hrsg. Janko Musulin, Frankfurt a. M. und Hamburg 1959, S. 139 ff.

Ehmke, Horst: Grenzen der Verfassungsänderung, Berlin 1953

Eisermann, Gottfried: Parteien und Verbände im neuen Bundestag, in: Gewerkschaftliche Monatshefte 1953, S. 750 ff.

Eldersveld, Samuel J.: American Interest Groups. A Survey of Research and some Implications for Theory and Method, in: Interest Groups on four Continents, Hrsg. Henry W. Ehrmann, Pittsburgh 1959, S. 173 ff.

Ellwein, Thomas: Das Regierungssystem in der Bundesrepublik Deutschland, 2. Aufl., Köln und Opladen 1965

Emden, Cecil S.: The People and the Constitution, 2. Aufl., Oxford 1962

Emge, Richard Martinus: Der Einzelne und die organisierte Gruppe, in: Abhandlungen der Akademie der Wissenschaften und der Literatur, Mainz 1956, S. 507 ff.

Emmelius, Hans Hermann: Das Rangverhältnis von Staat, Gemeinde und freier Gesellschaft bei der Wahrnehmung wohlfahrtsfördernder Aufgaben, insbesondere dargetan an den Beispielen des Bundessozialhilfegesetzes und des Änderungs- und Ergänzungsgesetzes zum Reichsjugendwohlfahrtsgesetz, (Diss.) Bonn 1964

Engelhardt, Hanns: Stichwort „Frieden", in: Evangelisches Staatslexikon, Stuttgart und Berlin 1966, Sp. 579 ff.

Enzyklika Pacem in Terris, vom 11. April 1963, Hrsg. Arthur Fridolin Utz, Freiburg 1963

Enzyklika Populorum Progressio, vom 26. März 1967, Ausgabe Neuzeit-Verlag, München 1967

Erdmann, Rolf: Grundlagen einer Organisationslehre, Leipzig 1921

Erhard, Ludwig: Regierungserklärung vom 10. November 1965, wiedergegeben in: „Das Parlament", Nr. 46/1965 vom 17. November 1965, S. 1 ff.

Eschenburg, Theodor: Herrschaft der Verbände?, Stuttgart 1955

— Staatsautorität und Gruppenegoismus, Düsseldorf 1955

Etzioni, Amitai: The Hard Way to Peace. A New Strategy, New York 1962

— Winning without War, New York 1964

Eulenburg, Franz: Das Geheimnis der Organisation (1943), Hrsg. Georg Jahn, Berlin 1952

Evers, Hans-Ulrich: Verbände — Verwaltung — Verfassung, in: Der Staat 1964, S. 44 ff.

Eyermann, Erich und Ludwig *Fröhler:* Verwaltungsgerichtsordnung, Kommentar, 3. Aufl., München und Berlin 1962

Faber, Heiko: Innere Geistesfreiheit und suggestive Beeinflussung, Berlin 1968

Fack, Fritz Ullrich: Herrschen die Verbände?, in: Frankfurter Allgemeine Zeitung vom 8. Juni 1968, S. 17 ff.

v. Feldmann, Peter: Nochmals: Das neue Vereinsgesetz, in: DÖV 1965, S. 29 ff.

Fichte, Johann Gottlieb: Grundlage des Naturrechts nach Prinzipien der Wissenschaftslehre (1796), Leipzig 1922

Finer, S. E.: Anonymous Empire. A Study of the Lobby in Great Britain, London 1958

Flechtheim, Ossip K.: Stichwort „Parteien", in: Staat und Politik, Hrsg. Ernst Fraenkel und Karl Dietrich Bracher, Frankfurt a. M. 1951, S. 228 ff.

— Stichwort „Revolution", in: Staat und Politik, Hrsg. Ernst Fraenkel und Karl Dietrich Bracher, Frankfurt a. M. 1957, S. 252 ff.

Forsthoff, Ernst: Begriff und Wesen des sozialen Rechtsstaates. Der soziale Rechtsstaat in verfassungsrechtlicher Sicht, in: VVDStL, Heft 12 (1954), S. 8 ff.

— Die politischen Parteien im Verfassungsrecht, Tübingen 1950

Fraenkel, Ernst: Deutschland und die westlichen Demokratien, Stuttgart 1964

Fraenkel, Ernst: Das amerikanische Regierungssystem. Eine politologische Analyse, 2. Aufl., Köln und Opladen 1962

Freund, Michael: Stichwort „Politik", in: Handwörterbuch der Sozialwissenschaften, 8. Bd., Tübingen, Stuttgart, Göttingen 1964, S. 356 ff.

Freyer, Hans: Einführung zu: Machiavelli, Der Fürst, (Reclam-)Ausgabe, Stuttgart 1961

Friesenhahn, Ernst: Die politischen Grundlagen des Bonner Grundgesetzes, in: Recht — Staat — Wirtschaft, Bd. 2, Düsseldorf 1950, S. 164 ff.

— Parlament und Regierung im modernen Staat, in: VVDStL, Heft 16 (1958), S. 9 ff.

Fromm, Erich: Arms Control, Disarmament and National Security, New York 1961, ins Deutsche übertragen von G. Wahrig, in: Strategie der Abrüstung, Hrsg. Uwe Nerlich, Gütersloh 1962, S. 208 ff.

Furtwängler, Franz Josef: Die Gewerkschaften. Ihre Geschichte und internationale Auswirkung, Hamburg 1956

Füßlein, Rudolf Werner: Vereins- und Versammlungsfreiheit, in: Die Grundrechte. Handbuch der Theorie und Praxis der Grundrechte, Hrsg. Franz L. Neumann, Hans Carl Nipperdey, Ulrich Scheuner, 2. Bd., Berlin 1954, S. 425 ff.

— Mischverwaltung oder Mitverwaltung?, in: DVBl. 1956, S. 1 ff.

v. d. Gablentz, Otto Heinrich: Einführung in die politische Wissenschaft, Köln und Opladen 1965

Gallwas, Hans-Ulrich: Der Mißbrauch von Grundrechten, Berlin 1967

Geiger, Willi: Gesetz über das Bundesverfassungsgericht vom 12. März 1951. Kommentar, Berlin und Frankfurt a. M. 1952

Giese, Friedrich: Grundgesetz für die Bundesrepublik Deutschland, 4. Aufl., Frankfurt a. M. 1955
(zit.: GG)

Giese, Friedrich und Egon *Schunck*: Grundgesetz für die Bundesrepublik Deutschland, 7. Aufl., Frankfurt a. M. 1965

— Parteien als Staatsorgane. Bemerkungen zum Plenarbeschluß des Bundesverfassungsgerichts vom 20. Juli 1954, in: AöR Bd. 80 (1955/56), S. 377 ff.

v. Gierke, Otto: Das Wesen der menschlichen Verbände (1902), Neudruck Darmstadt 1954

Glum, Friedrich: Selbstverwaltung der Wirtschaft. Eine öffentlichrechtliche Studie, Berlin 1924

v. Gneist, Rudolf: Die nationale Rechtsidee von den Ständen und das preußische Dreiklassenwahlsystem (1894), Neudruck Darmstadt 1962

Gollwitzer, Helmut: Die Kirche in einem revolutionären Zeitalter, in: Frankfurter Rundschau vom 11. Oktober 1968, S. 18

Goodrich, Leland M. und Edward *Hambro:* Charter of the United Nations, London 1949

Grab, Walter: Norddeutsche Jakobiner. Demokratische Bestrebungen zur Zeit der Französischen Revolution, Frankfurt a. M. 1967

Grebing, Helga: Geschichte der deutschen Arbeiterbewegung. Ein Überblick, München 1966

Grewe, Wilhelm: Die verfassungsrechtlichen Grundlagen der Bundesrepublik Deutschland, in: Deutsche Rechts-Zeitschrift 1949, S. 313 ff.

Grundmann, Werner: Die Rathausparteien, Göttingen 1960

Habermas, Jürgen: Strukturwandel der Öffentlichkeit. Untersuchungen zu einer Kategorie der bürgerlichen Gesellschaft, 2. Aufl., Neuwied und Berlin 1965
— Theorie und Praxis. Sozialpsychologische Studien, 2. Aufl., Neuwied 1967
— Technik und Wissenschaft als „Ideologie", in: Technik und Wissenschaft als „Ideologie", Frankfurt a. M. 1968, S. 48 ff.

Häberle, Peter: Die Wesensgehaltsgarantie des Art. 19 Abs. 2 Grundgesetz. Zugleich ein Beitrag zum institutionellen Verständnis der Grundrechte und zur Lehre vom Gesetzesvorbehalt, Karlsruhe 1962

Hamann, Andreas: Das Grundgesetz für die Bundesrepublik Deutschland. Kommentar, 2. Aufl., Neuwied 1961

Hamel, Walter: Die Bedeutung der Grundrechte im sozialen Rechtsstaat. Eine Kritik an Gesetzgebung und Rechtsprechung, Berlin 1957

Hegel, Georg Wilhelm Friedrich: Grundlinien der Philosophie des Rechts. Naturrecht und Staatswissenschaft im Grundrisse (1821), Hrsg. Löwith und Riedel, Frankfurt a. M. 1968
(zit.: Rechtsphilosophie)
— Die Verfassung Deutschlands (1802), in: Politische Schriften, Frankfurt a. M. 1967, S. 23 ff.

Heller, Hermann: Europa und der Faschismus, Berlin und Leipzig 1929
— Hegel und der nationale Machtstaatsgedanke in Deutschland. Ein Beitrag zur politischen Geistesgeschichte, Leipzig und Berlin 1921
— Staatslehre, Hrsg. Gerhart Niemeyer (1934), 3. Aufl., Leiden 1963

Henke, Wilhelm: Erläuterungen zu Art. 21 GG, in: Bonner Kommentar, Hamburg 1950 ff.
(zit.: BK)
— Das Recht der politischen Parteien, Göttingen 1964

Hennis, Wilhelm: Meinungsforschung und repräsentative Demokratie. Zur Kritik politischer Umfragen, Tübingen 1957

Herrfahrdt, Heinrich: Erläuterungen zu Art. 79 GG, in: Bonner Kommentar, Hamburg 1950 ff.

Herzog, Roman: Stichwort „Subsidiaritätsprinzip" II, in: Evangelisches Staatslexikon, Stuttgart und Berlin 1966, Sp. 2266 ff.

Hesse, Konrad: Die verfassungsrechtliche Stellung der politischen Parteien in modernen Staat, in: VVDStL Heft 17 (1959), S. 11 ff.

v. d. Heydte, Friedrich August: Freiheit der Parteien, in: Die Grundrechte, Hrsg. Franz L. Neumann, Hans Carl Nipperdey, Ulrich Scheuner, 2. Bd., Berlin 1954, S. 457 ff.
— Stichwort „Friedensbewegung", in: Staatslexikon, hrsg. von der Görres-Gesellschaft, 6. Aufl., Bd. 3, Freiburg 1959, Sp. 602 ff.

v. Hippel, Eike: Grenzen und Wesensgehalt der Grundrechte, Berlin 1965

Hirche, Kurt: Gewerkschaftler im Bundestag, in: Gewerkschaftliche Monatshefte 1961, S. 641 ff.

Hirsch-Weber, Wolfgang: Politik als Interessenkonflikt, Stuttgart 1969

Hoffmann, Diether H.: Das Petitionsrecht, (Diss.), Frankfurt a. M. 1959

Hofstätter, Peter R.: Gruppendynamik. Kritik der Massenpsychologie, Hamburg 1957

— Die Psychologie der öffentlichen Meinung, Wien 1949

Huber, Ernst-Rudolf: Dokumente zur deutschen Verfassungsgeschichte, 1. Bd., Stuttgart 1961

— Wirtschaftsverfassungsrecht, 2. Bd., 2. Aufl., Tübingen 1953

Huber, Hans: Staat und Verbände, Tübingen 1958

Hueck, Götz: Stichwort „Koalitionsfreiheit", in: Evangelisches Staatslexikon, Stuttgart und Berlin 1966, Sp. 1072 ff.

Hugo, Victor: Eröffnungsansprache auf dem zweiten Internationalen Friedenskongreß in Paris (1849), wiedergegeben bei: Hans-Jürgen Schlochauer, Die Idee des ewigen Friedens, Bonn 1953, S. 137

Huffschmid, Jörg: Karl Schillers Konzertierte Aktion. Zur ökonomischen Formierung der Gesellschaft, in: Blätter für deutsche und internationale Politik, 1967, S. 442 ff.

v. Jan, Heinrich: Das Vereinsgesetz für das Deutsche Reich, München 1931

Jellinek, Georg: Allgemeine Staatslehre, 3. Aufl., (1921), Neudruck Darmstadt 1960

— Das Recht der Minoritäten, Wien 1891

Jellinek, Walter: Verwaltungsrecht, 3. Aufl., Offenburg 1948

Jouhaux, Léon: Die Gewerkschaftsbewegung in Frankreich, Berlin 1932

Kaiser, Joseph H.: Die Repräsentation organisierter Interessen, Berlin 1956

— Der politische Streik, 2. Aufl., Berlin 1959

Kafka, Gustav E.: Die verfassungsrechtliche Stellung der politischen Parteien, in: VVDStL, Heft 17 (1959), S. 53 ff.

Kant, Immanuel: Kritik der Urteilskraft (1799), Ausgabe Vorländer, Leipzig 1921

— Zum ewigen Frieden. Ein philosophischer Entwurf (1795), Ausgabe Reclam, Stuttgart 1963

Kaufmann, Erich: Das Wesen des Völkerrechts und die clausula rebus sic stantibus, Leipzig und Berlin 1911

— Zur Problematik des Volkswillens (1931), in: Gesammelte Werke, 3. Bd., Darmstadt 1960, S. 272 ff.

Kelsen, Hans: Reine Rechtslehre, 2. Aufl., Wien 1960

Kewenig, Wilhelm: Die Problematik der unmittelbaren staatlichen Parteienfinanzierung, in: DÖV 1964, S. 829 ff.

Kirchheimer, Otto: Zur Frage der Souveränität (1944), in: Politik und Verfassung, Frankfurt a. M. 1964, S. 57 ff.

— Political Justice. The Use of Legal Procedure for Political Ends, Princeton 1961

Klein, Franz: siehe bei *Maunz*

Klein, Friedrich: Bundesverfassungsgericht und richterliche Beurteilung politischer Fragen, Münster 1966

— Das Bonner Grundgesetz, siehe bei *v. Mangoldt*

Klinger, Hans: Verwaltungsgerichtsordnung. Kommentar, Göttingen 1960

Kluxen, Kurt: Die geistesgeschichtlichen Grundlagen des englischen Parlamentarismus, in: Parlamentarismus, Hrsg. Kurt Kluxen, Köln und Berlin 1967, S. 99 ff.

Kölble, Josef: Zur Lehre von den — stillschweigend — zugelassenen Verwaltungszuständigkeiten des Bundes, in: DÖV 1963, S. 660 ff.

— Inwieweit schützt das Parteienprivileg des Art. 21 Abs. 2 GG auch Nebenorganisationen von Parteien?, in: AöR Bd. 87 (1962), S. 48 ff.

König, René: Stichwort „Organisation", in: Soziologie, Hrsg. René König, Frankfurt a. M. 1958, S. 214 ff.

Krauth, Hermann, Werner *Kurfess* und Helmut *Wulf*: Zur Reform des Staatsschutzstrafrechts durch das Achte Strafrechtsänderungsgesetz, in: JZ 1968, S. 577 ff.

Krippendorf, Ekkehart: Militärs putschen, in: Spandauer Volksblatt vom 25. Juni 1965, S. 4

Kriele, Martin: Theorie der Rechtsgewinnung, entwickelt am Problem der Verfassungsinterpretation, Berlin 1967

Krüger, Herbert: Allgemeine Staatslehre, 2. Aufl., Stuttgart, Berlin, Köln und Mainz 1966

— Die Stellung der Interessenverbände in der Verfassungswirklichkeit, in: NJW 1956, S. 1217 ff.

— Grundgesetz und Kartellgesetzgebung, Göttingen 1950

Laski, Harold J(oseph): A Grammar of Politics, London 1926

Lavau, G. E.: Partis politiques et réalités sociales. Contribution à une étude réaliste des partis politiques, Paris 1953

Lechner, Hans: Bundesverfassungsgerichtsgesetz, 2. Aufl., München und Berlin 1967

Lehmann, Lutz: Legal und Opportun. Politische Justiz in der Bundesrepublik, Berlin 1966

Leibholz, Gerhard: Strukturprobleme der modernen Demokratie, 3. Aufl., Karlsruhe 1967

— Das Wesen der Repräsentation und der Gestaltwandel der Demokratie im 20. Jahrhundert (1929), 2. Aufl., Berlin 1960

— Staat und Verbände, in: VVDStL, Heft 24 (1966), S. 5 ff.

Leisner, Walter: Stichwort „Vereinigungsfreiheit", in: Evangelisches Staatslexikon, Stuttgart und Berlin 1966, Sp. 2337 ff.

— Von der Verfassungsmäßigkeit der Gesetze zur Gesetzmäßigkeit der Verfassung, Tübingen 1964

Lenin, Wladimir Iljitsch: Staat und Revolution (1917), in: Ausgewählte Werke, Bd. 2, Stuttgart o. J. (Nachdruck der 1946/47 in Moskau erschienenen Ausgabe), S. 158 ff.

Lewald, Walter: Enqueterecht und Aufsichtsrecht. Eine verfassungskritische Studie, in: AöR Bd. 44 (1923), S. 269 ff.

Lerche, Peter: Übermaß und Verfassungsrecht, Köln, Berlin, München und Bonn 1961

Liebknecht, Karl: Militarismus und Antimilitarismus unter bsonderer Berücksichtigung der internationalen Jugendbewegung (1907), in: Gesammelte Reden und Schriften, 1. Bd., Berlin 1958, S. 247 ff.

Lipset, Seymour Martin: Political Man. The Social Bases of Politics, New York 1963

Litt, Theodor: Individuum und Gemeinschaft. Grundfragen der sozialen Theorie und Ethik, Berlin und Leipzig 1919

Locke, John: Two Treatises of Government (1960), Ausgabe Caslett, Cambridge 1960

Lohmar, Ulrich: Innerparteiliche Demokratie. Eine Untersuchung der Verfassungswirklichkeit politischer Parteien in der Bundesrepublik Deutschland, Stuttgart 1963

Loewenstein, Karl: Verfassungslehre, Tübingen 1959

Luhmann, Niklas: Funktion und Folgen formaler Organisation, Berlin 1964

Lüttger, Hans: Ist § 90 a Absatz 3 StGB verfassungswidrig?, in: Goltdammers Archiv, 1958, S. 181 ff.

Machiavelli, Niccolo: Der Fürst (1513), übersetzt von Ernst Merian-Genast, Stuttgart 1961

Mallmann, Walter: Stichwort „Vereins- und Versammlungsfreiheit", in: Staatslexikon, hrsg. von der Görres-Gesellschaft, 6. Aufl., 8. Bd., Freiburg 1963, Sp. 106 ff.

v. Mangoldt, Hermann: Das Bonner Grundgesetz. Kommentar, Berlin und Frankfurt 1953

v. Mangoldt, Hermann und Friedrich *Klein:* Das Bonner Grundgesetz, 1. Bd. Neudruck der 2. Aufl. (1957), Berlin und Frankfurt a. M. 1966; 2. Bd. Berlin und Frankfurt a. M. 1964
(zit.: vMK)

Mann, Golo: Deutsche Geschichte des 19. und 20. Jahrhunderts, Frankfurt a. M. 1958

Mandeville, Bernard: Die Bienenfabel (1708), München 1914

Marsch, Wolf Dieter: Hoffnung — marxistisch und christlich gesehen, in: Junge Kirche, 1967, S. 563 ff.

Marx, Karl: Zur Kritik der politischen Ökonomie (1859), in: Werke, Bd. 6, Darmstadt 1964, S. 836 ff.

Marx, Karl und Friedrich *Engels:* Manifest der Kommunistischen Partei (1848), Berlin 1960

Maunz, Theodor und Günter *Dürig:* Grundgesetz. Kommentar, München und Berlin
(zit.: MD)

— Deutsches Staatsrecht. Ein Studienbuch, 11. Aufl., München und Berlin 1962; 16. Aufl., Berlin und München 1968

Maunz, Theodor, Günter *Dürig,* Heinrich *Sigloch,* Bruno *Schmidt-Bleibtreu* und Franz *Klein:* Bundesverfassungsgerichtsgesetze mit Nebengesetzen, München und Berlin 1966 ff.

Maurach, Reinhart: Deutsches Strafrecht. Besonderer Teil, 4. Aufl., Karlsruhe 1964

Mayntz, Renate: Soziologie der Organisation, Reinbek 1963

Mehring, Franz: Deutsche Geschichte vom Ausgange des Mittelalters, in: Gesammelte Schriften, 5. Bd., Berlin 1964, S. 1 ff.

Meinecke, Friedrich: Die Idee der Staatsräson in der neueren Geschichte, München und Berlin 1924

Menzel, Eberhard: Erläuterungen zu Art. 26 GG, in: Bonner Kommentar, Hamburg 1950 ff.

Meynaud, Jean: Les groupes de pression en France, Paris 1958

Michels, Robert: Zur Soziologie des Parteiwesens in der modernen Demokratie. Untersuchungen über die oligarchischen Tendenzen des Gruppenlebens, Neudruck der zweiten Auflage von 1925, Stuttgart 1957

Mitscherlich, Alexander und Margarete: Die Unfähigkeit zu trauern. Grundlagen kollektiven Verhaltens, München 1967

Mommsen, Wilhelm: Deutsche Parteiprogramme, 2. Aufl., München 1960

Montesquieu, Charles Louis de Secondat (Baron de La Brède et de Montesquieu): De l'Esprit des Lois (1748), Ausgabe de la Gresseye, Paris 1955

Müller, Christoph: Das imperative und das freie Mandat. Überlegungen zur Lehre von der Repräsentation des Volkes, Leiden 1966

Müller, Franz H.: Stichwort „Organisation", in: Staatslexikon, hrsg. von der Görres-Gesellschaft, 6. Aufl., 6. Bd., Freiburg 1961, Sp. 35 ff.

Müller, Friedrich: Korporation und Assoziation. Eine Problemgeschichte der Vereinigungsfreiheit im deutschen Vormärz, Berlin 1965

Müller, Ute: Die demokratische Willensbildung in den Parteien, (Diss.) Mainz 1967

v. Münch, Ingo: Erläuterungen zu Art. 9 GG (Zweitbearbeitung), in: Kommentar zum Bonner Grundgesetz, Hamburg 1950 ff.
(zit.: BK)

Musulin, Janko: Proklamationen der Freiheit. Dokumente von der Magna Charta bis zum Ungarischen Volksaufstand, Frankfurt a. M. 1963

Myrdal, Alva: Politische Probleme des Friedens, in: Frieden. Vorlesungen auf dem 13. Evangelischen Kirchentag Hannover 1967, Stuttgart und Berlin 1967, S. 5 ff.

Naphtali, Fritz (Hrsg.): Wirtschaftsdemokratie. Ihr Wesen, Weg und Ziel, 5. Aufl., Berlin 1931

Naschold, Frieder: Organisation und Demokratie. Untersuchung zum Demokratisierungspotential in komplexen Organisationen, Stuttgart 1969

Nawiasky, Hans: Die Grundgedanken des Grundgesetzes für die Bundesrepublik Deutschland, Stuttgart und Köln 1950

v. Nell-Breuning, Oswald: Stichwort „Koalitionsfreiheit", in: Staatslexikon, hrsg. von der Görres-Gesellschaft, 6. Aufl., Bd. 4, Freiburg 1959, Sp. 1106 ff.

— Stichwort „Subsidiaritätsprinzip", in: Staatslexikon, hrsg. von der Görres-Gesellschaft, 6. Aufl., Bd. 7, Freiburg 1962, Sp. 826 ff.

Nellessen, Bernd: Die verbotene Revolution. Aufstieg und Niedergang der Falange, Hamburg 1962

Nevermann, Knut: Zur Strategie systemüberwindender Reformen, in: Blätter für deutsche und internationale Politik 1968, S. 597 ff.

Nipperdey, Thomas: Die Organisation der deutschen Parteien vor 1918, Düsseldorf 1961

Nollau, Günther: Das KPD-Verbot aufheben?, in: Aus Politik und Zeitgeschichte, Beilage zur Wochenzeitung „Das Parlament", Nr. 9/1967 vom 1. März 1967, S. 3 ff.

Obermayer, Klaus: Der Vollzug des Vereinigungsverbotes nach Art. 9 Abs. 2 GG, in: Bayerische Verwaltungsblätter, 1956, S. 5 ff. und 38 ff.

Olson, Mancur: Die Logik des kollektiven Handelns, Tübingen 1968

Ortega y Gasset: Der Aufstand der Massen (1930), übersetzt von Helene Weyl, Reinbek 1967

Ostrogorsky, Moisé: La Demokratie et l'Organisation des Partis Politiques, 2. Bd., Paris 1903

Paine, Thomas: Rights of Man. Being an Answer to Mr. Burke's Attack on the French Revolution (1791), deutsch von Wolfgang Mönke, Berlin 1962

Papcke, Sven G.: Weltrevolution als Friede, in: Weltfrieden und Revolution, Hrsg. Hans-Eckehard Bahr, Reinbek 1968, S. 17 ff.

Parlamentarischer Rat: Verhandlungen des Hauptausschusses, Protokolle, Bonn 1948/49

Parteienrechtskommission: Rechtliche Ordnung des Parteiwesens. Bericht der vom Bundesminister des Innern eingesetzten Parteienrechtskommission, Frankfurt a. M. und Berlin 1957

Partsch, Karl Josef: Empfiehlt es sich, Funktion, Struktur und Verfahren der parlamentarischen Untersuchungausschüsse grundlegend zu ändern?, in: Verhandlungen des 45. Deutschen Juristentages, Teil III, München und Berlin 1964

Pehl, Günter: Der Staat muß den Wirtschaftsaufschwung stärker fördern. Zum vierten Jahresgutachten des Sachverständigenrates zur Begutachtung der gesamtwirtschaftlichen Entwicklung, in: Gewerkschaftliche Monatshefte, 1968, S. 1 ff.

Peters, Hans: Stichwort „Demokratie", in: Staatslexikon, hrsg. von der Görres-Gesellschaft, 6. Aufl., 2. Bd., Freiburg 1958, Sp. 560 ff.

— Entwicklungstendenzen der Demokratie in Deutschland seit 1949, in: Demokratie und Rechtsstaat, Festgabe zum 60. Geburtstag von Zaccaria Giacometti, Zürich 1953, S. 229 ff.

Petzold, Kurt: Rechtsstaatliches Verfahren für verfassungswidrige Vereine — das neue Vereinsgesetz, in: NJW 1964, S. 2281 ff.

Pfeiffer, Gerd: Die Verfassungsbeschwerde in der Praxis, Essen 1959

Pfeiffer, Gerd und Hans-Georg *Strickert*: KPD-Prozeß. Dokumentarwerk zu dem Verfahren über den Antrag der Bundesregierung auf Feststellung der Verfassungswidrigkeit der Kommunistischen Partei Deutschlands vor dem Ersten Senat des Bundesverfassungsgerichts. Sonderdruck des Urteils vom 17. August 1956, Karlsruhe 1956
(zit.: Dokumente)

Pick, Heribert-Hans: Der Verfassungsrechtsgehalt der Verbände und seine Bestimmung, (Diss.) Mainz 1961

Piepenstock, Wolfgang: Das Verbot politischer Vereinigungen und die freiheitliche Demokratie, in: Blätter für deutsche und internationale Politik, 1965, S. 142 ff.

Posser, Diether: Politische Strafjustiz aus der Sicht des Verteidigers, Karlsruhe 1961

Potter, Allen: Organized Groups in British National Politics, London 1961

Preuß, Ulrich K.: Zum staatsrechtlichen Begriff des Öffentlichen. Untersucht am Beispiel des verfassungsrechtlichen Status kultureller Organisationen, Stuttgart 1969

Protokoll des zweiten ordentlichen Bundeskongresses des Deutschen Gewerkschaftsbundes, Düsseldorf 1952

Prüfer, Guntram und Walter *Tormin:* Die Entstehung und Entwicklung der Weimarer Republik bis zu Eberts Tod, in: Die Weimarer Republik, Hrsg. Walter Tormin, Hannover 1962, S. 77 ff.

Radbruch, Gustav: Die politischen Parteien im System des deutschen Verfassungsrechts, in: Handbuch des deutschen Staatsrechts, Hrsg. Gerhard Anschütz und Richard Thoma, Bd. 1, Tübingen 1930, S. 265 ff.

v. Reitzenstein, Irene: Solidarität und Gleichheit. Ordnungsvorstellungen im deutschen Gewerkschaftsdenken nach 1945, Berlin 1961

Ridder, Helmut: Meinungsfreiheit, in: Die Grundrechte, Handbuch der Theorie und Praxis der Grundrechte, Hrsg. Franz L. Neumann, Hans Carl Nipperdey, Ulrich Scheuner, Bd. 2, Berlin 1954, S. 243 ff.

— Grundgesetz, Notstand und politisches Strafrecht. Bemerkungen über die Eliminierung des Ausnahmezustandes und die Limitierung der politischen Strafjustiz durch das Grundgesetz für die Bundesrepublik Deutschland, Frankfurt a. M. 1965

— Stichwort „Petitionsrecht", in: Staatslexikon, hrsg. von der Görres-Gesellschaft, 6. Aufl., 6. Bd., Freiburg 1961, Sp. 229 ff.

— Aktuelle Rechtsfragen des KPD-Verbotes, Neuwied und Berlin 1966

— Staatsgeheimnis und Pressefreiheit. Vortrag, gehalten am 25. Mai 1963 auf der Bundestagung der Arbeitsgemeinschaft Sozialdemokratischer Juristen in Berlin, Hrsg. Vorstand der SPD, Bonn 1963, S. 21 ff,

— Zur verfassungsrechtlichen Stellung der Gewerkschaften im Sozialstaat nach dem Grundgesetz für die Bundesrepublik Deutschland, Stuttgart 1960
(zit.: Gewerkschaften)

— „Sühnegedanke", Grundgesetz, „verfassungsmäßige Ordnung" und Verfassungsordnung der Bundesrepublik Deutschland, in: DÖV 1963, S. 321 ff.
(zit.: „Sühnegedanke")

— Von Ursachen und Folgen föderalistischer Mißverständnisse, in: Blätter für deutsche und internationale Politik, 1962, S. 515 ff.

— Besprechung von: Wilhelm Henke, Das Recht der politischen Parteien, in: JZ 1966, S. 78 ff.

Roberts, J. M.: French Revolution Documents, Bd. 1, Oxford 1966

Robespierre, Maximilien: Correspondance de Maximilien et Augustin Robespierre, Hrsg. Georges Michon, Paris 1926

Rousseau, Jean-Jacques: Du Contrat Social ou Principes du Droit politique (1762), Ausgabe Guillemin, Paris 1963
(zit.: CS)

— Discours sur l'Origine de l'Inégalité parmi les Hommes (1755), Ausgabe Guillemin, Paris 1963

Rüthers, Bernd: Streik und Verfassung, Köln 1960

Ruhrmann, Hans: Staatsgefährdung de lege lata und de lege ferenda, (Diss.) Köln 1959

Saint-John, Henry (Lord *Bolingbroke*): The Idea of a Patriot King (1738), in: The Works of Lord Bolingbroke, Bd. 2, London 1967, S. 372 ff.

— Remarks on the History of England (1730), in: The Works of Lord Bolingbroke, Bd. 1, London 1967, S. 292 ff.

Saint-Simon, Henri de: Pour un gouvernement à bon marché (1823), in: Saint-Simon, Textes choisis, Hrsg. Jean Doutry, Paris 1951, S. 114 ff.

Sauerwein, Herbert: Die „Omnipotenz" des pouvoir constituant. Ein Beitrag zur Staats- und Verfassungstheorie, (Diss.), Frankfurt a. M. 1960

Sawusch: Die juristische Würdigung der Revolution als Tatsache, (Diss.) Göttingen 1926

Scheid, Werner: Lehrbuch der Neurologie, 3. Aufl., Stuttgart 1968

Schelsky, Helmut: Auf der Suche nach Wirklichkeit, Düsseldorf und Köln 1965

Scheuner, Ulrich: Aufgaben und Probleme des Verfassungsschutzes, in: Vorträge, gehalten anläßlich der Hessischen Hochschulwochen für staatswissenschaftliche Fortbildung, 31. Bd., 1961, S. 21 ff.

— Diskussionsbeitrag zum Thema: Parlament und Regierung im modernen Staat, in: VVDStL, Heft 16 (1958), S. 122 ff.

— Grundlagen des modernen Staates, in: Recht — Staat — Wirtschaft, 3. Bd., Düsseldorf 1951, S. 126 ff.

— Der Inhalt der Koalitionsfreiheit, in: Koalitionsfreiheit, Hrsg. Werner Weber, Ulrich Scheuner und Rolf Dietz, Berlin und Frankfurt 1961, S. 11 ff.

— Politische Repräsentation und Interessenvertretung, in: DÖV 1965, S. 577 ff.

— Der Staat und die intermediären Kräfte, in: Zeitschrift für evangelische Ethik, 1957, S. 30 ff.

Schindler, Dietrich: Verfassungsrecht und soziale Struktur, 3. Aufl., Zürich 1950

Schlochauer, Hans-Jürgen: Die Idee des ewigen Friedens. Ein Überblick über Entwicklung und Gestaltung des Friedenssicherungsgedankens auf der Grundlage einer Quellenauswahl, Bonn 1953

Schmid, Richard: Die Haltung der Richterschaft im Spiegel bedeutsamer Strafprozesse, in: Politische Strafprozesse, Hrsg. Friedrich-Ebert-Stiftung, Hannover 1963, S. 55 ff.

— Auf dem Wege zum Überwachungsstaat, in: „Die Zeit", Nr. 11/1965 vom 12. März 1965, S. 3

Schmidt, Walter: Das neue Vereinsgesetz und Art. 9 Abs. 2, 18 des Grundgesetzes, in: NJW 1965, S. 424 ff.

Schmidtchen, Gerhard: Die befragte Nation. Über den Einfluß der Meinungsforschung auf die Politik, Freiburg 1959

Schmidtchen, Gerhard und Elisabeth *Noelle-Neumann:* Die Bedeutung repräsentativer Bevölkerungsumfragen für die offene Gesellschaft, in: PVS 1963, S. 168 ff.

Schmitt, Carl: Der Begriff des Politischen (1932), mit einem Vorwort und drei Corollarien, Berlin 1963

Schmitt, Carl: Der Nomos der Erde im Völkerrecht des Jus Publicum Europaeum, Köln 1950
— Staat, Bewegung, Volk. Die Dreigliederung der politischen Einheit, Hamburg 1933
— Theorie des Partisanen. Zwischenbemerkung zum Begriff des Politischen Berlin 1963
— Verfassungslehre, 3. Aufl., Berlin 1954
— Die Wendung zum diskriminierenden Kriegsbegriff, München 1938

Schneider, Franz: Presse- und Meinungsfreiheit nach dem Grundgesetz. Beiträge zur Wesensbestimmung dieser Grundrechte, München 1962

Schneider, Herbert: Die Interessenverbände, München und Wien 1965

Schnorr, Gerhard: Öffentliches Vereinsrecht. Kommentar zum Vereinsgesetz, Köln 1965

Schnur, Roman: Weltfriedensidee und Weltbürgerkrieg (1791/92), in: Der Staat 1963, S. 297 ff.

Schnutenhaus, Otto: Allgemeine Organisationslehre, Berlin 1951

Schönke, Adolf und Horst *Schröder*: Strafgesetzbuch. Kommentar, 12. Aufl., München und Berlin 1965

Schriftgiesser, Karl: The Lobbyists. The Art and Business of Influencing Law-makers, Boston 1951

Schulz, Gerhard: Über Entstehung und Formen von Interessengruppen in Deutschland seit Beginn der Industrialisierung, in: PVS, 1961, S. 124 ff.

Schumann, Ekkehart: Stichwort „Petitionsrecht", in: Evangelisches Staatslexikon, Stuttgart und Berlin 1966, Sp. 1514 ff.

Schumpeter, Joseph A.: Capitalism, Socialism and Democracy (1942), deutsch: Kapitalismus, Sozialismus und Demokratie, 2. Aufl., Bern 1950

Schwarz, Otto und Eduard *Dreher*: Strafgesetzbuch, 27. Aufl., München und Berlin 1965

Seifert, Karl-Heinz: Probleme des öffentlichen Vereinsrechts, in: DÖV 1954, S. 321 ff.
— Das neue Vereinsgesetz, in: DÖV 1964, S. 685 ff.
— Die Rechtsstellung der politischen Parteien, in: DÖV 1956, S. 1 ff.

Senghaas, Dieter: Zur Pathologie organisierter Friedlosigkeit, in: Weltfrieden und Revolution, Hrsg. Hans-Eckehard Bahr, Reinbek 1968, S. 107 ff.

Simmel, Georg: Soziologie. Untersuchungen über die Formen der Vergesellschaftung, 4. Aufl. (1928), Neudruck Darmstadt 1958

Skriver, Ansgar: Aktion Sühnezeichen, Stuttgart 1962
— Soldaten gegen Demokraten. Militärdiktatur in Griechenland, Köln und Berlin 1968

Smend, Rudolf: Gutachtliche Äußerung zur Frage der Erforderlichkeit einer Änderung des Grundgesetzes für die Bundesrepublik Deutschland als Voraussetzung des deutschen Wehrbeitrages zur Europäischen Verteidigungsgemeinschaft, in: Der Kampf um den Wehrbeitrag, 2. Bd., 1. Halbband, München 1952, S. 148 ff.
— Stichwort „Integrationslehre", in: Wörterbuch der Sozialwissenschaften, 5. Bd., Tübingen 1956, S. 299 ff.

Smend, Rudolf: Verfassung und Verfassungsrecht (1928), in: Staatsrechtliche Abhandlungen und andere Aufsätze, Berlin 1955, S. 119 ff.

— Zum Problem des Öffentlichen und der Öffentlichkeit, in: Forschungen und Berichte aus dem öffentlichen Recht, Gedächtnisschrift für Walter Jellinek, München 1955, S. 11 ff.

Stahl, Friedrich Justus: Staatslehre, 3. Aufl. (1856), Neudruck Berlin 1910

Stammer, Otto, Wolfgang *Hirsch-Weber,* Nils *Dietrich,* Annemarie *Gerschmann,* Wilfried *Gottschalk,* Gerhard *Grohs* und Hans *Gustävel:* Verbände und Gesetzgebung. Die Einflußnahme der Verbände auf die Gestaltung des Personalvertretungsgesetzes, Köln und Opladen 1965

Steffani, Winfried: Über die parlamentarischen Untersuchungsausschüsse, in: Parlamentarismus, Hrsg. Kurt Kluxen, Köln und Berlin 1967, S. 249 ff.

Stein, Ekkehart: Lehrbuch des Staatsrechts, Tübingen 1968

— Der Mensch in der pluralistischen Demokratie. Die Freiheitsrechte in Großbritannien, Frankfurt a. M. 1964

v. Stein, Lorenz: Der Begriff der Gesellschaft und die Gesetze ihrer Bewegung (1850), in: Geschichte der sozialen Bewegung in Frankreich von 1789 bis auf unsere Tage, Neudruck Darmstadt 1959, Bd. 1, S. 9 ff.

Sterling, Eleonore: Judenfreunde — Judenfeinde. Fragwürdiger Philosemitismus in der Bundesrepublik, in: Die Zeit, Nr. 50 vom 10. Dezember 1965, S. 30

Stier-Somlo, Fritz: Reichsvereinsgesetz vom 19. April 1908. Systematischer Kommentar, Stuttgart und Leipzig 1909

Sutherland, Arthur E.: Constitutionalism in America, New York, Toronto, London 1965

Thieme, Werner: Stabilität und Labilität im demokratischen Staat, in: JZ 1966, S. 41 ff.

Thierfelder, Hans: Zur Geltungsdauer verfassungsgerichtlicher Erkenntnisse, in: DÖV 1968, S. 271 ff.

de Tocqueville, Alexis: Über die Demokratie in Amerika (1835), in: Werke und Briefe, deutsch von Hans Zbinden, 2. Bd., zweiter Teil, Tübingen 1959

Tödt, Heinz Eduard: Revolution als neue sozialistische Konzeption. Eine Inhaltsanalyse, in: Theologie der Revolution, Analysen und Materialien, Hrsg. Trutz Rendtorff und Heinz Eduard Tödt, Frankfurt a. M. S. 13 ff.

Tönnies, Ferdinand: Gemeinschaft und Gesellschaft, Neudruck der 8. Aufl. (1935), Darmstadt 1963

— Vereins- und Versammlungsrecht wider die Koalitionsfreiheit, Jena 1902

Trotzki, Leo: Natur der Revolution, deutsch von Helmut Scheffel, in: Panorama des zeitgenössischen Denkens, Hrsg. Gaeton Picon, Berlin 1961, S. 258 ff.

Truman, David B.: The Governmental Process. Political Interests and Public Opinion, New York 1955

Utz, Arthur-Fridolin: Formen und Grenzen des Subsidiaritätsprinzips, Heidelberg 1956

Valjavec, Fritz: Die Entstehung der politischen Strömungen in Deutschland 1770—1815, München 1951

Varain, Heinz-Josef: Parteien und Verbände. Eine Studie über ihren Aufbau, ihre Verflechtung und ihr Wirken in Schleswig-Holstein 1945—1958, Köln und Opladen 1964

Vidalenc, Georges: Die französische Gewerkschaftsbewegung, Brüssel 1953

Vierkandt, Alfred: Gesellschaftslehre. Hauptprobleme der philosophischen Soziologie, Stuttgart 1923

Wagner, Walter (Hrsg.): Hochverrat und Staatsgefährdung. Urteile des Bundesgerichtshofes, Bd. 1 Karlsruhe 1957, Bd. 2 Karlsruhe 1958 (zit.: HuS)

Webb, Sidney und Beatrice: The History of Trade Unionism, London 1920

Weber, Max: Parlament und Regierung im neugeordneten Deutschland (Mai 1918), in: Gesammelte politische Schriften, Hrsg. Johannes Winckelmann, Tübingen 1958, S. 294 ff.

— Der Reichspräsident (1919), in: Gesammelte politische Schriften, Hrsg. Johannes Winckelmann, Tübingen 1958, S. 486 ff.

— Wirtschaft und Gesellschaft. Grundriß der verstehenden Soziologie (1922), 4. Aufl., Tübingen 1956

Weber, Werner: Diskussionsbeitrag, in: Der Staat und die Verbände, Hrsg. Wilhelm Beutler, Gustav Stein und Hellmuth Wagner, Heidelberg 1957, S. 22 ff.

— Spannungen und Kräfte im westdeutschen Verfassungssystem, 2. Aufl., Stuttgart 1958

Wefers, Walter: Grundlagen und Ideen des spanischen Staates der Gegenwart, Bonn 1961

Wehberg, Hans: Die internationalen Beschränkungen der Rüstungen, Stuttgart und Berlin 1919

v. Weizäcker, Carl Friedrich: Friede und Wahrheit, in: Frieden. Vorlesungen auf dem 13. Evangelischen Kirchentag Hannover 1967, Stuttgart und Berlin 1967, S. 63 ff.

Werner, Fritz: Recht und Toleranz, (Verhandlungen des 44. Deutschen Juristentages), Tübingen 1963

Werner, Wolfhart: Erläuterungen zu § 128 StGB, in: Strafgesetzbuch (Leipziger Kommentar), 1. Bd., 8. Aufl., Berlin 1957

Wernicke, Kurt G.: Erläuterungen zu Art. 9, 18, 20 und 21 GG (Erstbearbeitung), in: Kommentar zum Bonner Grundgesetz, Hamburg 1950 ff.

Westerfrölke, Hermann: Englische Kaffeehäuser als Sammelpunkte der literarischen Welt im Zeitalter von Dryden und Addison, Jena 1924

Wielenga, Bas: Meditation über Europas revolutionäre Tradition, in: Junge Kirche, 1966, S. 124 ff.

Wieser, Wolfgang: Organismen, Strukturen, Maschinen. Zu einer Lehre vom Organismus, Frankfurt a. M. 1959

Willms, Günther: Die Organsationsdelikte, in: NJW 1957, S. 565 ff.

— Staatsschutz im Geiste der Verfassung, Frankfurt a. M. und Bonn 1962

— Der strafrechtliche Staatsschutz nach dem neuen Vereinsgesetz, in: JZ 1965, S. 86 ff.

— Das Vereinigungsverbot des Art. 9 Abs. 2 GG und seine Vollziehung, in: NJW 1957, S. 1617 ff.

Wittkämper, Gerhard W.: Die verfassungsrechtliche Stellung der Interessenverbände nach dem Grundgesetz, (Diss. Köln) Köln und Opladen 1963

Woessner, Jacobus: Die ordnungspolitische Bedeutung des Verbandswesens, (Diss.) Tübingen 1961

Wolff, Hans J.: Verwaltungsrecht I. Ein Studienbuch, 7. Aufl., München und Berlin 1968

— Verwaltungsrecht II. Ein Studienbuch, München und Berlin 1962

— Verwaltungsrecht III. Ein Studienbuch, München und Berlin 1966

Wrigth, Quincy: The Outlawry of War and the Law of War, in: American Journal of International Law, 1953, S. 363 ff.

Zippelius, Reinhold: Stichwort „Grundrechte" (II), in: Evangelisches Staatslexikon, Stuttgart, Berlin 1966, Sp. 721 ff.

— Wertungsprobleme im System der Grundrechte, München und Berlin 1962

Personen- und Sachwortregister

Abgeordnetenmandat s. Mandat
Abstimmungen 33, 74
Akklamationsplebiszit 42
Anordnung, einstweilige 138
Anschütz, G. 114
Apelt, W. 61
Arbeitgeberverbände 14
Arbeits- und Wirtschaftsbedingungen 13, 15, 97
Auflösungsanordnung s. Auflösungsverfügung
Auflösungsurteil 129
Auflösungsverfügung 131, 132

Beleihung 89, 90
Bundesaufsicht 124
Bundesverfassungsgericht
— Aberkennung von Grundrechten 119
— Bindungswirkungen von Entscheidungen 138
— Feststellungsurteil nach Art. 21 Abs. 2 GG 128 f.
— Fünf-Prozent-Klausel 82
— Güterabwägungslehre 115
— Legalitätsprinzip 118
— Mandatsverlust 131
— Parteieigenschaft 16
— Parteienprivileg 17, 49 f.
— Parteiwerbung 50
— SRP-Urteil 48
— Vereinigungsfreiheit 50 f.
— Verfassungsfeindlichkeit eines Verbandes 66
— Volksbefragungen 80
— Zuständigkeit 125 ff., 136
Burke, E. 77

Chancengleichheit 17, 47, 88

Dahrendorf, R. 43, 54
Demokratie
— abwehrbereite 61
— egalitäre 47

— formale 47
— Fortbestand 60
— Freiheitlichkeit 121
— Freiheitssphäre 59
— und humane Gesellschaft 107
— Kritiker 33
— mittelbare 74
— Niedergang 46, 63
— plebiszitäre 78
— Pluralität 18
— Prinzip 41
— repräsentative 74, 76
— streitbare 60
— westliche 19
— Zerstörung 61
Demokratisierung 46
Dürig, G. 58

Ehmke, H. 56
Einheitsbildung 39, 42
Enqueterecht 86
Ersatzorganisation 133 ff.
Eschenburg, Th. 75
Evers, H.-U. 87
ex-lege-Theorie 66

Föderalismus 124
Fraenkel, E. 76
Fraktionszwang 78
Fünf-Prozent-Klausel 81 f.

Gefährlichkeitsdiagnose 135
Geiger, Th. 136
Geheimbündelei 36
Gemeinschaftsvorbehalt 57 f.
Gemeinwohl 56 f.
Gesamtkonzeption einer Partei 18
Gesetzgeber 87, 95, 96, 125
Gewerkschaften 14
Gleichheit
— der Bürger 86
— der Wahlchancen 82
Gneist, R. v. 26

Gründungsfreiheit 11, 50
Grundordnung, freiheitliche demokratische 46, 59, 64, 68
Güterabwägungslehre 115 f.

Habermas, J. 53
Häberle, P. 116
Hamel, W. 116
Hegel, G. W. F. 28
Henke, W. 16
Hesse, K. 43, 48
Huber, H. 95

Infrastruktur 38 f., 48 ff., 85, 121, 128
Integrationslehre 42
Interventionsverbot 36

Jellinek, W. 115

Kafka, G. E. 43
Kaiser, J. H. 87, 95
Kant, I. 28
Kirchheimer, O. 62 f.
Klein, F. 109
Koalitionen 13 ff., 112
Koalitionsfreiheit 14
Kommunalwahlverbände 17
Kontrollratsgesetzgebung 63
Krüger, H. 29, 56, 76, 91

Lechner, H. 136
Legalitätsprinzip 118 f.
Legitimation 45, 55, 73, 93
Legitimationskette 16
Legitimationsstrom 34 f., 38, 55, 116
Leibholz, G. 49, 61, 78
Leisner, W. 116
Lerche, P. 58
Lincoln, A. 33
Locke, J. 95
Loewenstein, K. 88
Lohmar, U. 43 f.
Lord Bolingbroke 96

Machtmittelmonopol 33
Mandat 16, 74 ff., 131
Mandatsverlust 131
Mandeville, B. 55
Marx, K. 31, 103
Maunz, Th. 17
Mayntz, R. 44

Mehrheitsdiktatur 34
Mehrheitsprinzip 34
Meinung, öffentliche 12, 38, 72 ff.
Meinungsbildung 23
Meinungsfreiheit 12
Meinungsumfrage 80
Michels, R. 41
Minderheit 35, 40, 59, 91
Minderheitenschutz 65
Minderheitspartei 16
Mißbrauch von Grundrechten 69
Montesquieu, Ch. L. 96
Mosaiktheorie 94

Nollau, P. 37
Notverordnungsrecht 67

Obrigkeitsstaat 12, 28, 37, 79, 92
Öffentlichkeit 12, 21 f., 34, 38, 49, 53, 55 ff., 63, 68 ff., 81 ff., 88 f., 93 ff., 120, 129, 133
Ordnung
— demokratische 59
— feudal-ständische 96
— freiheitliche demokratische 47, 65
— öffentliche 36
— verfassungsmäßige 51, 64
Oligarchie 41, 50
Oligarchisierung 41, 43
Opposition, parlamentarische 65
Organisationsfreiheit 13, 23
Organismuslehre 28, 39
Ostrogorsky, M. 44

Parlament 16, 23, 54, 65, 75, 79, 83 ff., 131
Parlamentsmandat s. Mandat
Parteieigenschaft 16 f.
Parteienfinanzierung 50
Parteienprivileg 17, 49
Parteiprogramm 16, 84
Petition 23
Petitionsrecht 81
Prärogative 95
Produktionsverhältnisse 31
Programm 18, 53, 66, 69, 70, 74, 121
Programmbildung 53
Programmfreiheit 52, 55, 59, 129
Programmlosigkeit 53, 54

Rathausparteien 17 f.

Personen- und Sachwortregister

Rechtssicherheit 69
Rechtsstaat 27
Rechtsweggarantie 132
Reichswirtschaftsrat 84
Renan, E. 42
Ridder, H. 126
Rousseau, J.-J. 24
Rückbindung 16, 33, 77, 84

Schelsky, H. 54
Scheuner, U. 95
Schmitt, C. 20, 109
Schnorr, G. 67
Schranken
— immanente der Grundrechte 55
— der Programmfreiheit 57
Schumpeter, J. H. 42
Seifert, J. 16, 123
Selbstverwaltung, kommunale 17
Sicherheit, öffentliche 27
Smend, R. 42
Solidarität, übernationale 105 f.
Sozialstaat 90
Sozialstaatsklausel 46
Staatenbildung 19
Staatscharakter der Parteien 50
Staatsfreiheit 35 ff.
Staatsgefährdung 70 f.
Staatsgeheimnis 92 ff.
Staatskontrolle 36
Staatslehre, organische 28, 30
Staatsräson 55, 115
Staatsstreich 97
Streik 97
Strukturgebot 13, 49, 51
Subsidiaritätsprinzip 90

Toqueville, A. de 25

Überwachungsstaat 36
Umverteilungsmaßnahmen 32 f.
Ungehorsamsdelikte 133, 138
Untersuchungsausschüsse 86 f.

Varain, H.-J. 56
Verbotskompetenz 122, 124, 126
Verbotssanktion 137

Verbotsverfahren 132
Verbotsverfügung 124, 132, 137
Verfassungsgrundsätze des § 92 StGB 65
Verfassungsordnung, demokratische 12, 97
Vergemeinschaftung 43, 72
Vergesellschaftung 21, 31, 32
Verhältnismäßigkeit 121
Vermögenskonfiskation 130
Versammlungsfreiheit 12
Verteilungsaufgabe des Staates 32
Verwirkungssanktion 119
Verwirkungsausspruch 126, 129, 136, 138
Verwirkungsentscheidung 70
Verwirkungsurteil 120, 131, 138
Verwirkungsverfahren 63, 119, 131
Völkerverständigung 100 ff., 106, 110 ff.
Völkerverständigungsgebot 107 ff.
Völkerverständigungsgedanke s. Völkerverständigung
Volksbefragung 80
Volkssouveränität 74
Vollziehbarkeit eines Vereinsverbotes 125
Vollzug eines Vereinsverbotes 125

Wählervereinigung, kommunale 17
Wahlen 16 f., 34, 43, 54, 74, 81, 85
Wahlbeteiligung 17
Wahlkampffinanzierung 38
Wahlrecht 82
Weber, M. 19, 20, 41, 42, 45, 75, 92
Weber, W. 75
Weimarer Republik 27, 46, 61, 82
Weimarer Verfassung 46, 61, 63, 102 ff., 114
Wernicke, K. G. 17, 61
Wertneutralität 63
Willms, G. 36, 119, 123
Wirtschaftsordnung 14
Wittkämper, G. W. 38, 56, 88, 90, 95

Zählwertgleichheit 82
Zensusverfahren 31
Zinn, G. A. 113

Printed by Libri Plureos GmbH
in Hamburg, Germany